JN078889

新しい時代を拓く

損害保険

中出 哲・中林真理子・平澤 敦 監修
公益財団法人 損害保険事業総合研究所 編

有斐閣

は し が き

〜ダイナミックに進化し続ける損害保険〜

「損害保険」について，皆さんはどのようなイメージをお持ちでしょうか？「堅実」「安定」「着実」「安心・安全」といったプラスのイメージをお持ちの方もいらっしゃると思います。しかしこれらは裏を返すと，「お堅い」「保守的」「面倒」「面白味に欠ける」といったネガティブな印象にもつながるのではないでしょうか。あるいは，損害保険は，事故が起こった後の補償という事後的・受動的なものだと理解しているかもしれません。

今，損害保険は大きく変化しています。

社会・経済・環境・技術等が人類史上でも例のないほど急激に変化しています。変化はリスクを伴うかもしれませんが，変化こそが私たちに成長と発展のチャンスをもたらします。損害保険は，そうしたリスクをマネジメントしチャンスを拡大するために，自らを変化・進化させようと取り組んでいます。

事故後の補償だけでなく，事故を未然に予防し，万一発生したとしても損害を最小限に抑え，復旧を促進する，さらにいえば，事故がない世界を目指している損害保険会社もあります。本当に事故がなくなれば損害保険も必要なくなる，まさにディスラプティブ・イノベーション（破壊的革新）です。

たとえば，自動車に設置した端末で計測した走行距離や運転速度・ブレーキのかけ方などの運転情報を保険会社が取得し，その情報から運転者の事故リスクを分析して保険料を算定する自動車保険を「テレマティクス自動車保険」と呼びますが，運転者にとっては安全運転により保険料が安くなるメリットがあり，社会的には運転者の安全意識の向上で交通事故の減少や事故による渋滞の減少につながるというメリットがあります。自動車の安全走行技術の進展や自動運転の発達とあわせ，究極的には自動車事故をなくすことを目指しています。

こうした損害保険のダイナミックな動きを少しでも感じていただくため，本書は，保険の研究と教育の第一線で活躍されている研究者と，損害保険会社で

日々実務に携わっている実務家が，議論を重ねて執筆しました。

　前書にあたる『基礎からわかる損害保険』（有斐閣刊，2018 年 6 月 30 日発行）は，損害保険の入門書として好評を博したことから，その監修にあたられた，中出哲（早稲田大学商学学術院教授），中林真理子（明治大学商学部教授），平澤敦（中央大学商学部教授）の 3 先生に再結集いただき，さらに気鋭の保険研究者や損害保険会社の実務家の方々にも執筆に加わっていただくことができました。そして，前書を全面的に見直し，内容をアップデートするとともに，最新の動向について新たに書き起こしました。有斐閣書籍編集第 2 部の渡部一樹氏には，レイアウトや文章量の調整などに多くのお手数をおかけしました。ここに御礼申し上げます。

　以下，全体の構成を概観します。

　本書は，大きく 2 部で構成されています。

第 I 部　損害保険の基礎知識（第 1 章～第 5 章）では，損害保険の歴史や種類，リスクマネジメントとの関係，法律的な側面，損害保険の市場や損害保険会社の経営について解説しています。損害保険を総合的に理解するためには，法学・経済学・経営学や数理・統計学等の学際的な知識が必要になりますが，本書はこうした幅広い観点から，バランスよく損害保険について総合的に学べることが特徴となっています。

第 II 部　各種の損害保険（第 6 章～第 11 章）では，主要な保険商品である，くるまの保険（自動車保険），すまいの保険（火災保険），賠償責任保険，再保険，その他さまざまな保険を具体的に紹介しています。自動車保険のように，身近でありながら実はよく知らない保険について学ぶとともに，「えっ，こんな保険もあったんだ」という驚きもあるかもしれません。

　各章について，もう少し詳しく見ていきましょう。

≪第 I 部　損害保険の基礎知識≫

第 1 章　損害保険の基礎：損害保険がなぜ必要なのか，どのように社会の役

に立っているのかという根本的なことから説き起こし，損害保険が成立するために必要となる法則・原則を説明します。また，共済や保証，デリバティブといった類似制度との比較から損害保険の特徴を明らかにします。

第2章　リスクマネジメントと損害保険：損害保険はリスクマネジメントの一手法です。本章では，そもそもリスクとはどのように定義されるのか，ペリルやハザードとの違い，企業や個人が行うリスクマネジメントのプロセス等，第1章とは異なる視点から，損害保険について解説します。ERM（Enterprise Risk Management），ARF（代替的リスクファイナンス），リスク下での保険加入の意思決定分析（期待効用理論）など，最先端の概念や理論についても紹介しています。

第3章　損害保険の契約：損害保険は，「形の見えない商品」といわれ，法律的には，事故が生じた場合の保険給付を約束する契約です。本章では，損害保険契約の締結から終了までの実務的な流れや，保険契約者，被保険者，保険会社，代理店や保険仲介人等の当事者のそれぞれの権利と義務について概説します。また，「保険料」と「保険金」，「保険金額」と「保険価額」等，混同しがちな用語をはじめ，基本的な保険用語について説明します。

第4章　損害保険の市場：日本国内の損害保険の収入保険料（売上高）は約10兆円です。どのような保険会社が，どのような保険種類（火災保険，海上保険，運送保険，自動車保険，傷害保険，新種保険等）を，どのようなチャネル（代理店，保険仲立人，直販等）で販売しているのか，歴史的な推移を含めて説明します。さらに，他産業からの参入，インシュアテックと呼ばれるテクノロジーの動向や，日本だけでなく世界の保険市場の動向等についても触れています。

第5章　損害保険の経営：ここまでは，どちらかというと消費者目線からの解説でしたが，本章は，保険会社の経営の視点から見ています。昨今の自然災害の頻発・激甚化，自動運転技術等の自動車を取り巻く環境の変化，社会のデジタル・トランスフォーメーションの深化，サイバーアタックの深刻化等を踏まえ，損害保険会社は，効率的な業務運営や顧客ニーズの変化に即した商品開

発・提供等を通じて，持続可能（サステナブル）なビジネスモデルの構築を進めていますが，こうしたダイナミックな動きを感じていただければと思います。また，保険会社の収益構造（どこから利益を得ているのか）や，保険会社独特の会計制度等の理解も深めてください。

≪第Ⅱ部　各種の損害保険≫

第6章　くるまの保険：法律で契約が義務づけられている「自賠責保険（自動車損害賠償責任保険）」と任意で契約する「自動車保険」を総称して「くるまの保険」と呼びます。くるまの保険は，損害保険市場の半分を占める主力商品であり，また，衝突・火災・水災等による車両の損害，事故による第三者への損害賠償，搭乗中の運転者や同乗者のケガの補償など，損害保険の代表的な補償を組み合わせた商品であることから，くるまの保険を理解することは，損害保険の基礎を知ることにもつながります。さらに，安全装置の普及や自動運転技術の進展，少子化や若年層の価値観の変化による自動車保有台数の減少傾向等，今後の社会・経済の変化が，くるまの保険にどのような影響を与えるかについても考察します。

第7章　すまいの保険：台風や豪雨，大雪等の自然災害が増加しており，住宅の被害は火災よりもこうした災害によるものが増加しています。現在の「火災保険」は，風水害や盗難等も幅広く補償する総合商品となっています。本章では主に，個人向けの火災保険について説明しますが，企業向けの火災保険も基本は共通しています。また，地震の多い日本独自の制度として，政府と損害保険会社が共同で運営する地震保険についても解説します。

第8章　賠償責任保険：社会の発展に伴い権利義務意識が高まっていることにより，日常生活や企業活動においてさまざまな賠償事故が発生しています。その意味で，賠償責任保険は，今後ますます重要性が増していくことが予想される保険商品であり，発展が見込まれる分野です。本章では，賠償責任保険の意義や特徴，普及・発展の経緯，補償内容等の解説に加え，サイバー保険やD&O保険といった比較的新しい商品についても触れています。さらに，シェ

アリング・エコノミーや MaaS（Mobility as a Service），ESG といった最新の社会動向を踏まえ，賠償責任保険の今後についても解説します。

第 9 章　海上保険：保険の発祥は，世界的にも，また日本においても，海上保険です。現在でも，いくつかの保険会社の社名が「〇〇海上」となっているのもその表れです。四方を海に囲まれ，資源の少ない日本は，海外との交易なくしては存続できません。貿易の多くは海上輸送であり，それを支える海上保険はきわめて重要です。

第 10 章　再保険とその他のリスク分散手段：再保険とは，「保険会社が他の保険会社に保険を掛ける」ものです。保険会社のリスクマネジメントの主要な手段であり，再保険を理解することを通じて，保険についてさらに深く学ぶことができるはずです。また再保険というグローバルな取引を通じて，どのように日本の保険会社が世界とつながっているかについて，その一端を理解することができるでしょう。

第 11 章　リスクの多様化と新しい損害保険：損害保険は，社会・経済の変化に応じて常に新しい保険を生み出してきました。これらを総称して「新種保険」と呼んでいます。本章では，主要な新種保険である傷害保険，工事保険，信用保険・保証保険等について解説するほか，近年注目を集めているペット保険，ハラスメント保険（雇用慣行賠償責任保険）等も取り上げています。また，リスクの多様化や AI 等のテクノロジーの進展がどのように新種保険の開発に影響を与えるかを考察しています。

　本書を通じて，損害保険の魅力と可能性について少しでも感じていただくことができたならば，執筆者一同にとってこれ以上ない喜びです。

　　2024 年 5 月

　　　　　　　　　　　　　　公益財団法人　損害保険事業総合研究所

　　　　　　　　　　　　　　　　理事長　堀　真

監修者・編者・執筆者紹介

▶監修者

中出 哲（なかいで さとし）［執筆担当：3-1〜3-16, 9-1〜9-9］
　早稲田大学 商学学術院 教授

中林 真理子（なかばやし まりこ）［執筆担当：2-1〜2-6, 11-1〜11-2］
　明治大学 商学部 教授

平澤 敦（ひらさわ あつし）［執筆担当：1-1〜1-5, 1-7, 7-1〜7-10］
　中央大学 商学部 教授

▶編　者

公益財団法人 損害保険事業総合研究所
　理事長　堀 真（ほり まこと）
　学術振興特命部長　金井田 智久（かないだ ともひさ）
　教育研修部マネージャー　福留 竜太郎（ふくどめ りゅうたろう）

▶執筆者（執筆順）

岡田 太（おかだ ふとし）［執筆担当：1-6］
　日本大学 商学部 教授

藤井 陽一朗（ふじい よういちろう）［執筆担当：2-7〜2-8］
　明治大学 商学部 教授

星野 明雄（ほしの あきお）［執筆担当：4-1〜4-7, 6-1〜6-8］
　早稲田大学 商学学術院 准教授

木下 聡（きのした さとし）［執筆担当：4-7 column, 10-1〜10-6］
　東京海上ホールディングス株式会社 アンダーライティング企画部 再保険グループ
　専門次長

小林 弘幸（こばやし ひろゆき）［執筆担当：5-1〜5-10］
　EY 新日本有限責任監査法人 金融事業部 パートナー 公認会計士

土居崎 寿滋（どいさき ひさしげ）［執筆担当：6-8 column］
　あいおいニッセイ同和損害保険株式会社 自動車保険部 部長

内藤 和美（ないとう かずみ）［執筆担当：8-1〜8-12］
　慶應義塾大学 商学部 講師

村上 太郎（むらかみ たろう）［執筆担当：10-4 column］
　東京海上ホールディングス株式会社 アンダーライティング企画部 再保険グループ 次長

菊川 将（きくかわ まさる）［執筆担当：10-5 column, 10-7］
　東京海上ホールディングス株式会社 アンダーライティング企画部 部長

小林 健三（こばやし けんぞう）［執筆担当：10-8］
　東京海上ホールディングス株式会社 アンダーライティング企画部 再保険グループ
　アシスタントマネージャー

金 孝俊（きん ひょじゅん）［執筆担当：11-3 共同執筆］
　アニコム損害保険株式会社 経営企画部 広報企画課

兵藤 未來（ひょうどう みき）［執筆担当：11-3 共同執筆］
　アニコム損害保険株式会社 経営企画部 広報企画課 課長

西村 知紗（にしむら ともさ）［執筆担当：11-4］
　東京海上日動火災保険株式会社 火災・企業新種業務部 企画グループ 課長代理

柴田 薫（しばた かおる）［執筆担当：11-4 column①］
　東京海上日動火災保険株式会社 火災・企業新種業務部 責任保険グループ 課長代理

池田 裕輔（いけだ ゆうすけ）［執筆担当：11-4 column②］
　東京海上日動火災保険株式会社 個人商品業務部 企画グループ 課長

山元 建太郎（やまもと けんたろう）［執筆担当：11-5］
　損害保険ジャパン株式会社 コマーシャルビジネス業務部 プロジェクト保険グループ
　課長代理・リーディングアンダーライター

稲田 奈央子（いなだ なおこ）［執筆担当：11-6］
　東京海上日動火災保険株式会社 火災・企業新種業務部 保証信用保険グループ 課長代理

夏目 裕平（なつめ ゆうへい）［執筆担当：11-7］
　東京海上日動火災保険株式会社 火災・企業新種業務部 次長 兼 火災第二グループ 課長

蔭山 謙一（かげやま けんいち）［執筆担当：11-8 共同執筆］
　三井住友海上火災保険株式会社 経営企画部 業務企画チーム 次長

須藤 達哉（すどう たつや）［執筆担当：11-8 共同執筆］
　三井住友海上火災保険株式会社 経営企画部 業務企画チーム 部長

仲野 元（なかの はじめ）［執筆担当：11-8 共同執筆］
　三井住友海上火災保険株式会社 経営企画部 業務企画チーム 課長代理

和田 弘規（わだ ひろき）［執筆担当：11-8 column］
　三井住友海上火災保険株式会社 経営企画部 業務企画チーム 課長代理

小泉 泰洋（こいずみ やすひろ）［執筆担当：11-9］
　あいおいニッセイ同和損害保険株式会社 デジタルビジネスデザイン部 部長

山下 聖秀（やました せいしゅう）［執筆担当：11-9 column①］
　東京海上日動火災保険株式会社 営業企画部 マーケティング室 課長代理

今泉 雄一郎（いまいずみ ゆういちろう）［執筆担当：11-9 column②］
　あいおいニッセイ同和損害保険株式会社 未来戦略創造部 部長

※現職は執筆時（2023 年 10 月）

目　次

<table><tr><td>chapter
3</td><td>**損害保険の契約**</td><td>**45**</td></tr></table>

第Ⅱ部　各種の損害保険

chapter 6　くるまの保険　　　　121

chapter 7　すまいの保険　　　　149

第Ⅰ部

損害保険の基礎知識

chapter 1

損害保険の基礎

ロイズ・オブ・ロンドン（写真：PA Images/時事通信フォト）

Introduction

The biggest risk is not taking any risk... In a world that's changing really quickly, the only strategy that is guaranteed to fail is not taking risks. これはかの有名なマーク・ザッカーバーグの詞（ことば）です。昨今のリスクマネジメントの世界では，適切な risk taking が成長への糧といわれています。しかし，もちろんリスクには，損害をもたらす可能性のあるものも存在します。いわゆる日本語でいうところの危険です。安心・安全を前提として，日常生活を送り，企業活動を行うことはいうまでもありませんが，いずれも日々さまざまなリスクにさらされ，リスクのない社会は考えられません。そして，ときにリスクは個人生活や企業活動に多額の経済的損害をもたらします。このような事態に備える有効な手段として損害保険が存在し，現代社会においてきわめて重要な役割を担うと同時に必要不可欠なものとなっています。

　損害保険の理解のためのスタートラインである本章を通じて，ぜひ損害保険の奥深さ・魅力を知っていただければ幸いです。それでは，損害保険の学びの扉をあけて，各章を通じてともに理解を深めていきましょう！

1 損害保険には，どのような特徴がありますか？

▶多種多様なリスクに対応する手段としての損害保険

現代社会は個人・企業を問わず，時代の推移とともに，経済成長や技術革新に付随する形で発生した多種多様なリスクにさらされています。生命保険（life insurance）は，生死に関するリスクが対象ですが，損害保険（general insurance, non-life insurance）の対象とするリスクは，実に多岐にわたります。もちろん，そのすべてが損害保険の対象となるわけではありませんが，民間の損害保険会社が引き受けられないようなリスクであっても，1-7 で後述するロイズのマーケットでは引き受けられているものもあります。

生活様式の向上や企業活動の多角化は，ヒストリカルデータの存在しない新しい種類のリスクをもたらす可能性があり，「リスクあるところに，損害保険あり」といわれるように，その時々のリスクに対応する損害保険のニーズがクローズアップされます。

▶損害保険が成立するために重要となるポイント

損害保険に関する法律的な定義は第 3 章で詳述されていますから，ここでは，まず損害保険が成立するためのポイントを考えてみましょう。

(1) **同種同質のリスク** 損害保険の対象となるリスクの種類や性質がバラバラであれば，事故の発生確率を正確に把握することができないため，できるかぎりリスクを均一・均質化することが必要となります。

(2) **多くの個別の経済主体による危険集団の構成** 損害保険は「少数の者の損害を十分に支援する代わりに，多数の者に少しずつ分担させる」制度であるため，集団の構成員数が少数では合理的な保険は成立しえません。個々にとっては，偶然の事故であっても，たとえば火災リスクにさらされる多数の経済主体の個別的集団（危険集団や保険団体ともいいます）が構成されれば，事故の発生確率および損害額，保険金支払のために必要な保険料の額もかなりの精度で把握できるようになり，少額の負担で多額の損害に対処することが可能です。

(3) **保険料の拠出** 損害保険を契約するためには，保険者（損害保険会社）に移転するリスクに応じた保険料（premium）を支払うことが必要となります。

事故の発生確率と損害額が高いとしても，保険料が合理的に見て負担可能な額であれば，損害保険は成立しえます。

⑷ **共通準備財産の形成**　危険集団を構成する人々（保険契約者）から拠出された保険料により，保険者は事故発生時に支払う保険金のファンド（fund）となる計画的かつ十分な共通準備財産を形成することが必要となります。

⑸ **偶然な事故**　偶然な事故であるためには，損害保険を契約するときに，事故の発生または不発生，発生の時期，発生の規模・態様が偶然な（accidental）なものであることが条件です。さらに保険の目的（object of insurance）となる家屋や自動車に対して経済的利害関係を伴う偶然な事故でなければなりません。この経済的利害関係を被保険利益（insurable interest）といいます。

⑹ **経済的損害**　損害保険の対象となる損害は，公序良俗やモラルに反するものでなく，被保険利益を前提とした経済的かつ客観的に評価することが可能な経済的損害（economic loss）でなければなりませんから，客観的評価ができない感情的損害などは該当しません。たとえば，交通違反に対する反則金や賭けごとによる損失は本人にとっては経済的な痛手かもしれませんが，損害保険の対象とはなりえません。

⑺ **実損害のてん補**　損害保険は，経済的損害を被った人の経済的安定の維持および原状回復を図ることが目的です。実際の損害額以上に保険金を受け取ることになれば，事故を誘発し，多額の保険金を得ようとする事態を招くおそれもあります。したがって，不当利得禁止の観点から，損害保険では実際に生じた損害額を限度として，損害がてん補（補償：indemnity）されます。

　これらのキーワードをまとめると，損害保険とは，「同種同質のリスクにさらされた多くの個別経済主体が，1つの危険集団を構成し，保険契約者が前もって一定の保険料（リスク移転のための金銭）を拠出して，収受した保険料で保険者（損害保険会社）が共通準備財産を形成し，その集団を構成する一部の人々（被保険者）が一定の偶然な事故によって経済的損害を被った際に，共通準備財産の範囲内で実損害をてん補する保険」と記すことができます。

2 損害保険が成立するための法則・原則には,どのようなものがありますか?

▶損害保険が成立するために必要となる法則および原則

(1) **大量観測による統計的データ(損害の発生確率など)の必要があること**
ある地域において個々にとってはまったく偶然に発生する火災は,長期間にわたり火災の発生確率を観察していくと,年間ごとの平均による偏差(バラツキ)が次第に小さくなり,地域全体で「○分の△」「●%」という発生確率を導くことが可能となります。すなわち,個別に見れば一見偶然と思われる事象には,試行回数や観察の目を空間的かつ時間的に拡大していくと,そこに一定の統計的法則性が見出せるものが多く存在します。これを<u>大数の法則</u>(law of large numbers)といい,損害保険商品はこの法則を前提に発案されます。ただし,ロイズにおけるアンダーライターが引き受けるリスクには,この法則によらず,個人の経験則に基づくものもあります(⇒1-7)。

(2) **将来の保険金支払に備え,十分な保険料を収受する必要があること** 保険者は,損害発生時に支払う保険金のために,十分な保険料をプールしなければなりません。たとえば,ある地域に構造や用途や広さが同一の 2000 万円の住宅が 3000 戸あると仮定し,この町の火災発生による全焼の確率が長期にわたる観察の結果,年平均で 3000 分の 3 であることが明らかになったとします。その結果,2000 万円×3=6000 万円がこの地域の火災による年間総損害額となり,保険者が 6000 万円の損害保険金を支払うためには,6000 万円分の保険料を集める必要があります。とすれば,1 戸あたり 2 万円の保険料が「必要にして十分」な金額となります。

このように,保険契約者から集めた保険料の総額(収入)と,保険会社が支払う保険金の総額(支出)が等しくなることを<u>収支相等の原則(必要十分の原則)</u>といいます。収支相当ではありませんから,注意してください。

(3) **リスクの大きさに応じた保険料負担となること** 上の例では,便宜上,構造や用途や広さが同一の住宅を例にしましたが,実際には建物の構造や,広さ,用途等は一様ではありません。人々がさらされるリスクの大きさは,大小さまざまですから,リスクの大小を問わずに一律同額の保険料を支払うことに

図表①　損害保険の仕組み（全体像）

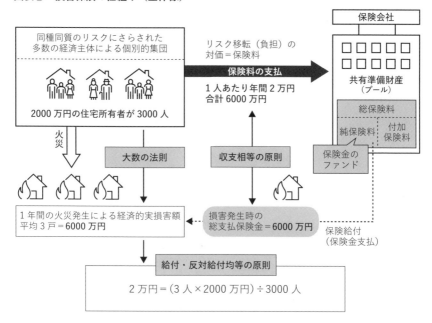

なれば不公平が生じてしまうと思われるでしょう。発生確率，建物の構造や所在地などによって，リスクが大きいと予想される人には高い保険料，リスクが小さいと予想される人には安い保険料というように，リスク負担に応じた保険料になっています。換言すれば，保険料と損害発生時に支払われる保険金の期待値が等しくなるように算出しています。これを給付・反対給付均等の原則（レクシスの原則，公平の原則）と呼んでいます。

▶損害保険の成立のための法則・原則を踏まえた俯瞰図

　上記の法則の法則・原則を念頭に，損害保険の仕組みの全体像を示すと，図表①のとおりとなります。

chapter 1 — 3 損害保険には，どのような機能・役割がありますか？

▶損害保険の必要性

日常生活において，自動車事故や火災事故を予防，軽減する手段はあるかもしれませんが，事故が絶対に起きないという保証はありません。企業活動においても，工場や倉庫の大規模な火災，巨大タンカーの座礁や航空機の墜落など，稀にしか起こらないとしても，ひとたび発生してしまうと巨額の損害を招くおそれもあります。また，企業不祥事などによる風評やイメージ損害は，ときに長期化し，かなりのダメージをもたらすこともあります。さらには昨今の自然災害の多発にも対処しておかねばなりません。

リスクへの対応策としては，回避（avoidance），軽減（reduction），緩和（mitigation），予防（prevention），防止（protection），保有（retention），移転（transfer）などが考えられますが，このうちリスク移転の一手法が損害保険です。損害保険を利用すれば，リスクの全部または一部が保険者に移転され，リスクの結果として生じた経済的損害がてん補されることになります。人々や企業は日常生活・企業活動においてさらされるリスクに対処するために，損害保険に加入して，経済的安定の維持や確保を図ろうとするのです。損害保険の本質的機能は，まさにこのリスク負担機能（経済的補償機能）といえます。

参考までに図表①は火災による損害額の推移を示したものです。火災の発生件数は，2022 年中 3 万 6314 件（うち住宅火災件数 1 万 783 件）で，2012 年の 4 万 4189 件（うち住宅火災件数 1 万 2832 件）から約 2 割減となっており，年々減少傾向にあります。他方，1 件あたりの損害額は図表①のとおり増加傾向にあり，損害額も横ばいとなっています。

また，交通事故件数も年々減少傾向にあるとはいえ，少子高齢化社会において，高齢者が引き起こす自動車事故の問題が時折報道されると，改めて交通事故の怖さを痛感させられると思います。確率的には低くても，個人や企業が多額の経済的損害をもたらす事故に遭遇しないという保証はないので，万が一に備えて，損害保険は日常生活や企業活動をバックアップする有効なリスク対策手段の 1 つとなっていることは間違いありません。

図表①　火災による損害額の推移

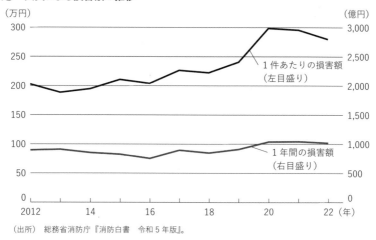

（出所）　総務省消防庁『消防白書　令和 5 年版』。

▶日常生活における損害保険の機能・役割

　(1)　**被害者の保護・救済**　自動車事故において被害者になり，生活や仕事に支障をきたすようなケガなどを負った場合，加害者に対して法律に基づき損害賠償を請求するでしょう。しかし，加害者が無保険であった場合や，加害者に十分な賠償資力がないとすれば，被害者は泣き寝入りということにもなりかねません。このような事態に備えて，自動車損害賠償責任保険（自賠責保険）への強制加入が法律上義務づけられていて，被害者の救済を図っています（⇒6-1）。

　また，海外旅行中に病院で治療を受ける事態が発生した場合には，医療制度や言語の相違などで対応に苦慮することも考えられます。国によっては高額な治療費が請求されることもあります。そのような場合に備えて，海外旅行保険には，スムーズに治療を受けられるサービスも付帯されています。

　(2)　**生活上の経済的安定の維持**　もし事故や災害に遭って大きな被害を被った際に，損害保険に加入していなかったら，どうなるかを想像してみてください。自然災害で家が倒壊，交通事故で多額の損害賠償責任を負う，または重傷を負って働けなくなるなど，不測の事態が発生すれば，支出がかさんで，安定的な生活が一変するかもしれません。損害保険は，保険金の支払によって，生活上の経済的安定の維持に寄与します。これが日常生活における損害保険の主

たる役割です。

(3) **心理的不安の軽減** 交通事故や自然災害によって，多額の資金が必要に
なった場合，もし損害保険に加入していなければ，原状回復のために自己資金
等による損害への対応を余儀なくされて心理的な不安を掻き立てられるかもし
れません。さらに，加害者になってしまった際には相手への損害賠償のために，
はたして十分な資金を捻出できるのであろうかという難題を抱えこむことにも
なりかねません。損害保険は，そういった心理的不安の一部を軽減する効果も
持ち合わせているといえるでしょう。

(4) **信用の補完** 金融機関から住宅ローンを借り入れて家を建てる場合に，
金融機関は，建物が火災などにより焼失してしまえば，債権の保全ができなく
なるおそれがあります。そこで，金融機関は，建物に火災保険をつけさせて，
その火災保険に質権を設定する場合があります。火災保険をつけることによっ
て，住宅ローンを借り入れる人の信用が補完されているのです。また，住宅ロ
ーンの債務者の返済不能によるリスクに備えて，債務者自らが契約する住宅ロ
ーン保証保険などもあります。

(5) **資産形成の手段** 損害保険商品には，かつてほど多くはありませんが，
積立型傷害保険のような貯蓄型の商品もあります。積立型の損害保険は，契約
金額の大部分を支払う事故がなかった場合には，満期時に返戻金が支払われま
すので，万が一の補償に加えて，資産形成の一助となる機能を併せ持っていま
す。

(6) **安全向上のための予防的機能** 損害保険は，損害が発生する前に損害を
できるかぎり抑えるための活動などにも寄与しています。たとえば，火災保険
においては，防火安全対策の強化，建物の安全性向上など，自動車保険におい
ては，運転マナーや安全装備の装着など，事故の軽減や事故防止策を保険料に
反映させることによって，安全に対する意識や事故の予防に寄与しているとい
えるでしょう。

▶企業活動における損害保険の役割と機能

(1) **信用の補完と取引の円滑化** たとえば，国際貿易において，輸出業者が
外国の為替銀行から輸出代金の前払いを受けるためには，外航貨物海上保険証
券を提出しなければなりません。貨物海上保険が付されていることによって，
輸出入貨物の代金決済を円滑にすることができます。

(2) **迅速な復旧のための資金の確保**　万が一，自社ビルや工場，倉庫等で大規模な火災が発生した場合，復旧には多額の資金を用意しなければならず，莫大な損失を計上することにもなりかねません。しかし，損害保険に加入していれば，少額のコスト負担で，損害額の全部または一部が保険金として支払われますので，損害からの早期復旧を可能にし，従業員や関係各所への影響も最小限に抑えることができます。

(3) **事業の継続の支援**　大規模災害などによって，事業活動を中断せざるをえなくなった場合，企業にとっては生産活動の停止などの打撃を被る可能性が高くなります。そのような場合に備えて，事業中断保険（business interruption insurance）などを活用することで，事業活動の継続のための資金サポートが得られます。

(4) **従業員の福利厚生**　従業員の福祉のために損害保険が活用されることがあります。たとえば，従業員の労働災害について，政府労災保険の上乗せ給付を約束する労働災害総合保険が利用されています。そのほか，従業員団体向けの各種損害保険料を給与から控除する際に，企業が保険料の全部または一部を負担することで，従業員の福利厚生を図ることも行われています。

(5) **販売の促進**　商品やサービスの提供を受ける際に，損害保険が販売促進の一環として無料で付されていることもあります。たとえば，盗難保険をつけた自転車販売やクレジットカード加入者への海外旅行保険の付帯など，事故のために損害保険に加入するのではなく，購入した商品に損害保険がついてきます。これらの商品付帯方式は無償・有償（安価）のいずれもあり，商品・サービスを提供する側が，信頼度や安心感をプラスして販売する戦略に損害保険を活用しています。

4 損害保険には，どのような種類（商品）がありますか？

▶損害保険（商品，種目）の種類

損害保険会社（国内会社，外資系国内会社，外国会社）が販売している損害保険は，家計（個人・消費者）向けの損害保険（生活を支える保険）と企業（法人・事業者）向けの損害保険（事業活動を支える保険）とに大別することができます。前者はパーソナルライン，後者はコマーシャルラインと呼ばれることもあります。また，損害保険の種類のことを種目といいますが，種目別統計表に従って分けると，自動車保険，自動車損害賠償責任保険（自賠責保険），火災保険，新種保険，傷害保険，海上・運送保険となっています。ただし，これは絶対的な分類ではありません。家計向け・企業向けのいずれの損害保険にも，最近では各社が趣向を凝らしたペットネーム（愛称）をつけており，さまざまなリスクに対応する多種多様な商品が存在しています。なお，リスクの数だけ保険があるとたとえられることがありますが，実際には，すべてのリスクに対して損害保険を商品化できるわけではありません。

▶家計（個人・消費者）向けの損害保険・共済

現在，家計向けの損害保険商品ラインアップはバラエティに富んでいて，昔と比べると消費者はさまざまな商品を選択することができます。さらに，さまざまな特約や付帯サービスをオプションとして選択して補償を充実化させることも，補償を限定・簡素化して保険料を節約することもできます。またインターネットやコンビニで加入できるものや，保険証券不発行の商品なども見られます。購入を検討する際には，保険商品の比較サイトを一覧してみてください。

（1）交通事故（自動車事故等）に備える保険

自動車損害賠償責任保険，任意自動車保険（対人・対物賠償保険，人身傷害保険，搭乗者傷害保険，自損事故傷害保険，無保険車傷害保険，車両保険），リスク細分型自動車保険，ドライバー保険，1日自動車保険，テレマティクス保険，こくみん共済coopのマイカー共済（自動車総合補償共済），JA共済の自動車共済など。そのほか，クラシックカー保険，バイク保険，自転車保険など。

(2) 住まいの被害やトラブルに備える保険

各社独自のペットネームを用いた商品が多数。なお，地震保険は，火災保険とセットで契約することになっていますが，少額短期保険の地震補償は単独加入可能。各種特約や付帯サービスも含めたトータルの補償を提供するオールリスク型の保険やニーズに合わせた補償設計ができるカスタマイズ型のすまいの保険など。

(3) 病気やケガ，老後の暮らしに備える保険

病気などの保険というと直感的に生命保険と思う方もいるかもしれませんが，損害保険や第三分野の保険にはケガや疾病，老後の生活に備える保険もあります。傷害保険，医療保険，がん保険，所得補償保険，介護費用保険，年金払積立傷害保険など。

(4) 日常生活や旅行・その他レジャー中に生じる事故に備える保険

旅行関連の保険には国内外の旅行保険，海外留学保険。駐在保険，ワーホリ（ワーキングホリデー）保険などが。また，レジャー関連には，山岳（登山）保険，キャンプ保険，ゴルフプレー中に発生した賠償事故や用品の破損，ケガなどによる損害，ホールインワンやアルバトロスを達成した際に生じるパーティ代や記念品代などの支払費用等を補償するゴルファー（ゴルフ）保険など。近時のペットブームの影響で売れ行き好調のペットの病気やケガのためのペット保険など。少額短期保険においては，ペット保険のほかに，特定のニーズに対応するような商品を販売。たとえば，スマホ保険，キャンセル保険，弁護士費用保険，地震特化型の保険など。

▶企業（法人・事業者）向けの損害保険

企業向け保険にも，オプションや特約が用意されています。付保（契約の締結）漏れがないように，さまざまなリスクをまとめてカバーする保険も販売されています。また，中小企業や小売・販売業向けに特化した保険商品もあります。

(1) 自動車に関する保険

自賠責保険と任意自動車保険あり。家計向けの自動車保険とは補償の範囲や契約の名義が異なり，さらに社用車が対象。

(2) 企業財産に関する保険

火災保険のほかに，動産総合保険，コンピュータ総合保険，機械保険，盗難保険，ガラス保険など。そのほか，企業財産および休業損失を包括的にカバーする企業財産総合保険，ビジネス総合保険などオールリスク一体型の保険など。

(3) 利益・費用に関する保険

企業費用・利益総合保険，店舗休業保険，休業補償保険，興行中止保険，生産物回収

費用保険（リコール保険），レジャーサービス施設費用保険，など。

(4) 信用・保証に関する保険

国内取引信用保険，輸出取引信用保険，入札保証保険，履行保証保険など。

(5) 輸送に関する保険

運送保険，船舶保険（船舶普通期間保険，船舶不稼働損失保険，船舶戦争保険，船主責任保険，船舶建造保険など），貨物海上保険（内航・外航貨物海上保険），運送業者貨物賠償責任保険，ロジスティクス保険，航空保険など。

(6) 賠償責任に関する保険

施設賠償責任保険，請負業者賠償責任保険，生産物賠償責任（product liability：PL）保険，会社役員賠償責任（directors and officers liability：D&O）保険，自動車管理者賠償責任保険，個人情報漏洩賠償責任保険，知的財産権賠償責任保険，環境汚染賠償責任保険，ドローン賠償責任保険（機体に関わる補償も含む），サイバー保険など。

(7) 従業員・経営者に関する保険

労働災害総合保険，業務災害総合保険，法定外労働災害保険，使用者賠償責任保険など。

(8) 工事に関する保険

建設工事保険，組立保険，土木工事保険など。

(9) 海外投資に関する保険

海外投資保険，ポリティカルリスク保険など。

| column | グローバルリスクの対応における損害保険の役割

2019 年に中国で発生した COVID-19 は，ワールドワイドに影響を及ぼしましたが，ようやく光明の兆しが見られるようになりました。まさに未知のリスクの対応に世界中の人々・企業が周章狼狽したことは記憶に新しいと思います。ところで，世界の著名な保険関連会社がグローバルリスクに関する調査を実施していますが，ここでは，保険やリスクコンサルティングを主要業務とするエーオン（AON）が公表した 2021 年のレポートのリスクランキングを紹介したいと思います。

ここで取り上げているリスクにはもちろん損害保険でカバーできるものもあれば，部分的に保険対応が可能なもの，付保不可能なものもあります。

2021年の10位までのランキングのうち，1位（サイバー攻撃），2位（事業中断），4位（コモディティ価格），5位（レピュテーション），7位（パンデミック），8位（サプライチェーン）については，部分的なものも含めて保険可能なリスクとなっています。参考までに，レポートには，60位までのリスクランキングが掲載されていますが，このうち部分的に保険可能なリスクを含めると，34のリスクに損害保険が活用できます。ただし，リスクの発現による損害の規模が予想外に大きくなるような場合には，保険引受額などの制限が課せられることもあります。

　日本においては，自然災害の影響がやはり大きく，大型台風や南海トラフ地震など自然災害に関するリスクへの対応が重視される傾向があり，企業財産を守るための損害保険が重要な役割を果たすことはいうまでもありません。

　他方，世界全体で見ると，サイバー攻撃関連のリスクが脅威である点が興味深いです。日本ではランキングとしては上位ではありませんが，主要各社がサイバー関連の保険を各種販売していることからも，そのニーズは，ITやAI（人工知能）の発展などに伴い，その注目度や販売シェアは高まっています。

　いずれにせよ，統合（的）リスク管理（⇒2-6）の観点からも，リスクコスト（cost of risk）やプロテクションギャップ（protection gap）などの問題も十分勘案して，最適な損害保険のプランニングが企業にとってきわめて重要な対策となるでしょう。

図表①　グローバルリスクのランキング

	2024年（予測）	2021年	2019年
1	サイバー攻撃およびデータ漏洩	サイバー攻撃およびデータ漏洩	景気後退および景気回復の遅れ
2	景気後退および景気回復の遅れ	事業中断	レピュテーション/ブランドの毀損
3	コモディティ価格リスク	景気後退および景気回復の遅れ	市場要因による変化の加速度
4	事業中断	コモディティ価格リスク原材料や資源不足	事業中断
5	市場要因による変化の加速度	レピュテーション/ブランドの毀損	競争激化
6	競争激化	法規制の変更	サイバー攻撃およびデータ漏洩
7	イノベーションおよび顧客ニーズへの対応の失敗	パンデミックリスクおよび健康上の危機	コモディティ価格リスク
8	法規制の変更	サプライチェーンおよび物流の寸断	キャッシュフローおよび流動性のリスク
9	パンデミックリスクおよび健康上の危機	競争激化	イノベーションおよび顧客ニーズへの対応の失敗
10	キャッシュフローおよび流動性のリスク	イノベーションおよび顧客ニーズへの対応の失敗	法規制の変更

（出所）　AON 2021 Global Risk Surveyをもとに筆者作成。

損害保険に類似したものには，どのようなものがありますか？

▶損害保険と賭博

　損害保険は，掛金である保険料を対価として，偶然の事故によって経済的損害が生じた場合に，保険金を支払ってもらう制度です。賭博は，賭け金を元手にして，偶然な事象の結果に応じた利得を得ようとするものです。損害保険と賭博は，少額の金銭で多額の金銭が得られる可能性がある点や，当事者のなすべき給付が偶然の結果性によって左右される（いわゆる射倖取引という）点で，類似した面があります。また，どちらも掛け捨てになりうると思われる人もいるかもしれませんが，損害保険は保険を掛けた時点で，リスクが保険者に移転しますので，掛金をリスク負担料とすれば，実質掛け捨てにはなりません。

　リスクを積極的にとって，一攫千金的な利得を求めるのが賭博で，リスクをできるかぎり軽減・除去するために，加入するのが損害保険です。法の目をかいくぐって，賭博のように損害保険を悪用して，多額の金銭を得ようとする行為もあります。そのため，損害保険においては被保険利益の規定や不当利得を防止する制度（利得禁止の原則）が設けられています（⇒3-1）。

▶損害保険と保証①

　主たる債務者が債務を履行できない場合には，債権者は損害を被ることになります。その場合に，債務者が本来履行すべき義務を第三者である保証人が債権者に対して代わりに債務を負担する制度が保証です。損害保険会社も，保険契約者から見れば第三者ですから，他人のリスクを負担する点では，保証と損害保険は似ています。

　しかし，損害保険は損害をてん補するもので，保証は第三者が債務を代わって履行するものです。保証人と結ばれる保証契約は，損害保険契約とは異なり，債務不履行に対して保証人自身の財産で弁済することになります（保証についての詳細は 11-6 を参照）。

▶損害保険と保証②

　家電製品を購入すると，1 年程度のメーカーによる保証がついています。家電量販店ではメーカー保証期間の終了後も，有料で独自の保証（延長保証）を

行うことがよくあります。損害保険と異なる点として，延長保証は自然故障や不具合の発生時に修理や交換を無料で行うことがあげられます。保険のイノベーションを推進するインシュアテック（InsurTech）の領域の1つとしても注目されています（⇒11-9）。

▶損害保険と自家保険

　企業が損害保険ではなく特定のリスクによる損害に対処する方法としては，組織内部に一定の準備金を積み立てていく自家保険（self-insurance）があります。損害保険も自家保険も，損害が発生した際の損失の補塡を行う点では共通ですが，前者は多数の個別経済主体の結合が前提で，後者は単独の個別経済主体で行われています。

　したがって，自家保険の場合には，リスクを損害保険会社に移転するのではなく，自社で保有することになります。保険の概念と矛盾するにもかかわらず，「保険」と呼称されるため注意が必要です。自家保険は，比較的発生頻度が高く，強度が小さいリスクに適しているとされ，タクシーやトラックなどの会社で多く利用されます。大規模な事故に備えて，一定額まで自家保険を活用し，超過額につき損害保険を利用するといったこともあります。

　なお，自家保険の発展形態として「キャプティブ」（captive）と呼ばれる主に自社のリスクを引き受ける保険子会社が存在し，欧米企業を中心に利用されています（⇒10-8）。

▶損害保険とデリバティブ

　保険とデリバティブ（derivatives：金融派生商品）は，仕組みや機能の点で類似しています。リスクを管理する手段の提供は，金融機関の本質的な役割の1つです。デリバティブ取引は，先物取引やオプション取引が代表的です。これらは株式や債券，金利，外国為替などを原資産とする派生商品ですが，その対象は従来型の金融商品だけではありません。異常自然災害が頻発する傾向が見られるなかで，保険デリバティブが開発され，利用されています。なかでも気象データや震度などの条件に応じて支払額が決まるインデックス保険（index-based insurance）は，実損害に基づいて保険金が支払われる損害てん補型の損害保険と大きく異なります。受取額があらかじめ定められている点は長所ですが，実際の損害額よりも少なかったり，反対に多かったりすることが生じる可能性があります。この点に注意が必要です（⇒11-8）。

6 損害保険と共済の違いは何ですか？

chapter **1**

協同組合が保険の仕組みを利用して行う保障事業のことを，共済（協同組合共済）といいます。なかでも，JA 共済や全労済（こくみん共済 coop），都道府県民共済，コープ共済は大規模な共済として知られています。機能面から見ると，保険と共済は同じです。法律面については，実質的に保険契約である場合，共済契約にも保険法の規定が適用されます。また，共済事業は保険会社を監督する保険業法（⇒3-5）で定める「保険業」に該当しますが，協同組合法でそれを規定しているため，保険業法が適用されません。たとえば，JA 共済は農業協同組合法，全労済（こくみん共済 coop），都道府県民共済，コープ共済は消費生活協同組合法をそれぞれ根拠法としています。保険会社に対する監督は金融庁が，共済については農林水産省や厚生労働省など，協同組合を所管する省庁が監督を行います。なお，一部の根拠法のない共済による契約者被害が社会問題化したことをきっかけとして，少額短期保険業制度が導入されています。

▶法律面での損害保険と共済の違い

保険業法と協同組合法の規定は同様であるものが多いのですが，一部異なるものがあり，損害保険と共済の違いに表れています。たとえば，保険会社は損害保険業と生命保険業を同時に営むことはできない（保険業法 3 条 3 項）のに対して，共済にはそのような兼営禁止のルールがありません。また，保険会社が経営破たんした場合に保険契約者等を保護するためのセーフティネットとして保険契約者保護機構があります（保険業法 259 条）。しかし，共済については共済契約者を保護するためのこのような制度はありません。さらに，保険の自由化（⇒5-9）前において，多くの損害保険商品は全社同一の価格（料率）で，補償内容も同一でした。価格競争を抑制して保険会社の健全性を優先するための共同行為に対して独占禁止法の適用が除外されました。もっとも，このような規制の対象外だった共済は保険商品よりも低価格で保障を提供したことから，共済事業に対する規制強化が問題となりました。

現在，在日米国商工会議所（ACCJ）は大手の共済が緩やかな規制環境を利用して，根拠法の目的を超えて規模を拡大しているとして，消費者保護の観点か

らも金融庁の監督下に置き，共済と保険会社の間に平等な競争環境を確立するよう提言しています。

▶組織面での損害保険と共済の違い

　共済の特徴は，保障事業を行う主体が組合員の相互扶助組織であることです。協同組合はその典型ですが，そのほかにも，地方公共団体や労働組合や職場などでも共済事業を行っています。保険会社は，株式会社と相互会社に限定されています（保険業法5条の2）。現在，相互会社形態の損害保険会社はありませんが，海外には一定程度存在します。保険株式会社は保険業を通じて得た利益をその構成員である株主に分配することを目的としています。通常，株主は保険契約者でありません。契約者は不特定多数の人たちです。これに対して，協同組合の目的は共通のニーズや願いを持つ人たち（地域・職域，農林漁業者，中小企業など）が自発的に集まり，事業を通じてそれを実現することです。共済事業をはじめとする各事業は，世界共通の協同組合原則に基づいて運営されます。これまで協同組合が経済社会の開発に大きく貢献してきたことから，国連は2012年に続き，2025年を「国際協同組合年」と定め，協同組合の普及と振興を促進しています。

▶商品面（保障制度）での損害保険と共済の違い

　生命系の共済では，死亡や病気，ケガなどの保障が1つになったセット商品が多く取り扱われています。損害系の共済は損害保険とあまり変わりませんが，たとえば共済には全社共通の地震保険はありません。このため，各共済ごとに基本保障または追加保障で地震損害に備えています。一方，自動車交通事故による被害者救済を目的とする自賠責保険（⇒6-1）は，同趣旨の自賠責共済とともに運用されています。また，損害保険と異なる共済の特徴として，保険と比較して緩やかなリスク区分・分類を導入していることが多い点です。共済らしい組合員の相互扶助の考え方が反映されているといえるかもしれません。

▶タカフル

　共済と同様，加入者間の相互扶助を特徴とする保険として，<u>タカフル</u>（takaful）と呼ばれるイスラム保険があります。これはキリスト教や仏教にもある喜捨の考えを取り入れ，加入者の寄付（保険料）を原資とする基金により被害者を救済する仕組みで，イスラム教の教義に適った保険であるとされています。

▶損害保険（海上保険）の誕生とヨーロッパ各地への伝播

　人類の叡智といわれる保険。そのルーツはどこにあるのでしょうか。それを紐解く鍵は「交易」にあったといえます。損害保険はリスクを負担することがその重要な役割ですが，物を運ぶことにはリスクが伴います。たとえば，ハンムラビ王の編纂した「ハンムラビ法典」には，隊商（caravan）が賊に襲われた場合における損害負担の仕組みが記されています。また，海難に遭遇した際に荷主と船主の間で損害を分担する共同海損（⇒9-8 column）の制度は，紀元前から存続しています。

　航海事業のことを marine adventure といいます。航海技術が現在とは比肩しえないほど未発達な時代においては，航海中に海難にさらされる確率は，現在よりもはるかに高かったことが容易に想像できますから，航海はまさに冒険そのものでした。海上交易が活発になるにつれ，商人は，海賊のほか，さまざまな海難に対処する必要があったため，地中海沿岸の諸地域では，商人と金融業者の間で冒険貸借（bottomry）という制度が考案され，広く利用されていきます。これは，船主または荷主が，船や積荷を担保に金融業者から多額の金銭を借り受け（融資），航海が完遂すると多額の利子とともに借入金を返す必要がある一方，航海の途中で海難に遭ってしまい，船や積荷が海の藻くずと化した際には，借入金の返済を免れる（危険負担）という仕組みでした。融資と危険負担という 2 つの機能を併せ持った冒険貸借は，やがて 1234 年の徴利禁止令により廃止となりましたが，形態を変えながら，14 世紀の後半に前もって保険料（premium——イタリア語の primo：最初のという意味に由来）を支払うことによって危険負担のみを行うという今日の海上保険制度がイタリアの商業都市で誕生しました。

　イタリアで発祥した海上保険は，ルネサンス期における商業活動の活発化に呼応する形で，Marseille, Rouen（フランス），Barcelona, Sevilla: Seville（スペイン），Lisboa: Lisbon（ポルトガル），Bruges: Brugge（ベルギー），Amsterdam（オランダ），Hamburg（ドイツ）など，ヨーロッパ各地の港湾都市を中心に海

上保険は伝播していきます。これらの都市には，世界最初の保険条例や海事法が誕生したことなど，保険にまつわるさまざまなエピソードがありますので，ぜひ探求してみてください。

▶ 海上保険の発展と火災保険の生成

1688 年頃テムズ河畔の Tower Street の西端にエドワード・ロイド（1648-1713）が開業した Lloyd's Coffee House（1691 年に Lombard Street に移転）がありました。これが，世界屈指の海上保険市場に変貌を遂げていくとは当時誰にも想像できなかったことでしょう。ロイドの店には，海事関係者が多く集い，ロイド自身も海事情報などを提供して，海上保険取引の便宜を図りました。海上保険を引き受ける人たちは，保険証券のもとに各々の氏名と引受額を記したことから，アンダーライター（underwriter：保険引受人）と呼ばれるようになり，アンダーライターを通じて，海上保険取引が活発に行われるようになりました。これが，今日のロイズ・オブ・ロンドン（Lloyd's of London：略称 Lloyd's）として，その名を世界に馳せている保険市場（保険取引所）の萌芽です。そのビジネススタイルは今でも継承されていて，さまざまな種類の保険が，ロイズ「で」（at Lloyd's）個々のアンダーライターと契約されますが，ロイズ「と」（with Lloyd's）契約されるわけではありません。このことは，Individually we are underwriters, but collectively we are Lloyd's というフレーズにまさに具現されています。

ロイズを中心に海上保険の実務は発展していきますが，民間の火災保険もロンドンで誕生しています。そのきっかけとなったのが 1666 年のロンドン大火（the Great Fire）です。この大火は西暦 64 年のローマ大火，1657 の明暦の大火（別名：振袖火事）と並び，世界の三大大火の 1 つといわれています。海上保険に遅れること約 300 年，ようやく保険は海から陸に上がることになり，火災保険は最初の陸上保険となりました。なお，1842 年のハンブルク大火は再保険，1906 年のサンフランシスコ地震は地震保険について考えるきっかけとなったといわれています。

世界最初の私営火災保険会社は 1681 年に設立されています。以後，相次いで火災保険会社が開業しますが，なかでも，1710 年に開業した当時最大の火災保険会社 Sun Fire Office は，RSA（Royal and Sun Alliance）Insurance Group として今なお存続しています。また，時を同じくして，ドイツでも，ロンドン

大火のニュースも伝わり，1676年に，ハンブルク市が火災組合を統合し，世界的な公営保険の先駆けである市営の火災金庫が設立されました。

▶鎖国解禁に伴う日本における日本の海上保険と火災保険の生成

日本では鎖国が解禁されるまで，保険制度というものは未知のものでした。ただし，慶長年間（1600年頃）には，抛銀証文（なげかね）と称された冒険貸借に類似した手法を，朱印船による南蛮貿易で博多や堺の商人が広く活用したといわれています。また，元禄時代には，廻船問屋が高額な運賃を受け取る代わりに，積荷に損害が生じた場合には，それを埋め合わせる海上請負という手法がとられていました。とはいえ，これらは近代的な損害保険制度というまでには及ばず，海上保険にダイレクトに転化していったわけではありません。しかし，日本で海上保険の先駆的事業として，のちに海運業者等が海上保険への関心や理解を深める一助となったとはいえるでしょう。

鎖国政策が解除されると，1859年には外国の保険会社が，横浜，長崎，函館に相次いで進出し，日本に居留する外国商社等を相手に保険の営業を開始しました。福沢諭吉も1867年に『西洋旅案内』の附録中に，「災難請合の事イシュアランス」について記し，外国には人の生涯，火災，海上を請け合う制度があることを紹介しましたが，これらが，生命保険，火災保険，海上保険であったことは想像に難くありません。

四方を海で囲まれた島国である日本では，損害保険の中でも海上保険の必要性がいち早く認められ，第一国立銀行の頭取の渋沢栄一と三菱財閥の創始者の岩崎弥太郎の手によって，1879年に東京海上保険会社（現在の東京海上日動火災保険株式会社の前身の1つ）が設立されました。東京海上保険会社は，日本における最初の海上保険会社であり，最初の損害保険会社でもあり，さらに生命保険も含めて日本最初の保険会社です。海運事業の発展とともに日本が世界有数の造船国となるなかで，海上保険はきわめて重要な役割を担いました。

他方，「火事と喧嘩は江戸の華」と謳われたように，江戸時代には火事が多発していて，各種の火消制度が整備されていましたが，火災保険の誕生には至りませんでした。その後，明治時代に公営火災保険の導入が検討されましたが，賛同は得られませんでした。しかし，国民が火災保険にも関心を抱くようになり1887年7月に日本で最初の火災保険会社である東京火災保険会社（現在の損保ジャパンの前身の1つ）が設立されました。なお，参考までに，日本最初の

生命保険会社は，1881年に設立された明治生命保険会社（現在の明治安田生命保険相互会社の前身の1つ）です。

▶損害保険の進展＝新種保険の誕生と多種多様なリスクに対する損害保険

海から陸に上がった損害保険は，万が一の事故に対処する手段として優れた制度であることが一般大衆やさまざまな事業活動にも流布していきました。とくにヨーロッパにおける資本主義の高度化や機械文明の進展は新種のリスクとそれに対応するさまざまな新種保険（⇒11-2）の必要性を生み，相次いで新しい損害保険を誕生させました。19世紀に入るとガラス保険（glass insurance），信用保険（credit insurance），傷害保険（accident insurance），ボイラー保険（boiler insurance），盗難保険（theft insurance），賠償責任保険（liability insurance），さらに20世紀に入ると自動車保険（automobile insurance），そのほか航空保険（aviation insurance）といった新種保険が続々と販売されていきます。

参考までに，ロイズでは日本では考えられないようなリスクが引き受けられていますが，1971年にはLoch Ness Monster，すなわちネッシーの保険が引き受けられています。ネッシーの存在については，懐疑的な見方が多いにもかかわらず，ネッシーに関する保険は2000年代に入っても実際に存在しています。これ以外にも，世界的スターやスポーツ選手のbodyに掛ける保険，誘拐保険（kidnapping insurance）なども引き受けられています。

そのほか，宇宙人誘拐保険（alien abduction/UFO insurance），ワールドカップにおけるトラウマ保険（trauma insurance），離婚保険（divorce insurance）などの保険が海外では実際に販売されています。

現在では，昨今の宇宙開発に伴う宇宙保険（space insurance），サイバーテロなどに対応するサイバー保険（cyber insurance）なども注目されています，経済の発展やその時々のリスクに対する補償ニーズを損害保険は支え続けています。損害保険はまさに時代を映す鏡といえるでしょう。

| column | 英国における保険のイノベーションとアントレプレナーシップ

海上保険は，交易の隆盛に付随する形で，イタリアで自然発生的に誕生しましたが，各種の損害保険の実務的慣行はロンドンで飛躍していったといっても過言ではありません。そこには，ヨーゼフ・シュンペーター（1883-

1950）が唱えた neue kombination（新結合）たるイノベーションとアントレプレナーシップ（企業家精神）の勃興があったといえます。

　海上保険については，前述のとおりエドワード・ロイドが Lloyd's の生みの親ともいえますが，その後 "The Father of Lloyd's" と称されたジョン・ジュリアス・アンガースタイン（1735-1823）の力で Royal Exchange（王立取引所）内に保険取引のための部屋を借用しました。これが，現在も受け継がれている Room（保険引受の場所）です。Coffee House 時代のロイズはここに終焉を迎え，保険取引所としての新生ロイズがスタート，海上保険の黄金期をもたらし，世界屈指の保険マーケットへと進化・変貌を遂げるさまざまな仕組みを創出していきました。

　現在のロイズビルは，Royal Institute of British Architects：RIBA（英国王立建築家協会）のゴールドメダルや高松宮殿下記念世界文化賞（建築部門）を受賞している Richard George Rogers（1933-2021）設計によるものです。現在，One Lime Street にある同ビルは，総工費約7500万ポンド，8年の歳月をかけて 1986 年に完成しました，完成時にはチャールズ皇太子に「石油コンビナートみたいだ」と揶揄されましたが，2011 年には後世に残すべき建築物として国の指定を受けています。

　他方，火災保険については，多分野において多大な功績を残したニコラス・バーボン（1640-1698）が，ロンドン大火を機に火災保険事業の必要性を唱え，1680 年頃，王立取引所の裏手に世界最初の火災保険会社であるInsurance Office for Houses を創設しました。

　このように当初は，保険ビジネスの中核は海上保険と火災保険でしたが，その後，産業革命の進展に伴い，損害保険の対象とするリスクを拡大していくことになります。1800 年代後半になると，若干 21 歳で Lloyd's のアンダーライターとなったカスバート・ヒース（1859-1939）が non-marine（海上保険以外の損害保険）にも触手を伸ばし，その分野のイノベーターとして知

られています。彼はまた，先見の明があると称賛されており，強盗保険や地震・ハリケーン関連の再保険を初めて創設したことによる功績も称えられています。第一次世界大戦中には，ツェッペリン号（Zeppelin）による攻撃に対する保険もかけています。ヒースによる保険とリスクに対する画期的なアプローチの多くは，今日でもロイズで実践されていることがロイズのホームページに記されています。

　英国のロンドンを中心とした一連の損害保険事業の進展は，まさにシュンペーターがいうところのイノベーションとアントレプレナーの存在に裏打ちされるのではないでしょうか。

ロイズビル

リスクマネジメントと損害保険

事業継続計画（写真：midori_chan / PIXTA（ピクスタ））

Introduction

———

損害保険会社が扱うリスクは，自動車や住宅火災といった一般的なリスクから，数百億円規模のプラントや航空機の機体などの巨大リスクまでその種類も規模も多岐にわたります。さらに近年多発する自然災害やテロ，感染症等に象徴されるように，リスクは年々複雑で巨大化しています。損害保険ではこのように多様なリスクに対して補償を提供しています。そして，損害保険会社は，再保険をはじめとする伝統的な高度なリスク分散の仕組みを取り入れるとともに，リスク処理手法そのものも進化し，対処可能なリスクの範囲を広げています。

　本章では，まずはリスクの概念整理と，リスクマネジメントの概要とその実施プロセスについて説明し，リスクマネジメントの一手法としての損害保険の位置づけについて述べていきます。また，リスクマネジメントの導入経緯，リスクマネジメント規格，保険市場以外の資本市場まで含めた新たなリスクファイナンス手法の発展状況にも言及します（詳細は第10章を参照）。最後に，保険分野での研究手法の変化を踏まえ，期待効用理論を紹介しながら，保険選択の意思決定について説明していきます。

損害保険では，どのようなリスクに対処できますか？

▶リスクの定義

損害保険で処理される<u>リスク</u>について述べる前に，まずは一般的なリスクの定義を明確にしましょう。

リスクは英語の"risk"であり，「危険」と訳されます。英語の risk の語源には諸説が存在しますが，いずれも航海に関連し，危険に飛び込んでいくことを意味します。たとえば 1998 年に発売され全米でベストセラーとなったピーター・バーンスタイン『リスク──神々への反逆』では，ラテン語"risicare"（勇気をもって試みる）が語源とされています。

リスクは保険や金融だけでなく，工学や心理学をはじめ，さまざまな分野で研究対象となっていて，その定義は研究分野によりさまざまな見解が存在しますが，損失の機会，不確実性というリスクの定義は一般的に受け入れられやすいものです。これに対し，損害保険を含む保険とリスクマネジメントを説明するうえでは，想定された結果と実際の結果との乖離（変動＝差）と定義づけることができます。図表①で示すように，想定された結果と実際の結果が一致するのは 45 度線上で，ここではリスクはありません。想定と実際の結果が一致しないのはプラスまたはマイナスの変動であり，その変動が広がるほどリスクが大きく，この変動を小さくするための方策がリスクマネジメント（risk management）ということになります（詳細は 2-3 を参照）。

▶損害保険で対処可能なリスク

損害保険会社が扱うリスクは，自動車事故や住宅火災といった一般的で比較的少額のものから，巨大リスクまで多岐にわたります。数百億円規模の航空機の機体や巨大プラント，テロ，さらに年々激甚化する自然災害もその支払対象となっています。そして，ひとたび自然災害が発生すると，壊滅的な損失を引き起こすことも珍しくありません。保険ブローカーのエーオン（AON）の「気候と大規模自然災害レポート　2023 年版」によると，2022 年に発生した自然災害による損失額の総計は 3130 億ドルを超え，これは，21 世紀になってからの平均値を 4％ 上回っており事態は深刻化しています。このうち，1320 億

ドルが保険によって補償されました。

ところで，リスクは，現状維持，プラスの結果（gain：利益），マイナスの結果（loss：損失）のいずれかをもたらします。現状維持かマイナスの結果しかもたらさないリスクを純粋リスクといいます。火災はこの典型例といえます。これに対し，現状維持かマイナスだけでなくプラス

図表① 想定された結果と実際の結果の乖離

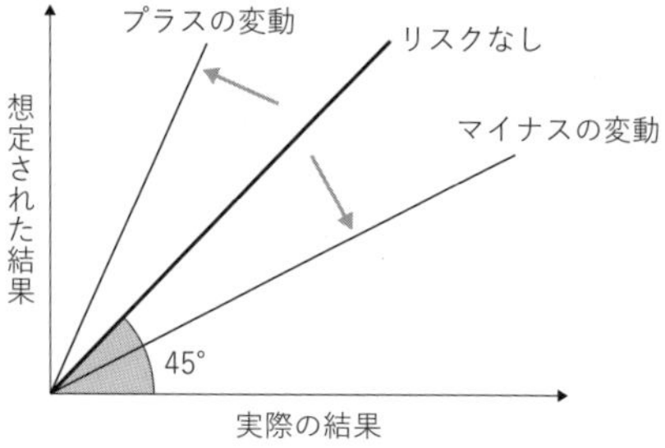

の結果をもたらすリスクを投機的リスクといい，株式投資はその一例といえます。保険で対処可能とされるのは基本的には純粋リスクです。しかし，リスクが多様で巨大化していくなかで，リスク処理手法も高度化した結果，損害保険で対処可能なリスクの範囲が広がり，一部の投機的リスクについても保険をつけるといった対応も考えられるようになってきました。高度化したリスク処理手法については，主に第10章で述べます。

▶リスクマネジメントの導入経緯

リスクマネジメントの起源は企業内での保険管理にさかのぼります。1900年代初頭には米国の大企業の多くが保険部を設置し，企業内での保険購買について管理し始めていました。しかし，それはあらゆる可能性を考慮したうえでの合理的な意思決定を伴う購買と言い切れるものではありませんでした。その後，大恐慌を機に，1930年代になると企業内での保険管理の重要性が認識され始め，保険をいかに経済的・効果的に用いるかが議論されるようになりました。これがリスクマネジメントの始まりとされます。そして1950年代半ばになると，企業リスクを扱うためにリスクマネジメントの導入が本格的に始まり，損害保険を中心とした保険制度がリスクマネジメントの有力な一手法と位置づけられるようになりました。

また，リスクマネジメントは企業固有のものから広がりを見せ，非営利団体や学校・病院などの企業以外のさまざまな組織体，さらには個人レベルでもリスクマネジメントが取り入れられるようになりました。

2 — 2 ペリルとハザードの違いは何ですか？

chapter 2

▶ペリルとハザード

リスク（risk）は「危険」と訳されますが，同様に「危険」と訳されるペリル（peril）とハザード（hazard）は，その意味するところはそれぞれ異なります。ペリルは起こりうる損失の直接的な発生原因を指す概念であり「危険事故」，ハザードは損失を引き起こしたり拡大させる要因で「危険事情」を意味します。

ところで，基本的に個人の力で制御可能なハザードをミクロハザード，個人の力では制御不能なハザードをマクロハザードと呼びます。前者のうち物質的な要因はフィジカルハザード（physical hazard：物理的ハザード）と分類されます。そして，個人的な行為についてはパーソナルハザード（personal hazard：人的ハザード）と呼ばれ，さらに故意・悪意または重過失であるモラルハザード（moral hazard：道徳的危険）と過失であるモラールハザード（morale hazard：不注意危険）に分類されます。これらの関係をまとめたものが図表①です。なお，モラルハザードは保険研究者以外からも関心を集めている概念です。詳細は次頁の column を参照してください

▶損失発生メカニズム

リスクのマイナスの結果である損失の発生に至るプロセスは，ペリルとハザードを用いることで，図表②のように図示されます。自動車の衝突事故を具体例として，損失発生メカニズムを説明してみましょう。衝突という危険事故（ペリル）を助長する損失生起要因（ハザード）として，渋滞やブレーキの甘さ（フィジカルハザード），前方不注意（モラルハザードまたはモラールハザード）などがあげられます。衝突事故発生後も，通報の遅れ（モラルハザード）などが損失拡大要因（ハザード）となります。そして衝突事故は，予定していた状態，つまり「無事故」からのマイナスの変動であり，損失という結果を生みます。しかし，自動車保険に加入していれば自動車の修理費などがある程度支払われるため，リスクのマイナスの結果の変動幅を小さくし，実際に負担する損失額を少なくすることができます。

図表①　ハザードの分類

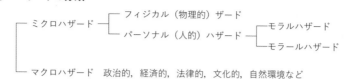

```
        ┌─ ミクロハザード ─┬─ フィジカル（物理的）ザード
        │                 └─ パーソナル（人的）ハザード ─┬─ モラルハザード
        │                                                └─ モラールハザード
        └─ マクロハザード　政治的，経済的，法律的，文化的，自然環境など
```

図表②　損失発生メカニズム

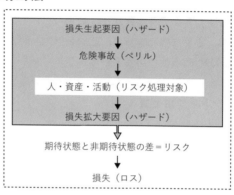

```
┌─────────────────────────────────────┐
│        損失生起要因（ハザード）        │
│                ↓                     │
│         危険事故（ペリル）            │
│                ↓                     │
│   ┌─────────────────────────────┐   │
│   │ 人・資産・活動（リスク処理対象） │   │
│   └─────────────────────────────┘   │
│                ↓                     │
│        損失拡大要因（ハザード）        │
└─────────────────────────────────────┘
                 ↓
    期待状態と非期待状態の差＝リスク
                 ↓
            損失（ロス）
```

| column | 多方面で注目される「モラルハザード」

　モラルハザードは保険市場では広く認識された用語でしたが，1998年に自由国民社主催「新語・流行語大賞」でトップテンの1つに選ばれました。バブル経済期に過剰融資を行った結果，金融機関は大量の不良債権を抱えることになり，このような事態に至らしめた経営者の経営判断が「モラルハザード」として問題とされたことがきっかけでした。また，日本経済新聞はこのような金融機関の不良債権問題をめぐる一連の報道で「モラルハザード（倫理の欠如）」という表記を用いました。このような過程を経て，モラルハザードは，保険市場から分離した形で広く浸透することになったのです。

　また，保険経済を専門にした研究者以外はモラルハザードとモラールハザードという分類を用いず，パーソナルハザード全般をいわば「広義のモラルハザード」とする傾向があります。たとえば，経済学者は健康保険での給付があるために病院への通院回数が増えるといった現象の発生原因をモラルハザードと指摘しますが，その多くは実際にはモラールハザードに該当すると捉えられます。また，モラルハザードが生じた保険契約を「モラルリスク」と呼ぶことが法律家を中心に一般的になっています。

chapter 2 — 3 リスクマネジメントは どのように実施されますか？

▶リスクマネジメントの定義

リスクマネジメント（risk management）には多様な定義が存在します。「組織体の諸活動に及ぼすリスクの悪影響から，最少のコストで，資産・活動・稼動力を保護するため，必要な機能ならびに技法を計画・組織・指揮・統制するプロセス」（森宮［1994］69頁）という定義は，リスクマネジメント手法が発展していくなかでも変わらず広く受け入れられる定義といえます。

▶リスクマネジメント・プロセス

リスクマネジメント・プロセス（risk management process）には，図表①に示すようないくつかの重要なステップが含まれます。

①リスクの発見・確認（すべての重要なリスクを発見・確認する），②リスクの測定（起こりうる損失の発生頻度〔frequency〕と拡大可能性〔強度：severity〕を評価する），③リスク処理手法（技術）のメニュー（リスク処理手法のリストアップとそれらの組合せ），そしてリスク処理コストの軽減を図ることを条件に，④リスク処理手法の選択（トゥールミックス），⑤トゥールミックスの実行，⑥リスク処理成果の監視，⑦リスク処理手法の修正，と続きます。また環境変化があれば，そこから最初に戻って修正することもあります。組織が存続するかぎり，このプロセスを繰り返していくことになります。

▶リスクの発見・確認と最適なリスク処理手法の選択

最初に，損失が起きたり拡大する可能性のある資産，企業活動，外的要因であるリスクの源泉を確認する必要があります。そのうえで，まずは組織内部から情報を入手し，不足する場合または追加情報を得たいときには，コンサルタントなどによる外部情報を使うのが一般的です。内部情報源としては過去の事故・損失記録（実際に事故には至らなかった「ヒヤリ・ハット事例」も重要な情報源です），契約書類，担当部署に対する質問票・面接調査等の記録，フローチャート分析，財務データ，決算報告書などがあげられます。しかし，どれだけ資料があってもリスクの存在に気づくかどうかが重要であり，個人のリスク観が大きく影響します。

図表①　リスクマネジメント・プロセス

《**組織の設定する目標 → リスクマネジメントの目的**》

①リスクの発見・確認 ──────────── リスク分析
②リスクの測定（頻度・強度）────┘
③リスク処理手法（技術）のメニュー ← リスク処理手法のリストアップ
　　　　　　　　　　　　　リスクコントロールとリスクファイナンスの組合せ

リスクコントロール	リスクファイナンス
リスク回避・リスク予防 リスク軽減・リスク移転 （リスクファイナンス以外）	リスク保有・リスク移転

④リスク処理手法の選択（トゥールミックス）← リスク処理コストの軽減
《**経営環境変化の有無**》
⑤トゥールミックスの実行
⑥リスク処理成果の監視
⑦リスク処理手法の修正

（出所）森宮［2003］133 頁をもとに筆者作成。

図表②　リスクマトリックスと最適なリスク処理手法

強度

頻度小・強度大 優先順位 2 リスク移転	**頻度大・強度大** 優先順位 1 リスクコントロール
頻度小・強度小 優先順位 4 リスク保有	**頻度大・強度小** 優先順位 3 リスクコントロール・保有

頻度

　次にリスクの測定に際してはリスクマトリックス（risk matrix；リスクマップ〔risk map〕）を用いた評価が有効です。具体的には一方の軸に損失の発生頻度，他方に強度をとり，調査したリスク項目を記入していくことで，リスクとして対処すべき優先順位や採用すべきリスク処理手法の方向性が見えてきます。図表②はリスクマトリックスの一例です。制御可能であるかどうかが，優先順位をつける際の重要な判断基準になります。なお，表中の具体的なリスク処理手法については。2-4 と 2-5 で説明していきます。

chapter 2 — 4 リスクコントロール手法とは何ですか？

▶リスク処理手法の選択

　リスク処理手法は，組織をおびやかすリスクの悪影響を最小にするための方法であるリスクコントロール（risk control）と，リスクコントロール努力にもかかわらず発生するリスクに対して資金手当をする方法であるリスクファイナンス（risk finance）に大別されます。そして，保険はリスクファイナンスのうちのリスク移転の有力な一手法であり，リスクの移転先が保険会社となります。

　リスクマネジメントの実施にあたっては，あらゆるリスク処理方法をリストアップし，最適なリスクコントロール手法とリスクファイナンス手法の組合せを見出し，実行する必要がありますが，その際の判断基準となるのはリスク処理コストの軽減につながるかどうかです。保険料，リスクコントロール費用，リスクマネジメント・プログラム管理費用など，リスク処理コストにはさまざまなものが含まれます。さらに，その選択が適切であったかを常に検証し修正しながら永続的に実施していくことになります。

▶リスク回避

　想定されるリスクの発生を完全に阻止するには，リスク発生の客体を持たない，つまり事故発生確率をゼロにする必要があります。これがリスク回避（risk avoidance）です。たとえば，自動車の運転をしなければ自分が加害者となって自動車事故を引き起こすことはありません。企業であれば，リスクを伴う事業の中止・変更，さらには事業そのものから撤退することを意味します。

　リスク回避は消極的な対応であり，現実には選択しにくい手法という見解があります。自ら車を運転しなければ生活ができない状況では，この手法の選択は現実的ではありません。しかし，その一方で消極的ではない合理的な手法との見解もあります。企業が中長期的な利益を見据えて事業からあえて撤退するという判断はその一例です。

▶リスク予防

　リスクを回避できない場合は，まずはリスクの発生を予防する，つまり損失発生頻度を軽減する対策を行う必要があります。これがリスク予防（risk pre-

vention）です。家を持ったのであれば火の始末をしっかりし，家の周りに燃え
やすいものを置かない，自動車を運転するならば運転前の点検を欠かさないと
いった対応があります。企業の防災活動，事業を始めるにあたっての事前調査
などはその一例です。このほか多くの例があげられますが，技術的にも費用の
面でも実施には一定の限界があり，それを見極めたうえで最適なリスク予防策
を導入する必要があります。

▶リスク軽減

　リスクを回避できない場合は，リスク予防により損失発生頻度を最少に抑え
ることも重要ですが，それでも避けられないリスクについてその発生強度であ
る被害額を最少に抑えるための方策も必要です。このような損失軽減措置が<u>リ
スク軽減</u>（risk reduction）です。火災に備えて家に消火器を設置することなど
の行動はリスク軽減につながります。ビルに設置されているスプリンクラーも
その一例です。しかし，リスク予防同様に，技術面と費用面での限界を踏まえ
た対応が必要です。

▶リスク移転

　<u>リスク移転</u>（risk transfer）はリスクの客体を一箇所に集中させずに分散・多
様化させることを意味します。ただし，2-5 で述べるリスクファイナンス手法
におけるリスク移転以外の，金銭的取引ではない手法を意味します。卵を 1
つのかごに入れた場合，そのかごを落としたらすべての卵が割れてしまうかも
しれませんが，2 つのかごに分ければ，1 つのかごを落としても，もう 1 つの
かごに入っていた卵は無事に残ります。

　この考えに従えば，企業は火災や自然災害など不測の事態に備えて，拠点を
複数持つことは合理的といえます。企業の<u>事業継続計画</u>（business continuity
planning：BCP，2-5 の column で詳述）の観点から，本社所在地以外に本社機能
を代替できる拠点を準備することは合理的判断であり，実際にそのような企業
は増えています。しかし，複数箇所に同様の機能を持たせるための費用負担は
決して小さなものではありません。たとえば，高価で操作に特別な技能を必要
とする機械を複数の工場に配置しようとしても，機械の購入費用はもちろん，
技術者の育成費用など，多大な費用が必要となり，実際には不可能ということ
もありえます。唯一絶対の正解はなく，損失の発生頻度と強度を見極めたうえ
での経営判断が必要となります。

5 保険はリスクファイナンス手法として, どのように位置づけられますか？

chapter 2

▶リスク保有

　リスクファイナンスは, リスクコントロール努力にもかかわらず発生するリスクに対して資金手当をする方法で, 「リスク保有」と「リスク移転」に大別されます。詳細なリスクファイナンス手法についての説明は第10章で行いますので, ここではどのような手法が含まれるか紹介するにとどめます。リスク保有（risk retention）は, 直面するリスクを第三者に移転せずに内部で保有して処理することを意味します。企業などの組織を想定すると, 以下のような代表例があげられます。

　何らかのリスクが発生した場合に, 経常費を用いて処理する手法が①経常費処理です。これに対して, リスクに備えてあらかじめ資金を設定しておくのが, ②準備金処理と自家保険（計画的保有）です。そして, 自家保険がより高度化したものが, ③キャプティブ（⇒10-8）の利用です。このほか, ④信用, つまりリスクが発生した際に借入により対応することなどをあげることができます。

　なお, ここまで述べてきたリスク保有は積極的リスク保有であり, 戦略的に行われているものです。これに対し, リスクの存在に気づかなかった, または放置し, 結果的にリスクを保有することになる消極的リスク保有も起こりえますが, 推奨できるリスク処理手法とはいえません。

▶リスク移転

　これに対し, 直面するリスクを金銭的取引により第三者に移転するのがリスクファイナンスにおけるリスク移転（risk transfer）です。保険はその有力な一手法で, 保険会社がリスクの移転先となります。また, 保険以外の契約を通じたリスク移転も可能です。金融派生商品によるリスクヘッジはその一例で, 金融・資本市場を通じたリスク移転が行われます。このような保険以外の手段の選択は, 保険をつけることが不可能な場合と, 付保可能であっても費用対効果を考慮するとより優れた方法がある場合に大別されます。損害保険と金融派生商品を含む代替的リスクファイナンス（ARF）全般の関係については2-6で説明します。

| column |　リスクマネジメント，危機管理，BCP，レジリエンス

　リスクマネジメント，危機管理，BCP は，いずれもリスクマネジメントに隣接する概念です。リスクマネジメント（risk management）をあえて和訳すれば「危険管理」で，「危機管理」を英訳すればクライシスマネジメント（crisis management）ですが，risk management が危機管理と訳されているビジネス書などを見かけることが多々あります。

　危機管理にはさまざまな定義が存在しますが，リスクマネジメントとの違いという面からは，すでに発生した危機的な事態に対して，事態がそれ以上悪化しないように対処することと説明することができます。リスクマネジメントは予防的な措置を含みますので，危機管理はリスクマネジメントに内包される概念と位置づけられます。したがって，両者の関係は図表①のように説明することができます。

　これに対し，多発する自然災害やテロ感染症等に対抗するため，近年急速に関心が高まっているのが事業継続計画（BCP⇒2-4）であり，レジリエンス（resilience）という考え方です。また，JIS Q 22301 が 2013 年に策定され，2020 年には JIS Q 22301：2020（セキュリティ及びレジリエンス―事業継続マネジメントシステム―要求事項）に改訂されましたが，この中で「事業の中断・阻害に関して，組織が許容できる又は許容できない影響の大きさ及び種類に対して適切な事業継続の能力を開発するための事業継続マネジメントシステム（BCMS）を実施及び維持するための体制及びその要求事項」が規定されています。ここでは，BCP は「事業の中断・阻害に対応し，かつ，組織の事業継続目的と整合した，製品及びサービスの提供を再開し，復旧し，回復するように組織を導く文書化した情報」とされています。これも広い意味でのリスクマネジメントに含まれる概念です。

　カタカナ表記，和訳，アルファベットの略語の表記を併用することは，学術的には適切とはいえません。しかし，隣接する概念がそれぞれの分野で使用されて，その関係性が十分に整理されないまま併存しているのが現状といえるでしょう。

図表①　リスクマネジメントと危機管理

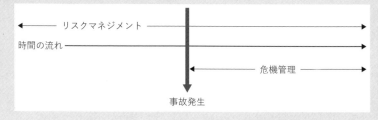

リスクマネジメント手法の高度化は，損害保険にどのような影響をもたらしますか？

▶ERM の台頭

　リスクマネジメントという考え方が日本の学術論文で紹介され始めたのは1970 年代からですが，それが広く関心を集めるようになったのは 90 年代以降でした。これは，経営環境が変化しリスクがさらに多様で複雑なものになっていくなかで，リスクマネジメントの必要性を実感せざるをえなくなったことを意味します。さらに，1990 年代以降は，組織の収益目標まで見据えてリスクを包括的に捉える統合（的）リスク管理（英語では enterprise risk management といい，「全社的リスクマネジメント」と訳したり，単に ERM と称する場合もあります。以下 ERM といいます）の導入が進んでいます。

　ERM は米国では 1990 年代から，日本でも 2000 年以降は導入が盛んになってきましたが，その起源や定義については，必ずしも理解は一致していません。一般には，ERM は，従来の保険管理から進化したリスクマネジメントがさらに発展したものとされます。経営活動に付随するすべてのリスクを包括的に把握・評価し，必要な資金手当やリスク軽減手法を講じて，企業価値の維持・最大化を図る，という点では理解が一致しています。

▶リスクマネジメント規格

　リスクマネジメント・プロセス（⇒2-3）は世界的に規格化が進んでいます。日本では 2001 年に日本規格協会から「リスクマネジメントシステム構築のための指針」（JIS Q 2001：2001）が発行されました。そして，2009 年秋にはリスクマネジメントの初の世界規格として，ISO（国際標準化機構）から ISO 31000 と用語規格が発行されました。これに伴い，国内でもこの規格をもとにした JIS Q 31000 の審議が始まり，2010 年に「リスクマネジメント：原則及び指針」（JIS Q 31000：2010）が発行され，JIS Q 2001 は廃止されました。

　そして，発行から 10 年間の環境変化を踏まえ，2018 年には更新版である ISO31000：2018 が発行されました。2018 年版は 2009 年版に比べると，より経営を意識した内容となり，ERM を経営戦略遂行に不可欠なものと捉え，組織における ERM の位置づけを明示しています。JIS Q 2001 での 4 つのリス

ク対応の選択肢（リスクマネジメント・プロセス）は7つになり，保険会社への「リスク移転」は，本規格では「リスクの共有」に変更されています。

　また，米国公認会計士協会等により結成されたトレッドウェイ委員会支援組織委員会（COSO）は，1992年に内部統制のフレームワーク（COSO Framework）を公表し，2004年には，目的（戦略）と構成要素（目的設定，事業認識，リスク対応）が加わったリスクマネジメントのための一般的ガイドラインであるCOSO ERMフレームワークを公表し，従来のリスクマネジメントとERMの違いを特徴づけました。

▶ARFと損害保険

　代替的リスクファイナンス（alternative risk finance：ARF）では，損害保険の根底にある損害てん補の考え方は適用されません。また，対象となるリスクも純粋リスクには限定されません。この結果，これまでの損害保険では処理し切れなかったリスクに対して「オーダーメードの処理手法」を提供することができます。そして，保険市場だけでなく資本市場を通じたリスク処理は，投資家に対し新たな投資対象を提供することを意味します。

　このようにARFはこれまでの損害保険の弱点を補う役割を果たしますが，ARFも万能ではなく解決すべき問題点があります。第1は，保険同様にリスクを定量化したうえに高度な金融手法を用いるため，伝統的な保険商品に比べ高コストになりやすい点です。第2は，現状では取引に関する法律や会計制度の整備が追いついておらず，結果的に複雑なスキームになりやすい点です。第3は，資本市場を通じたリスク処理には投機的な要素が入り込みやすく，結果的に安定した価格で継続的に取引を行うことが困難になる可能性を秘めている点です。

　ARFが過去20〜30年で急速に発展してきたのは確かですが，利点と欠点が混在しており，これまでのところ，保険制度に取って代わるような存在とはいえません。伝統的な保険制度とARFの補完性を高め，保険と金融を融合したリスクファイナンスの新たな受け皿を提供するようなサービスの提供が求められており，損害保険会社にはその役割が求められています。

chapter 2 — 7 リスク下での保険加入の意思決定分析は，どのように行われますか？

　保険学の分析手法は，約半世紀前から科学的な手法を取り入れながら劇的な変化をしています。ここでは，家計や企業のリスク下での保険需要を考察するうえで，最も広く用いられている期待効用理論を紹介しながら保険選択を考えていきます。

▶意思決定分析とは

　はじめに，ランチを食べるためにいくつかのお店の中から1つを選ぶ状況を考えてみましょう。お店を選ぼうとするとき，「たくさん食べられる方がよい」，「近場で済ませたい」，「支払は低くおさえたい」，のようにさまざまな判断基準があります。円やドルで表される価格のように単位が共通したものであれば，その高低で比較が可能ですが，「近場で済ませたい」のように客観的な指標がないものもあります。さらに，ランチのような日常的に繰り返す選択もあれば，進学や就職のように一生に大きな影響を与えうる選択の場合は，多くの人が慎重に考えるはずです。複数の代替案（選択肢）から1つを選ぼうとする人，企業，政府などのことを意思決定者と呼びます。意思決定者がどのように代替案を選ぶことが望ましいかを考えることを意思決定分析と呼びます。

▶意思決定分析におけるリスクの表し方

　そもそもリスクとは何でしょうか。意思決定分析で用いるリスクとは，「代替案を選択することで得られる結果の起こりやすさがわかっている状況」を表します。この結果の起こりやすさのことを確率（probability）と呼びます。以下では，簡略化して記述するために，小文字のアルファベットの上に〜（チルダと読みます）をつけることでリスクを表すことにします。具体的には，$\tilde{x}$（エックス　チルダと読みます）などで記述します。

　損害保険がカバーする範囲は，非常に多岐にわたっています。保険に加入するかどうか，加入するならどの保険会社と契約するか，万一に備えて補償範囲をどうするか，といった選択をする必要があります。これらをリスクの考え方を用いて表現します。

▶旅行時に起こりうるリスクと保険

ここでは，レンタカーで旅行している状況を考えてみましょう。このときに起こりうる結果には，どのようなものがあるでしょうか。複雑な現実世界を簡単な数式を使って，モ

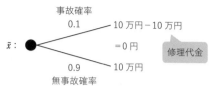

図表① 無保険時のリスク

デル化してみましょう。意思決定者はあらかじめ旅行のために 10 万円を持っているものとします。起こりうる結果は，レンタカーで事故を起こしてレンタカーの修理代金が 10 万円必要になるか，無事故で旅行を楽しむ，であるとします。ここでは，旅行中にレンタカーで交通事故を起こす確率が 0.1（10%）であるとしましょう。したがって，無事故の確率は 0.9（90%）です。このリスクを $\tilde{x}$ で表し，図で示したものが，図表①です。

図表①では，黒丸のところに意思決定者がいるとして，右に進むことで時間が経過し，事故の有無がわかるとします。不幸にも上の枝に進んでしまうと，事故が発生して手持ちの 10 万円から修理代金の 10 万円を引いて 0 円になってしまいます。一方で，下の枝に進むと，無事故で旅行を楽しんで，10 万円が手元に残ることを表しています。重要なことは，どちらの枝に進むかは意思決定者がコントロールできない点にあります。

このように，$\tilde{x}$ を選択すると，事故が起きたときに修理代金を全額自分で負わなければなりませんが，無事故の場合は手持ちのお金の 10 万円が全額残ることになります。これにより，実際に起こった出来事によって，意思決定者の手元に残る金額にバラツキができることになります。

ところで，意思決定者は出発前に保険に加入することができるとします。この保険の保険料は 1 万円ですが，旅行中のレンタカーの事故に対して，修理代金が全額補償されるものとします。この保険に加入したときのリスクを $\tilde{y}$ で表すこととし，これを図で表したものが図表②です。

図表②では，$\tilde{x}$ のときと同様に，意思決定者は黒丸のところから右に進むことで事故の有無がわかります。まず，上の枝に進んで事故が起きたときを見てみましょう。意思決定者は手持ちの 10 万円からあらかじめ 1 万円の保険料を支出しています。事故により 10 万円の損失が発生しますが，保険によって 10 万円の保険金を受け取りました。損害額を保険金で相殺することができたので，

図表②　保険加入時のリスク

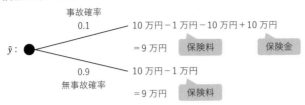

結果として意思決定者の手元には9万円が残ることになります。一方で、無事故だったときには手持ちの10万円から保険料1万円を支出して旅行を楽しむことになりますので、やはり意思決定者の手元には9万円が残ります。

　2つのリスク$\tilde{x}$と$\tilde{y}$にはどのような違いがあるでしょうか。無保険時のリスク$\tilde{x}$では、事故の有無により、意思決定者の手元に残る金額にバラツキができることになります。しかし、保険加入時のリスク$\tilde{y}$では、事故の有無にかかわらず保険料の1万円を引いた9万円が確実に残ることになります。つまり、保険加入の有無は意思決定者がどのようなリスクを選択するかということになります。

| column | リスク下の選好表現

　リスク下の意思決定分析において、意思決定者の選好をどのように表現するかが重要になります。2-8で説明する期待効用理論では、選択したリスクの結果を効用関数で評価しますが、事前に私たちが考慮するのはこれだけでしょうか。

　本文で用いた旅行保険の例を考えてみましょう。意思決定者が保険に加入した後に事故が起これば、保険金による損失額のカバーが受けられるので無保険時よりも望ましい結果を得たことになります。しかし、無事故だったときには、保険に加入しなければ手持ちの10万円がすべて手元に残りました。このように、選択しなかった結果は、事前の意思決定に影響を与えるはずです。

　期待効用理論を一般化して意思決定者が選択しなかったリスクの結果を加味した選好表現を後悔理論（regret theory）と呼びます。後悔理論では、選択したリスクから得られた結果と選択せずに失った結果を比較して、得られた結果の方が望ましい結果であるとき意思決定者は「安堵」、失った結果の方が望ましい結果であるとき「後悔」を感じるとします。後悔理論を用いることで、保険需要の分析が行われるようになってきています。

chapter 2 — 8 期待効用理論とは どのようなツールですか？

　リスク下の合理的な選択基準を考えましょう。意思決定者が合理的であるとは，「選ぶことができるリスクの中から最も好ましいリスクをとる」ということです。選ぶことができるとは，金銭や時間などの制約のもとで意思決定者がとりうるリスクの範囲を特定します。最も好ましいとは，あるリスクがほかの選ぶことができるどのようなリスクと比較しても，意思決定者にとって悪くはならないリスクであることを意味します。

　そして，リスク間の選好を数値化したものが，<u>期待効用理論</u>（expected utility theory）です。期待効用理論では，まず得られる結果を指標化し効用という単位で評価します。効用で評価するために，より良い結果に対してより高い効用を割り当てるといった一定のルールがあるとします。このルールを表したものが効用関数 u です。そして，期待効用理論では結果の効用を得られる確率で重みづけしています。また，より好ましいリスクは，より大きな期待効用となることを表しています。同時に，より大きな期待効用は，意思決定者がより好ましいリスクとみなしていることを表しています。

　先ほどのレンタカーで旅行をする状況を期待効用で表してみましょう。保険を購入しなかったときには，事故が起きなかったときの結果と事故が起きたときの結果をそれぞれ効用関数で評価し，$u(10 万円)$ と $u(0 円)$ で表します。これは，10 万円と 0 円を得たときの嬉しさや悲しさといった気持ちを効用として数値化したものです。お金をたくさんもらっていやな顔をする人はいないとすると，10 万円を受け取った効用の方が 0 円を受け取る効用よりも高くなり，

$$u(10 万円) > u(0 円) = 0$$

が成立するとします。また，$u(0 円)$ は基準として扱い，$u(0 円) = 0$ とします。これを確率で重みづけすればよいので，保険に加入しなかったときの期待効用は，

$$0.1 \times u(0 円) + 0.9 + u(10 万円) = 0.9 \times u(10 万円)$$

となります。一方で，保険に加入したときの期待効用は，

$$0.1 \times u(10\,\text{万円} - 1\,\text{万円} - 10\,\text{万円} + 10\,\text{万円}) + 0.9 \times u(10\,\text{万円} - 1\,\text{万円})$$

$$= u(9\,\text{万円})$$

となります。

　ところで，結果を効用関数でなく金額で評価したものを期待値と呼びます。無保険時のリスク $\tilde{x}$ の期待値は，

$$0.1 \times 0\,\text{円} + 0.9 \times 10\,\text{万円}$$

で 9 万円となります。一方で，保険加入時のリスク $\tilde{y}$ の期待値は，

$$0.1 \times 9\,\text{万円} + 0.9 \times 9\,\text{万円}$$

となり，やはり 9 万円となります。

▶リスクに対する態度

　期待効用理論は，意思決定者のリスクに対する選好を数値化したものでした。つまり，リスクに対する主観的な評価を表したものとなっています。しかし，このリスクに対する選好について，多くの人々が一定の傾向を持つことが知られています。その最も代表的なものがリスク回避性です。

　先に登場した保険加入の有無を思い出してみましょう。無保険時のリスク $\tilde{x}$ と，保険加入時のリスク $\tilde{y}$ の期待値は同じ 9 万円でした。しかし，どちらか 1 つのリスクを選ぶ状況では，多くの人が $\tilde{y}$ を選ぶのではないでしょうか。

　ここで，リスク $\tilde{y}$ はリスク $\tilde{x}$ の期待値を確実に受け取ることができることに注意が必要です。このような選択に直面したときに，確実にリスク $\tilde{x}$ の期待値 9 万円を受け取ることができるリスク $\tilde{y}$ の方が好ましいと考える意思決定者をリスク回避的 (risk averse)，リスク $\tilde{x}$ の方が好ましいと考える意思決定者をリスク愛好的 (risk loving)，2 つのリスクがどちらも同程度に好ましいと考える意思決定者をリスク中立的 (risk neutral) と呼びます。さらに，多くの人々はリスク回避的な選好を持つことが知られています。

▶保険料の算出

　もし，保険料が損失額の期待値と一致するなら，保険に入った方が望ましい

ことになります。このような保険料の設定の仕方を保険数理的公平（actuarially fair）な保険料と呼びます。

　先ほどの旅行時の保険加入の例を用いると，損害額の期待値は，0.1 の確率で 10 万円の損害が出るので，0.1×10 万円で 1 万円となります。もし意思決定者がリスク回避的だったとすると，期待値が同じなら，確実な方を好むはずですので，保険に加入する方が望ましくなります。反対に，リスク愛好的な意思決定者は，保険に加入せずに結果にバラツキがある方を選択する方が望ましくなります。

| column | リスクと不確実性

　最近，リスクと並んで不確実性（uncertainty）という言葉もしばしば耳にするようになりました。経済学者のフランク・ナイトはリスクを，本節で用いたように「代替案を選択することで得られる結果の確率がわかっている状況」と定義しています。一方で，不確実性は確率がわからない状況であると定義しています。近年では，不確実性の描写の 1 つであるあいまい性（ambiguity）に注目が集まっています。

　たとえば，意思決定者が自身の運転技術がわからずに，事故を起こす確率がわからないとします。簡単化のために，事故を起こす確率は 0.01 なのか 0.9 のどちらかわからないものとします。すると，意思決定者が直面しているリスクは，低確率でしか事故を起こさない低リスク $\tilde{x}_L$ か高確率で事故を起こす高リスク $\tilde{x}_H$ のどちらかわからないということになります（図表①）。あいまい性の記述では，事故を起こすかどうかについての確率を 1 次確率（first order probability）と呼びます。意思決定者が $\tilde{x}_L$ と $\tilde{x}_H$ のどちらのリスクに直面しているかに対する主観的な確率を 2 次確率（second order probability）と呼びます。近年では，あいまい性下の保険需要行動の分析が盛んに行われるようになっています。

図表①　交通事故のあいまい性

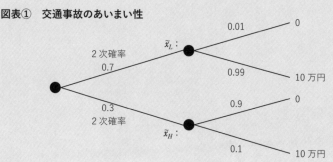

chapter 3

損害保険の契約

保険代理店（写真：Ystudio / PIXTA（ピクスタ））

Introduction

——

私たちが「自動車保険に入る」「地震保険をつける」という場合，それは，保険会社と保険契約を結ぶことを意味します。また，しばしば保険商品という用語が利用されますが，いうまでもなく保険は形のある商品ではありません。損害保険は，損害保険契約という法的な形をとって取引されます。したがって，損害保険を知るためには，損害保険契約の内容を知る必要があります。

損害保険は，事故が生じた場合の保険給付を約束する契約ですので，将来起こりうるいろいろな事態を想定して，当事者の権利義務を定めておく必要があります。そのため，複雑な契約とならざるをえない面があり，契約条項は詳細なものになります。とても難しい契約に見えますが，損害保険の契約における基本的な考え方や仕組みを押さえておけば，いずれの種類の損害保険の契約であっても，理解が進むと思います。

本章では，損害保険契約について，契約の締結から終了の流れにそって，重要な事項を説明します。

損害保険契約の締結から終了までの流れと，契約の特徴はどのようなものですか？

▶損害保険契約の締結から終了までの流れ

最初に，損害保険契約の締結から終了までの流れを理解しましょう。

(1) **契約の検討**　まず，加入する損害保険を検討します。保険を募集する人（保険代理店など）の説明を受けたり，インターネットのサイトにおいて保険の内容や保険料などを確認します。一部の保険を除き，保険会社によって商品内容と価格は異なりますので，比較検討して自分のニーズに合った保険を選びます。

(2) **保険の申込み**　契約内容が固まれば，申込書に必要事項を記入し，重要事項に関する質問（告知事項）に正しく回答します。インターネット取引の場合には，画面の案内に沿って内容を確認し，問題がなければ申込みに進みます。

(3) **契約の成立**　保険会社や保険代理店が合意した時点で，契約は成立します。保険代理店は，通常，契約を締結する権限を有しています。インターネット契約の場合は，申込手続が完了し，承諾された時点で契約が成立します。

(4) **保険料支払**　所定の保険料を支払います。

(5) **保険証券の受領**　保険証券（引受確認証などの名称の場合もあります），保険約款等を受領します。

(6) **変更の通知**　告知した事項に変更が生じた場合には，保険会社や保険代理店に通知します。保険約款は通知が必要な場合を記しています。

(7) **事故の通知**　事故が生じた場合には保険会社や保険代理店に連絡して，指示に従って対応します。また，損害の拡大・防止に努めます。

(8) **保険金の請求**　保険会社と打合せのうえ，請求額を確認します。合意ができれば，保険金請求書等の必要書類を保険会社に提出して保険金を受領します。

(9) **契約の解除**　保険契約者は，契約をいつでも解約（解除）できます。支払済みの保険料の扱い（返還の有無・金額）は，保険の種類やその契約内容により異なります。

▶損害保険契約の特徴

損害保険契約は，次のような特徴を有しています。

(1) **保険会社が用意した保険約款による取引となります：附合契約**　保険は，大数の法則（⇒1-2）に基づく制度で，多数の同種の契約が締結されることが前提となっています。そこで，保険会社は，あらかじめ保険の内容を設定して販売します。加入者はその保険に入るかどうか，言い換えれば，保険会社側で用意した契約の枠組みで契約を締結するかどうかを決定します。こうした契約を附合契約といいます。ただし，企業分野の保険種類によっては，リスクの特性に適合させて，保険約款の内容を修正する自由度が高いものもあります。

(2) **保険の技術上，必要となる制度が織り込まれています：告知義務等**　保険制度を適切に運営するためには，収支相等の原則や給付・反対給付均等の原則（⇒1-2）を満たす必要があります。つまり，加入者から支払われる拠出金（保険料）と支払う保険金の総額が制度全体として均衡している必要があります。また，加入者のリスクに応じた保険料である必要があります。これらの原則を満たすためには，保険で対象とするリスクの実態をもとに契約を締結する必要があります。しかし，個々のリスクの情報は，保険を申し込む側にしかわからない場合があります。そこで，保険では，リスクに関する重要な事実についての告知義務（⇒3-7）が課されています。

(3) **健全性を確保する必要があります：利得禁止**　保険は，偶然の事象が生じた場合に給付を受ける制度です。その点で，賭博に似た面がありますが，保険は儲けるための制度ではありません。そこで，保険が賭博から区別される仕組みが必要です。

また，保険は，少ない拠出金（保険料）で多額の給付（保険金等）を受ける制度ですので，わざと事故を起こしたり，過大な額を請求するなどの不正が発生する可能性（モラルハザード⇒2-2）があり，それを防ぐための仕組みが必要です。こうしたことから，保険は，利得禁止を基本原則としていて，損害保険は損害をてん補する保険という性格を維持するために，生命保険などの定額で給付を行う契約では見られない各種制度が設けられています。

chapter 3 — 2 損害保険契約では, どのようなことが取り決められますか?

▶保険証券と保険約款

　一般に, 契約を締結して内容を記録して保存するために契約書を作成し, 契約当事者が署名または記名・捺印します。保険の場合, 保険契約書という書類は作成しません。保険契約者は, 保険申込書に署名または記名・捺印し, 保険者は, 契約の証拠として, 保険証券 (insurance policy) や引受確認証 (certificate of insurance) を発行します。保険証券等には, 加入者の氏名, 住所, 保険をつける対象, 保険期間, 保険条件, 適用される保険約款, 保険料, 保険会社の代表者の署名または記名・捺印などが記載されていますが, 契約条項にあたる文章は記されていません。契約条項は, 保険約款 (insurance clauses) としてまとめられています。保険約款には, 基本的・標準的な内容を記した普通保険約款 (general clauses) と, それを修正する特別保険約款 (special clauses) があり, 一般に特約と呼ばれます。適用にあたっては, 特約に記されていることが優先します。保険約款は, 小冊子の形で交付される場合が多いですが, 最近は, 紙資源削減の観点からウェブ上で表示する方式が増えています。保険約款の記載事項としては, 図表①に記したものがあります。

図表①　保険約款の主な記載事項の例

契約締結関係	告知義務
保険の対象物	対象物の具体的範囲 (例：住宅建物の場合の塀, 物置の扱い)
保険金額	対象物の価額を超過して保険がつけられた場合の措置 対象物の価額が減少した場合の措置
保険料の支払	保険料支払前の事故に対する責任, 不払いによる解除権
保険の給付	対象とする事象, 免責, 支払う保険金の種類, 保険金の算定方法, 一部保険の場合の保険金計算
事情の変更	告知事項に変更が生じた場合。リスクが増加・減少した場合
事故時の対応	損害防止義務, 保険会社への連絡, その他必要手続
保険金の支払	支払手続, 遅延の場合の利息, 支払後の保険者の権利, 時効
契約の解除	解除の事由, 解除の場合の保険料の返還
一般条項	準拠法, 裁判管轄

chapter 3 — 3 損害保険契約の当事者は どのような法的関係になりますか？

▶損害保険契約の当事者

　損害保険契約における契約の当事者は，保険者（insurer）と保険契約者（policyholder）です。保険者とは，保険を引き受ける者をいいます。具体的には，保険会社や共済事業者などです。保険者は，保険契約の規定に基づいて，保険金支払等の義務を負います。保険契約者は，保険をつけるために契約をする者で，保険料の支払義務，その他の義務を負います。

　損害保険では，事故が生じたときに損害を被る者を被保険者（insured, assured）といいます。たとえば，住宅に火災保険をつける場合，通常，その住宅を所有している人が被保険者となります。なお，人に対する保険（生命保険，傷害・疾病保険）では，用法が異なり，保険をつける対象となる人を被保険者，保険金を受領する人を保険金受取人（beneficiary）といいます。

　損害保険は，損害をてん補する保険ですので，保険金は，損害を被った人である被保険者が請求できます。損害を被る関係を，被保険利益（insurable interest）と呼びます。難しい専門用語ですが，保険をつける対象とする利害関係を指します。被保険者とは，被保険利益を有する者ということができます。被保険利益が存在しない損害保険契約は，損害を被る可能性がない人に給付を行う契約となりますので，無効となります。

図表①　損害保険契約の構造

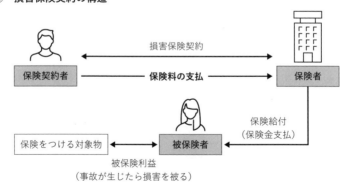

chapter 3 — 4 損害保険契約は どのように締結されますか？

　損害保険の保険料のうち約9割は保険代理店を通じたものです。そのほか，保険会社の社員による直接契約，インターネットによる契約，保険仲立人を通じた契約があります。

　保険代理店（insurance agent）は，保険会社から委託を受けて，その会社の商品を販売し，保険会社から報酬を得ます。通常，保険代理店は，保険会社から損害保険契約を締結する権限を与えられています。保険代理店には，個人，法人があり，複数の保険会社から委託を受けている場合（乗合代理店といいます）もあります。保険代理店は，保険契約者に対して損害を与えた場合，不法行為責任，債務不履行責任，金融サービスの提供及び利用環境の整備等に関する法律に基づく責任などを負います。また，保険業法に基づき，保険代理店の所属保険会社は，保険代理店が保険募集について保険契約者に加えた損害について，原則として責任を負います。

　保険仲立人（保険ブローカー：insurance broker）は，顧客の依頼に従って，顧客のために，保険会社との間で契約の媒介をして，報酬を受領します。保険ブローカーは，英米では，とくに企業分野の保険で広く利用されています。日本では，国際的企業保険や保険者間の再保険契約などで利用されていますが，まだその割合は，損害保険料全体の1%にも満たない状況です。保険ブローカーは，保険契約者のために保険の手配をします。保険ブローカーの過失に対しては，保険者は責任を負いません。そのため，保険ブローカーは，賠償責任に備えた資金の供託または賠償責任保険の手配が必要になっています。

図表① 保険代理店の位置づけと責任

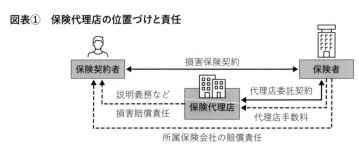

▶保険契約に関係する法律の種類

　保険は,複雑な契約で,契約をめぐるトラブルも発生します。そのため,保険の契約には,各種の法律が適用されます。適用される法律は,大きくは,①保険の募集,契約の締結,その処理という保険会社や保険代理店などの保険事業や業務に関する法律と,②契約自体についての法律に分けることができます。

▶保険の事業・募集等に関する法律

　保険の事業には,さまざまな法律が関係しますが,その中心は保険業法(Insurance Business Act)です。保険業法は,保険事業を健全かつ適正に運営し,保険募集の公正を確保し,保険契約者等の保護を図るために制定された法律です。保険業法は,保険の事業のさまざまなプロセスを規制していて,保険契約の募集,締結,その実施等についても規定を設けています。なお,保険の契約プロセスには,保険商品の内容に応じて,金融サービスの提供及び利用環境の整備等に関する法律,金融商品取引法,消費者契約法なども適用され,それらの法律にも,各種の義務が定められています。

▶保険契約の内容や効力に関する法律

　契約に関する基本法は,民法です。保険契約も契約の1つですので,民法が適用されます。しかし,保険契約については,民法の特別法として保険法(⇒3-6)が制定されていて,民法の強行規定(公序良俗,信義則など)を除き,保険法が優先します。保険契約のうち海上保険契約については,保険法に加えて,商法(第3編海商第7章海上保険の規定)も適用されます。

　消費者との保険契約については,加えて,消費者契約法も適用され,それに反する規定は無効となります(⇒3-6)。

　なお,保険業法の中にも,一部,クーリングオフなどの契約に関する規定があります。クーリングオフの制度は,1年を超える保険契約について,契約締結後,所定の要件のもと保険契約者に,申込みの撤回や契約の解除の権利を認めるものです。損害保険の多くは,保険期間が1年以下で,それらは,クーリングオフの対象となりません。

▶保険法の構造と保険契約の分類

　保険法は，保険契約に関する規律を定める法律で，実質的に保険の契約と認められる契約をすべて対象として，適用されます。名称が共済の場合（たとえば，自動車共済）であっても，内容が保険といえるものには保険法が適用されます。

　保険法は，保険給付の方式が，損害てん補か，定額給付かどうかに着目して契約の類型を分けて規律を定めています（図表①）。人の傷害（ケガ）や疾病（病気）に関する分野では，医療費などの実費を支払う方式（損害てん補方式）と，一定事象が生じた場合に定額で給付する方式（定額給付方式）の両方がありますが，損害てん補方式の場合には，損害保険に関する規律が適用されます。

▶保険法の規定の流れ

　保険法は，最初に保険法の趣旨と用語の定義を示し（第1章），契約類型ごとに，契約の成立，効力，保険給付，契約の終了という流れで，規律を示し（第2章から第4章），最後に，消滅時効，保険者の破産，その他の規定を設けています（第5章，附則）。

▶保険法の規律の効力

　保険法の条項は，その効力に応じて，3つに分けることができます（図表②）。

　任意規定は，保険法と異なる合意が可能な規定です。契約で個別に合意があればそれが優先されますが，契約で規定されていなければ，保険法の規定が適用されます。

　片面的強行規定は，消費者等の保護の観点から導入されたもので，保険法の規定内容よりも保険契約者・被保険者等の不利になる契約は無効となります。ただし，海上保険やその他の事業リスクの保険契約にはその効果は及ばないため，それらの分野においては，保険法と異なる契約が認められます。

　強行規定は，絶対的に満たされる必要がある規定で，契約でそれに反する合意をしても無効になります。

　保険法は，片面的強行規定である条文を明示しています。明示がない規定は，

給付方式	契約の類型	保険法の定義	保険法の章
損害てん補	損害保険契約	一定の偶然の事故によって生ずる損害をてん補する保険契約	第2章 損害保険
損害てん補	傷害疾病損害保険契約	損害保険契約のうち，人の傷害疾病によって生ずる損害をてん補するもの	第2章 損害保険
定額給付	生命保険契約	人の生存または死亡に関し一定の保険給付を行う保険契約	第3章 生命保険
定額給付	傷害疾病定額保険契約	保険契約のうち，人の傷害疾病に基づき一定の保険給付を行う保険契約	第4章 傷害疾病定額保険

図表② 保険法の規定の種類とその例

規定の性格	意 義	例（一部）
任意規定	保険法の規定と異なる合意が可能	書面交付，免責
片面的強行規定	保険法の規定よりも保険契約者・被保険者の不利になる契約は無効	告知義務，危険の減少，保険給付の履行，危険増加による解除，重大事由解除，解除の効力
強行規定	絶対的に満たされる必要があるもので，反する合意は無効	損害保険契約の目的，時効

任意規定か強行規定のいずれかとなり，どちらにあたるかは解釈によります。

▶保険法の規律と保険約款との関係

　保険約款には，さまざまな規定が盛り込まれていますが，一方，保険法は，基本的なルールのみを示しています。保険法に規定されていないことは，契約自由の原則のもとで当事者の合意が尊重されますが，民法の基本原則（公序良俗，信義誠実の原則）に反するものは，合意があっても無効となります。

　また，消費者との保険契約には，消費者契約法も適用され，保険約款の規定が，民法や商法などの法律規定に比べて，消費者の権利を制限したり義務を加重する場合や，民法の基本原則に反して消費者の利益を一方的に害するものは無効となります。

　なお，普通保険約款は，保険会社が保険事業を行うために必要な認可の中で審査を経たうえで利用されています。

契約締結時に契約当事者は
どのような義務を負いますか？

▶情報の偏在と是正の必要性

保険契約において，保険者は，引き受ける危険の内容・程度に照らして，契約申込みの諾否，承諾する場合の条件や保険料を決定します。しかし，危険に関する個別の具体的な情報は，加入する側にのみ存在して保険者にはわからない場合があります。情報が契約者側に偏在しているわけです。そこで，保険法は，契約の締結にあたり，危険に関する重要な事項を保険者に告知することを保険契約者または被保険者の義務として規定しています。これを<u>告知義務</u>（duty of disclosure）といいます。

一方，保険契約は複雑で，とくに消費者には内容の理解が難しい面があります。ここでは保険を販売する側に情報が偏在しています。そこで，保険業法等の法律によって，販売する側に情報提供義務や重要事項の説明義務等を課しています。

▶保険契約者側の義務──告知義務

告知義務は，保険契約者・被保険者に課されています。告知しなければならない事項は，危険に関する重要な事項のうち保険者が告知を求めたものです。保険者側からの質問に正しく回答すれば義務違反とはなりません。

故意または重大な過失による義務違反の場合，保険者は，契約を解除することができます。告知義務違反として契約を解除した場合，保険者はすでに生じている保険事故について保険金の支払責任を免れます。ただし，保険事故と告知されなかった事実との間に因果関係がなければ，保険金は支払われます。告知義務に関する保険法の規定は，片面的強行規定です。

▶保険を募集する者の義務

保険を募集する者（保険代理店など）には，契約締結にあたって，重要事項の説明，重要な情報の提供，顧客の意向の把握・確認，さらに保険代理店や保険仲立人には，募集人の義務を遂行できるように経営管理体制を整備することなど，種々の義務が保険業法上で課されています。また，保険の比較販売等についても，誤解が生じることがないように義務が定められています。

▶さまざまな利害関係

　私たちは，住宅や自動車に保険をつける……と表現したりしますが，このことを厳密に考えてみます。たとえば，建物を所有する個人や企業は，建物が焼失すれば財産を失い，後片付け費用なども負担しなければならなくなります。賃貸に出していれば賃貸収入を失います。他人の身体や財産に損害が及べば賠償責任を負う場合もあります。しかし，利害関係を有するのは建物の所有者に限りません。管理人がいれば，管理人にも費用負担や責任が発生する場合があります。賃借人は，過失によって借家に損害を与えれば，その損害に対して責任を負います。銀行が建物を融資の担保としていれば，事故が生じれば担保物の価値が減少してしまいます。このように，1つの建物を取り上げても，さまざまな人が関係していて，損害を被る可能性があることがわかります。

▶損害保険の対象

　利害関係者の各種の損害に対処できるように，いろいろな損害保険が生み出されています。1つの保険で，複数種類の損害を支払の対象とする保険も多くなっています。代表的な損害保険である自動車保険がその典型例です。また，海外旅行保険では，病気・ケガの場合の治療費用の支出，賠償責任の負担，携行品の財産上の損害，死亡の場合の定額給付（死亡保険金）などがパッケージ化されています。なお，最近の保険では，損害に対する補償のほかに，各種の付帯サービスを加えたものも見られます。自動車保険であれば，被害者との賠償の示談代行サービス，事故時のロード・サービスなどが典型例です。企業分野の保険でも，防災のための支援サービスなどの提供例が見られます。

図表① 損害の態様と損害保険の種類

損害の態様	事故の例	対応する損害保険の例
現存する財産の減少	火災による住宅・車両の焼失	火災保険，車両保険
収益の減少	火災による店舗の焼失	利益保険
費用の支出	ケガによる治療	医療費用保険，傷害保険
賠償責任の負担	自動車運転による対人・対物事故	自動車保険（対人・対物）

▶保険価額と保険金額

建物の価値が 2000 万円の場合を考えてみましょう。建物が壊滅状態になった場合，その損害は 2000 万円の財産の減少として理解することができます。保険の契約では，この対象物（保険の目的物：object insured）の価額を保険価額（insurable value, insured value）といいます。この場合，保険価額は 2000 万円となります。一方，保険契約では，いくらまでの損害をてん補するかを決める必要があります。そうしないと，保険料を算出できません。保険給付の限度額として契約で定める金額を保険金額（sum insured, insured amount）といいます。保険価額は，客観的な価値を示し，保険金額は，保険契約者が設定する額となります。保険価額と保険金額が同じ場合を全部保険（full insurance）といいます。2000 万円の価値の建物について 2000 万円の保険をつける場合です。

なお，賠償責任や費用など新たに発生する損害の場合，保険価額の概念は当てはまりません。そのため，支払の限度を示すため，保険金額という用語も使用せず，通常，てん補限度額（limit of liability）という用語を使用しています。

▶超 過 保 険

保険金額が保険価額より高い場合を超過保険（over insurance）といいます。この状態は，自分の財産の価値を誤って高く評価していたため，あるいは，将来，価額が上昇する可能性を考えて保険価額より高い保険金額をつけた場合などに生じます。

損害保険は，損害をてん補するものですので，損害額を超える給付は認められません。事故時に，保険金額が保険価額を超えていても，保険価額を超える保険金は支払われないことになります。したがって，超過して保険をつけても，契約後に保険価額が上昇しないかぎりは，保険料の無駄が生じます。

保険法は，超過保険自体は有効な契約と認めたうえで，保険契約者および被保険者が善意（法律では，知らないことを意味します）かつ重大な過失がなければ，保険契約者は，契約時にさかのぼって保険金額の超過分を取り消して，その額に対応する保険料部分の返還を求めることを認めています。また，契約締結後

に保険価額が著しく減少したときには，保険契約者は，将来に向かって保険金額を減少させて保険料を減額させることもできます。

▶一部保険

保険金額が保険価額より少ない場合を一部保険（under insurance）といいます。保険料は，通常，保険金額に保険料率を掛けて算出しますので，保険金額を低くすれば保険料も少なくなります。こうした保険料の算定方式をとる場合に，保険金額を減らしてその分保険料を少なくしても，保険金額以下の損害に対して全部保険の場合と同じ保険金を取得できることは相当でしょうか。例として，住宅の火災保険において価額が 2000 万円の建物について 1000 万円の保険金額をつけた場合を考えてみましょう。500 万円の損害が生じた場合，1000 万円以下であるので全部支払うことが相当でしょうか。この場合，財産の価額の半分にしか保険をつけず，保険料も 2 分の 1 しか支払っていないわけです。その人が，2000 万円に対する保険料を支払っている人と同じ保険金をもらえることは相当とはいえません。そこで，一部保険の場合，保険がついているのは保険価額に対する保険金額の割合（これを付保割合といいます）部分ですので，保険金は，てん補すべき損害額にこの付保割合を掛けて算出します。この原則を比例てん補の原則（principle of average）と呼び，保険法もこれを原則として規定しています（下記算定式参照）。

一部保険における保険金の算定式

てん補損害額 $\times \dfrac{\text{保険金額}}{\text{保険価額}}$（付保割合） ＝ 保険金（給付額）

（例）　500 万円 $\times \dfrac{1000 \text{ 万円}}{2000 \text{ 万円}}$ ＝ 250 万円

この方法は，理論上は相当ですが，保険契約者などの納得を得にくい場合があります。そこで，個人向けの住宅火災保険などでは，この原則を約款で変更して，上記算式の保険価額に 80％（または 70％）を乗じて（ただし，付保割合は 100％ が限度です。100％ を超えると超過保険になってしまうためです），一部保険の適用を緩和する方式が利用されています。すなわち，20％（または 30％）までの乖離であれば，全部保険の場合と同様に，損害額の全額を支払うものです。当然ながら，支払額は，保険金額が限度となります。

▶価額の協定

保険金額を保険価額と同じ額にすれば，全部保険となります。しかし，保険価額は，目的物の評価額で，契約締結後に変動します。契約時に全部保険であっても，その後，一部保険や超過保険になる場合があります。一方，高めに保険をつけても，支払は保険価額が基準となり，保険料の無駄が生じます。こうした問題を回避するのが価額協定で，保険者と保険契約者で保険価額を評価して協定します。価額協定は，損害発生時点で実際の保険価額より著しく高額でないかぎりは有効です。価額を協定した場合（その価額を約定保険価額〔agreed insured value〕といいます），その価額を基準として保険金が算定されます。

船舶や貨物の海上保険では，相場や通貨の変動，場所の移動によって，保険価額が変動します。そのため，原則として価額の協定がなされます。

住宅の火災保険や自動車の車両保険などでも価額の協定が利用されています。保険の種類によっては，価額協定方式が利用されていない場合もあります。

▶新価ベースの保険

全部保険の場合であれば，比例てん補を受けることなく損害額の全額が支払の対象となりますが，それでも，時価ベースの損害てん補では，保険金だけでは，元の状態に戻せない場合があります。たとえば，住宅火災保険の契約において，時価1000万円の中古住宅に保険金額1000万円の保険をつけた場合，住宅が全焼し，再建に2000万円かかるのであれば，全部保険として1000万円の保険金をもらっても同じ広さの住宅に住めないという問題があります。そこで生み出されたのが，再建ベースで保険金を支払う保険です。これは，一般に新価保険と呼ばれています。日本で販売されている住宅の保険としては，契約の締結時に，再建に必要な金額を算出して，その額を協定保険価額として契約で約定する方式（再建ベースでの価額協定保険）があります。事故が生じた場合には，協定保険価額を基準として損害額が算定されます。

新価ベースの保険は利得禁止原則に反するか，かつては議論となりましたが，現在は認められています。ただし，再建することが条件になります。

chapter 3 — 11 契約後に事情が変わったら，どうなりますか？

▶保険契約締結後の危険の変動

　保険制度は，収支相等の原則や給付・反対給付均等の原則（⇒1-2）に基づき，リスクに応じた保険料徴収や条件の設定が重要となります。契約の内容は，締結時の事情に基づいて設定されますが，その後に事情が変動することがあります。危険が増大する場合もあれば，減少する場合もあります。危険率に影響を与える事情の変更を危険の変動（change of risk）と呼びます。たとえば，住宅をレストランとして用途を変えることなどです。危険の変動の場合，契約時の前提が変わることから，契約内容の調整が必要となります。

▶法律・約款上の扱い

　危険の変動について，保険法は一般的な原則を規定し，保険約款は該当する保険の内容に沿って詳細な規定を設けています。

　(1)　**契約後に著しく危険が減少した場合**　その場合，保険契約者には，将来に向かっての保険料の減額請求権が認められます。たとえば，営業用として自動車保険をつけた自動車が自家用になった場合などです。減額請求は過去にさかのぼっては認められません。

　(2)　**危険が増加した場合**　通常，保険約款では，危険が増加した場合には保険契約者や被保険者は保険会社に遅滞なく通知することが義務として定められていますので，契約上の義務として通知が必要となります。危険の増加に伴い，保険条件の見直しや保険料の調整が必要となる場合もあります。保険法は，通知義務の規定がある場合で，保険契約者などが故意や重大な過失により遅滞のない通知を怠った場合，保険者は危険増加後に生じた保険事故に対して責任を負わないこと，ただし，事故と危険増加の間に因果関係がない場合はその限りでないことを規定しています。

▶通知が必要な危険の変動の例

　いろいろな場合がありますが，一般には，告知事項と異なる状況が生じた場合が該当します。住宅や自動車等の利用の用途を変更した場合，所有者・利用者が変更となった場合などは，通知が必要になります。

12 どのような事故が 支払の対象になりますか？

▶大数の法則と給付事由の限定

保険は，大数の法則（⇒1-2）に基づく制度ですので，いかなる場合に保険給付を行うかを決めておく必要があります。そうしなければ，事前に，保険料を算定して確定させることが難しくなります。支払の対象となる場合を明確にするために，対象とする事故，対象としない（免責とする）事故，対象とする事故発生の期間を決めておく必要があります。また，事故からさまざまな種類の損害が生じますので，支払の対象とする損害の種類とその評価基準も明確にしておく必要があります。

▶保 険 事 故

保険給付の対象とする事故を保険事故（perils insured, insured risk）といいます。担保危険（risks covered），担保事故という場合もあります。保険事故は，偶然なものである必要があります。保険事故の表示方法は，保険の種類によって異なりますが，火災，爆発……と個々の危険を列挙して示す方式と「……に関わるすべての事故」として包括的に示す方式があります。

▶免 責 事 由

保険者が保険給付義務を負わないものとする事由を免責事由（exclusions）といいます。免責事由には，法律に定めがあるもの（法定免責事由）と契約で定めるもの（約定免責事由）があります。

免責事由には，さまざまなものがあり，保険の種類によっても異なります（図表①）。免責とする理由は，免責事由により異なります。保険保護の対象とすることが社会的に適切でないもの，事故の発生可能性（リスク）の算定が困難なもの，発生する損害の規模が大きすぎるもの，発生する頻度が高く保険料が高くなりすぎるもの，保険の制度上の枠組みや保険商品の設計において別の保険で補償した方が合理的なものなどです。

保険の種類および免責の種類によっては，追加保険料の支払により，免責の一部を保険金支払対象とすることが可能な場合があります。たとえば，戦争危険は，保険法上は免責となっていますが，海上保険においては，追加保険料の

図表① 免責事由の例

免責の例	理　由	保険法上の位置づけ
故意，重過失	保険の原則に反する。	保険法で定められている免責。任意規定。ただし，賠償責任保険では重過失を除く。
戦争その他の変乱	損害が発生した場合の規模が大きすぎる。	保険法で定められている免責。任意規定。
原子力事故	同上。	保険法に規定なし。
地震・噴火	リスクが大きく，他の事故と性格が異なる。	保険法に規定なし。
自然の消耗	偶然性に欠ける。確率が高いために保険料が高くなる。	保険法に規定なし。

支払によって一定の種類の戦争危険を補償範囲とすることが可能な場合もあります。

　保険で支払の対象とする事故の範囲を広くすれば（または免責を減らせば），その分保険料は高くなります。同一の種類の保険でも，保険事故の対象を広くしている商品と対象を狭めて保険料を下げているものがあります。対象が広ければ有利であるとは単純にいえるものではありません。その分，保険料が高くなっているためです。

▶因 果 関 係

　生じた損害が保険給付の対象となるのは，保険事故に「よって生じた」場合に限られます。また，保険事故によって損害が生じても，免責に該当する場合には対象外となります。たとえば，火災保険では，地震を免責にしているので，地震「によって生じた」火災は支払の対象となりません。保険制度の運営上，この「によって生じた」という関係が重要な意味を有します。この関係を因果関係（causation）と呼びます。因果関係は，保険事故と損害との間，複数の原因間，いずれにおいても問題となります。

▶保 険 期 間

　保険契約では，保険事故発生の対象期間を定める必要があります。それを保険期間（period of insurance）と称します。火災保険や自動車保険では1年とするのが一般的です。海外旅行の保険では，旅行期間を保険期間として定めます。外航貨物海上保険では，貨物が輸出地の特定の場所を離れたときに始まり，輸入地の特定の場所に搬入されたときに終わる方式（その場合，航海の状況によって具体的な開始日と終了日が変動します）が基本となっています。

13 事故が発生したら, どうしたらよいですか?

▶事故通知の必要性

　保険事故が発生した場合に，保険契約者や被保険者から保険者に対する通知が遅れたら，損害の確認や原因の調査が難しくなってしまいます。そこで，保険法は，保険事故の発生を知った場合には遅滞なく保険会社に通知することを保険契約者と被保険者の義務として規定しています。約款では，保険の内容に応じて，通知義務の内容と違反した場合の効果が詳細に規定されています。

▶損害の拡大防止の努力

　事故が発生しても保険金がもらえることから，損害を拡大させたり，損害の拡大を放置する可能性がないとはいえません。こうした事態は，社会的にも適切ではありません。そこで，保険法は，保険事故が発生したことを知ったときは，損害の発生および拡大の防止に努めることを，保険契約者および被保険者の義務としています。そして，そのために必要または有益な費用は，保険契約において反対の取決めがないかぎりは，損害に対する保険金とは別に支払の対象とすることを規定しています。火災の場合であれば消火費用などがその例です。

　義務違反の場合について，保険法は，とくに規定を設けていません。保険約款では，通常，義務違反によって拡大した損害は支払わないなどの規定を設けています。こうした約款の規定は，有効と理解されています。

　損害防止義務について，保険法は，「保険事故が発生したことを知ったときは」と記しています。この義務は，保険事故の発生後のものです。たとえば，住宅に火災報知機や盗難防止のための警報装置をつけることは，損害防止に役に立ちますが，そのための費用は支払の対象になりません。なお，どのような行為が損害防止行為に該当するかは，保険の種類によって異なってきます。また，支払の対象とする費用を特定の費用に限定している保険もありますし，損害防止費用を支払の対象外としている保険もあります。

　保険では，保険事故による損害は支払の対象となりますが，免責事由によるものは対象外となります。しかし，現実の事故はさまざまで，損害がいずれの原因によるか争いになる場合があります。

　たとえば，火災保険では，通常，火災による損害はてん補されますが，地震による損害は免責となっています。それでは，地震が発生して，家から避難し，戻った後に電気を入れたら地震によって生じていた電気回線や機具の異常によって火災が生じてしまった場合は，火災による損害でしょうか，地震による損害でしょうか。また，台風の際に，住宅に損害が生じたが，その住宅の土台にはシロアリの被害が生じていた。周辺の住宅にはまったく被害がなかった。その場合は，何が原因といえるでしょうか。

　「……によって生じた」という因果関係をどのように解釈したらよいかは，保険法の研究においても最も難しい領域といわれています。研究者によってこれまでいろいろな理論が提示されています。近因説，相当因果関係説，自然成行説，不可避説，蓋然説……などです。日本の判例の中では，相当因果関係説が支持されてはいますが，何を相当原因とするのかを理論的・一般的に示すことは難しく，結局，証拠による立証と裁判官の心証の問題になってしまう面があります。

　因果関係の問題は，保険金が支払われるか，支払われないかという重大な問題です。個人にとっても，企業にとっても，重大な問題になります。

　因果関係の問題は，日本だけでなく，どこの国でも重要な問題で，多くの研究者がそれを理論的に説明できるように研究していますが，明確な理論が打ち立てられているとはいいがたい状況です。

　最近は，保険事故と免責事由の両方によって損害が発生し，どちらかが原因とはいいきれない場合は，あえてどちらかにするのでなく，保険金の一部を支払う方式が合理的でないかと主張する学説も提唱されています。しかし，その場合も，どのように，また誰が保険事故，免責事由それぞれによる損害の割合を判定するかが問題になります。訴訟になれば，裁判官が判断することになるとしても，訴訟で争わない場合は，どうしたらよいでしょうか。

　保険の契約理論の研究は，とても奥が深いと同時に，現実に直面する問題を扱っているのです。

14 保険金はどのように支払われますか？

▶損害てん補としての保険

損害保険は，損害をてん補する保険ですので，支払の対象となる損害は，経済的に評価できる損害で，実際に生じたものに限られます。

しかし，損害をどのような基準で測定するかは，必ずしも簡単ではありません。保険法は，損害てん補の基準について，損害が生じたときにおける価額，すなわち<u>時価</u>によって損害額を算出することを規定しています。ただし，評価済保険の場合は，約定保険価額をもとに損害額を算定することを規定しています。これらの規定は，財物を対象とする保険の場合を想定しています。評価済保険では，多くの場合，時価ではなく，再調達価額を基準として保険価額を約定する方式が利用されています。その場合は，保険金は，時価を超えることになります。保険法は，時価を著しく超える約定は無効としていますが，著しく超えるものでなければ，価額の合意の有効性を認めています。

保険法は，損害額の算定に要する費用も保険者の負担として規定しています。

▶控除（deductible, excess）

保険の種類によっては，少額の損害を支払の対象外としている場合があります。たとえば，自動車の車両保険において3万円以下の修理を対象外とするとか，海外旅行の保険において携行品の損害のうち5000円を超える部分を支払うなどです。これらは，事故発生の抑制や保険料を下げる目的で導入されているものです。企業分野の保険では，損害の程度にかかわらず常に一定割合（たとえば，損害額の10％）を自己負担とする方式も利用されています。

▶保険契約が重複する場合

ほかにも損害保険契約が存在していて，それに対しても保険金請求できる場合があります。もし被保険者が両方から保険金を受領すれば，損害額以上の給付を受けて利得が生じる場合があります。保険法や保険約款は，こうした場合の保険者間の調整についても規定しています。この場合，保険者間で保険金を分担することになります。請求者は，損害の額まではてん補を受けられますが，それを超えての請求は認められないことになります。

図表① 賠償責任保険契約

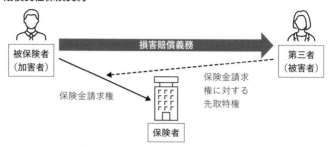

▶賠償責任保険における被害者の権利

　賠償責任保険は，賠償責任を負った者が負担する損害をてん補する保険ですが，その保険金は，被害者に対する賠償の原資となり，被害者を救済する金銭となります（詳細は第8章を参照）。保険法は，被害者に，被保険者の保険給付請求権を目的とする先取特権という特別の権利を認め，他の債権者に優先して，被保険者が保険者に対して有する保険金請求権から債権を回収することを認めています。加害者（被保険者）が破産しても，保険会社から支払われる保険金が被害者の救済に充てられるようにしたものです。

　強制保険である自賠責保険では，被害者救済機能がさらに強化されていて，自動車損害賠償保障法に基づき，被害者は，保険会社等に対して損害額を直接請求できます（詳細は 6-3 を参照）。任意自動車保険においても，約款で，被害者に保険会社に対する直接請求権を認めている場合があります。

▶保険金支払が遅滞した場合

　保険金を支払うためには事実関係や原因の調査が必要です。しかし，それがいたずらに長く続くことは適切ではありません。保険約款では，保険給付を行う履行期について，通常，規定を設けています。保険法は，約款に定めがある場合とない場合に分けて保険給付の履行を猶予する期間を定めています。この猶予期間を過ぎた場合，保険者は保険金に加えて遅延損害金を支払わなければなりません。

▶保険金請求権の時効

　保険給付の請求権の消滅時効期間は3年です。保険料の払戻請求権の消滅時効期間も3年です。保険者の保険料請求権の消滅時効期間は1年です。

15 保険代位とはどのような制度ですか？

▶保 険 代 位

損害保険は，損害をてん補する保険です。保険金は，損害をてん補するためのもので，被保険者が損害額を超える金額を取得することは適正とはいえません。事故が生じればかえって儲かることは社会的にも適切ではありません。そこで，損害保険では，保険金支払によって被保険者に利得が生じないようにする制度が設けられています。

事故が生じた場合に，保険の目的物としての価値はなくなっても，なお残存する物に価値が残っている場合や，損害について加害者等に請求できる場合などがあります。こうした場合，正確な損害額を算定するためには，残存物の売却額や加害者等からの回収額の確定が必要となります。しかし，それが確定するのに時間がかかる場合が多く，保険金の支払が遅くなってしまいます。そこで，まずは保険金を支払い，残存物や加害者等に対する権利を保険者に移転させるのが，保険代位の制度です。このような方法で，利得の発生も回避できます。保険代位には，残存物代位と請求権代位（求償権代位ともいいます）があります。

▶残存物代位

保険事故によって保険の目的物が滅失し（全損〔total loss〕といいます），保険者が保険金額の全額を支払った場合，保険者は，残存物の権利を取得します。たとえば，船舶が沈没して保険金額の全額が支払われれば，その船舶についての権利は，被保険者（船舶の所有者）から保険者に移転します（残存物代位）。保険者は，残存物の権利を取得しないことも認められています。実際に，保険者が，残存物の権利を取得しない場合も多くあります。たとえば，船舶が沈没して，救助ができない場合や救助可能であっても残存する船舶の価値を上回る費用が必要な場合などです。

▶請求権代位

保険事故による損害が生じた場合に，被保険者が保険者以外の第三者（加害者等）から，その損害に対して給付を得る債権を取得する場合があります。

図表①　請求権代位制度の仕組み

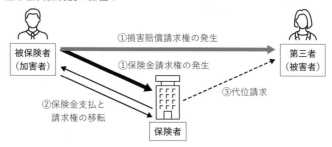

　たとえば，自動車保険（車両保険を含む）をつけていた自分の自動車がトラックの過失によって衝突されて損害を受けた場合を考えてみましょう。この場合，自動車の所有者は，自動車の損害について保険者から保険金をもらうことができます。一方，過失のあるトラックの所有者に対して損害賠償請求をすることも認められます。被保険者が保険金に加えてトラックの所有者に対する損害賠償金も得られるとすれば，被保険者は，事故によって損害の額を超える金銭を受領することになり，それは適正とはいえません。そこで，保険者が保険金を支払えば，被保険者が有している損害賠償請求権を保険者に移転させるのが請求権代位（subrogation）の制度です。保険者の権利は，保険者が支払った額が限度になります。また，一部保険や控除などによって被保険者に保険で支払われていない部分があれば，それに対する被保険者の権利が優先します。

　なお，残存物代位は，保険金額の全部を保険者が支払った場合の制度ですが，請求権代位は，一部についての損害の場合でも保険者に権利が発生します。

　たとえば，加害者の一方的な過失によって被保険者が100の損害を被り，加害者に対して100を請求できる場合を考えてみます。被保険者は自分の保険で100のうち80は補償を受けた場合，さらに加害者から100を受領すれば，100の損害に対して180を受領することになります。そこで，被保険者は，保険で補償が得られなかった20について加害者に賠償請求できるようにして，80については保険会社に請求権が移転し，保険者は加害者から80を回収できます。請求権代位の制度により，被保険者の利得は回避され，一方，保険によって加害者の責任が免じられることにもなりません。

▶保険契約者による契約の解除

保険契約者は，いつでも保険契約を解約できます。一般に，解約という用語が使用されますが，法律上は，解除（cancellation）といいます。解除は将来に向かってのみ効力を有します。保険者は解除以降の期間について責任を負いませんが，解除の前に生じていた保険事故については責任を負います。

▶保険者による契約の解除

一方，保険者は，契約を自由に解除することは認められません。保険法または有効な約款規定の事由に合致する場合においてのみ認められます。

保険者による解除が認められる場合としては，

①保険契約締結時に，保険契約者や被保険者に不告知や虚偽の告知などの告知義務違反があった場合

②危険の増加があったにもかかわらず，保険契約者や被保険者が故意または重大な過失によって遅滞なく通知しなかった場合

③保険給付を得るための事故招致，事故偽装などの詐欺やそれらに類する重大な事由の場合

があります。これらを理由として保険者が契約を解除した場合，保険者は解除前に生じた事故に対しても支払責任を負いません。ただし，①と②については，違反事実と事故との因果関係がない場合には支払責任を負います。

以上のほか，保険料の分割払いを認めている保険では，約款には，分割払いの保険料が不払いとなった場合に，一定の猶予期間経過後に，保険者は契約を解除できる旨の規定があります。通常，分割払いの保険料が支払われていない場合は，保険者は，その旨を保険契約者に通知して支払を求めます。

▶保険料の返還

解除した以降の期間に対応する保険料が支払済みであれば，約款規定に従った金銭が返還されます（返還される保険料がない場合もあります）。

chapter

4

損害保険の市場

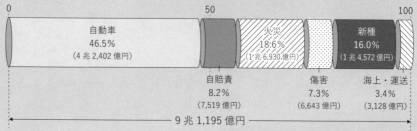

正味収入保険料の保険種目別構成比（2022年度）（出所：日本損害保険協会『ファクトブック2023 日本の損害保険』）

Introduction

―――

　この章では，損害保険の市場について学びましょう。一般に市場（マーケット）とは，財・サービスが取引され価格が決定される場のことです。保険では実質的に，保険会社が契約を募集する場が，市場といわれます。

　損害保険の市場規模を見るには，一般事業の売上高に相当する，元受収入保険料を用いることが一般的です（再保険を控除した正味収入保険料等も用いられます）。日本の元受収入保険料は10兆円程度です。保険料のGDPに対する比率を，保険浸透率といいます。日本では2～3%の規模にあります。

　保険会社が販売する民間保険のほかに，類似の制度が存在します。重要なものは，政府の運営する公的保険です。公的保険と民間保険は，市場で補完関係にあります。また，民間保険と共済制度は，長年にわたって競合しています。損害保険に相当するものとしては，火災共済，自動車共済，傷害共済があり，これらについて，日本共済組合加盟共済の掛金合計は，2兆円余りの規模にあります。このほか生命保険に相当する生命共済もあります。

　損害保険市場は，保険募集によって形づくられているといえます。その募集経路は，代理店による対面募集が大半を占めます。代理店には，銀行や自動車販売店など保険以外を専業とするものもあります。代理店による募集のほかには，テレビ広告等を利用した通信販売や，さらに一部の企業向け商品等では，契約者の代理人である保険仲立人を通じた販売も行われます。

1 日本には，どのような公的保険と民間保険がありますか？

本章は主に，民間の保険会社の提供する保険を取り扱います。保険市場の全体を理解するため，まず公的保険と共済を合わせた全体像を概観しましょう。保険市場に関係する各種の制度は，以下のように大別できます。

▶公的保険制度

公的な保険制度には，5種類の社会保険と，経済政策に関する保険（いわゆる産業保険）があります（図表①）。社会保険は，社会扶助，社会福祉および公衆衛生とともに，公的社会保障に位置づけられています。

これら公的保険は，それぞれ政策目的をもって設けられたもので，市場経済の中に存在する民間保険とは性格が異なります。事故など特定の事由に該当した人に保険給付を行う点は共通ですが，民間保険と異なり，全員加入が原則で契約者に選択権がないものや，徴収する保険料と給付する保険金の関係に給付・反対給付均等の原則を用いないものもあります。また介護保険のように，財源の半分が税で賄われるものもあります。

公的社会保障も民間保険も，国民の生活をリスクから保護する機能を有します。社会保険をはじめとする公的社会保障が，どの程度までその役割を担うかにより，民間保険の市場は影響を受けます。たとえば，公的医療保険の充実度が低い国では，民間保険の加入ニーズが強くなるといった関係が生じます。

日本の場合，社会保険のうち，とくに公的医療保険，公的年金保険，公的介護保険の役割が大きく，これらの分野では，民間保険は公的保険の補完として機能していると考えられます。これら医療や介護など第三分野の保険は，損害保険会社も販売が可能ですが，現在は生命保険会社による販売が主流であり，生命保険業界にとっての大きな市場となっています。

残る社会保険は，雇用保険および労災保険です。現在，損害保険会社による雇用保険はあまり見られませんが，労災保険は政府労災保険の上乗せの補償として積極的に販売され，公的制度の補完の役割を果たしています。

農業保険，漁業保険，貿易保険などの公営の産業保険は，民間保険会社では補償が困難なリスクを対象とする性格があり，民間保険による補完は大きくあ

図表①　社会保険を含む公的社会保障と産業保険

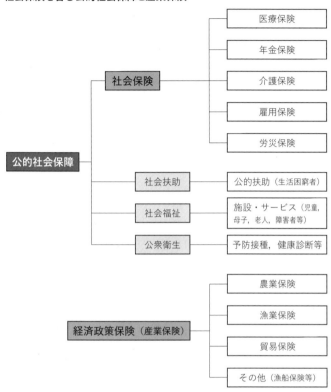

りません。ただし，産業そのものの補償とは異なりますが，火災保険や賠償責任保険など既存の補償を特定の事業者向けに組み合わせた保険が見られます。また，一部の大手保険会社は海外で，天候デリバティブといわれる保険類似の金融商品を用いて，農業など天候に左右される事業に補償を提供しています。

▶民間保険

　民間保険会社の取り扱う保険には，一定の偶然な事故によって生ずる損害をてん補する第二分野保険（損害保険），人の生存または死亡に関して一定の保険給付を行う第一分野保険（生命保険），および人の傷害疾病に対し，生じる損害をてん補するかまたは一定の保険給付を行う，第三分野保険があります（図表②）。第二分野保険と第一分野保険の取扱いには，保険業法の規定により，そ

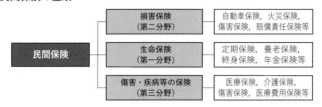

れぞれ損害保険事業免許と生命保険事業免許が必要で，同一の保険会社が両方を取り扱うことは禁止されています。第三分野保険は，損害保険会社と生命保険会社の両方が取り扱うことができます。

　保険会社の種類には，損害保険会社と生命保険会社のほかに，少額短期保険会社があります。これは，名前のとおり，保険金額が少額で保険期間が短い契約のみを取り扱う保険会社です。その性質に伴い，通常の保険会社に比べて，会社設立や商品開発等に対する規制が緩やかになっています。少額短期保険会社は，損害保険と生命保険の両方を取り扱うことが認められています。

　損害保険，生命保険いずれも，外国保険会社については国内社とは異なる免許があります。ここでいう外国保険会社は，海外の保険会社の日本法人とは異なります。親会社が海外にあり，カタカナの名称がついていても，日本に設立された法人は国内保険会社です。外国保険会社とは，外国法人であって，日本に支店を開いて業務を行う者をいいます。

▶共　　済

　共済とは，協同組合が組合員に補償（保障）を提供する仕組みです（1-6も参照）。死亡や火災などの危険に備え，事前に掛金を出し合っておき，不測の事故にあった組合員に共済金を支払うもので，契約としては保険とよく類似しています（図表③）。両者の本質的な違いは，加入対象にあります。保険は不特定の契約者が加入できるのに対し，共済の場合は，協同組合の組合員に加入が限定されます。共済には，組合の相互扶助制度という性格があるためです。ただし，組合員以外の加入（組外加入）が認められるケースなど，例外があって，実態上は必ずしも先に組合ありきとはなっていません。

　加入者と共済組合の間で締結される共済契約は，保険契約との類似性が高いので，共済契約にも原則として保険法（⇒3-6）の適用があります。なお，保険契約に関することを定めた保険法の適用はあっても，保険事業者の業務運営

図表③　共済の種類

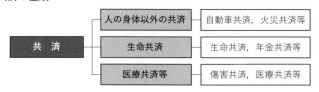

図表④　損害保険分野の市場規模（億円）

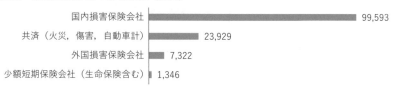

（注）　元受正味保険料および受入共済金。
（出所）　損害保険協会「種目別統計表2022年度」，外国損害保険協会「令和4年度業容一覧表」，日本共済
　　　協会「日本の共済事業ファクトブック2022」，日本少額短期保険協会「少額短期保険2023ガイドブック」
　　　をもとに筆者作成。なお，共済は2021年度，それ以外は2022年度のデータである。

を定めた保険業法の適用はありません。

　主要な共済については，それぞれの制度を裏づける法律（根拠法）があります。複数の根拠法のもとに，多くの共済が存在しています。とくに規模が大きなものは，農業協同組合法に基づく全国共済農業協同組合連合会（JA共済連），消費生活協同組合法に基づく全国労働者共済生活協同組合連合会（全労済），同じく全国生活協同組合連合会（全国生協連）などがあります。

　過去には，監督者の不明確ないわゆる無認可共済が多く存在しました。加入者保護の観点で無認可共済は好ましくないとの問題意識から，2005年の保険業法の改正により，根拠法に基づく共済あるいは少額短期保険等への移行が進み，時限措置の終了した2008年以降は，無認可共済はなくなっています。

　共済と保険は，多くの場合代替関係にあり，相互に市場獲得の競争が行われてきたと考えられます。農協や全労済などの結束力のある協同組合の組合員に対する募集は，保険より当該組合の共済が優位となりやすいといわれます。

▶市場規模の比較

　損害保険分野の市場規模は図表④のとおりです。国内損害保険会社が約75％を占め，続いて共済，外国損害保険会社の順で，少額短期保険会社は小規模にとどまります。

2 損害保険市場の規模と，商品ごとの内訳はどのようになっていますか？

▶収入保険料（元受・正味），支払保険金

損害保険の市場規模を測る統計指標として，収入面では下記(2)の「元受正味保険料」が，支出面では(6)の「元受正味保険金」がよく使われます。保険料および保険金の指標はこれ以外にもあり，目的によって使い分けられています。

(1) **元受収入保険料** 顧客から受け取った保険料で，とくに何も加減しないものをいいます。

(2) **元受正味保険料** 元受収入保険料から，解約その他の返戻金を差し引いたものです。この「正味」とは，英語の「net」にあたり，「実質的な」というニュアンスです。ただ，同じ正味という語でも，下記(4)正味収入保険料の正味とは意味が違うので，注意が必要です。「元受正味保険料」の正味とは，「解約その他の返戻金を差し引いた」保険料という意味です。

元受正味保険料＝元受保険料−解約その他の返戻金

(3) **元受正味保険料（積立保険料を除く）** 損害保険には貯蓄性のある保険（積立保険）があります。元受正味保険料からその貯蓄部分を除いたものを，「元受正味保険料（積立保険料を除く）」といいます。

元受正味保険料（積立保険料を除く）＝元受正味保険料−収入積立保険料

なお，一部の統計資料では，これを単に元受正味保険料と呼んでいることもありますので，利用にあたっては資料ごとの定義を確認する必要があります。

(4) **正味収入保険料** 「正味収入保険料」というときの正味とは，「再保険（⇒第10章）に関わる収支を加減した」という意味です。正味収入保険料の計算においては，他の保険会社に出再した部分は実質的に保有する保険料ではなくなると考えて，出再保険料を差し引きます。一方，他の保険会社から再保険を引き受けている場合は，受再保険料を加えます。

正味収入保険料＝元受正味保険料−出再保険料＋受再保険料

図表①　損害保険と生命保険の保険料（兆円）

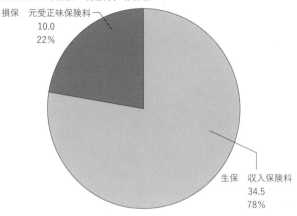

損保　元受正味保険料
10.0
22%

生保　収入保険料
34.5
78%

（出所）　損害保険協会「種目別統計表 2022 年度」および生命保険協会「生命保険
事業概況 2022 年 4 月 1 日～2023 年 3 月末日」をもとに筆者作成。

　(5)　**元受保険金**　顧客に支払う保険金で，とくに何も加減しないものをいい
ます。

　(6)　**元受正味保険金**　元受保険金から，戻入のあった保険金を控除したもの
です。

元受正味保険金＝元受保険金－保険金戻入

　(7)　**正味支払保険金**　元受正味保険金から，再保険に関わる再保険金の収支
を加減したものです。

正味支払保険金＝元受正味保険金＋受再正味保険金－回収再保険金

▶損害保険の収入保険料規模，生命保険との対比

　損害保険と生命保険の保険料の規模を見比べてみましょう（図表①）。生命保
険は長期の契約が多いため，収入する保険料の大部分が，過去の年度に販売し
た契約の月払保険料であるなど，損害保険とは異なる特性があり，統計指標も
年換算保険料などいくつかの種類があります。保有する契約を合計した収入保
険料を，損害保険の元受正味保険料と比較すると，日本においては，生命保険
の規模が損害保険の 3 倍以上になっています。米国などに比べると，損害保
険が生命保険に対して相対的に小さいという見方もできるでしょう。

元受正味保険料　　　　　　　　　　　　元受正味保険金

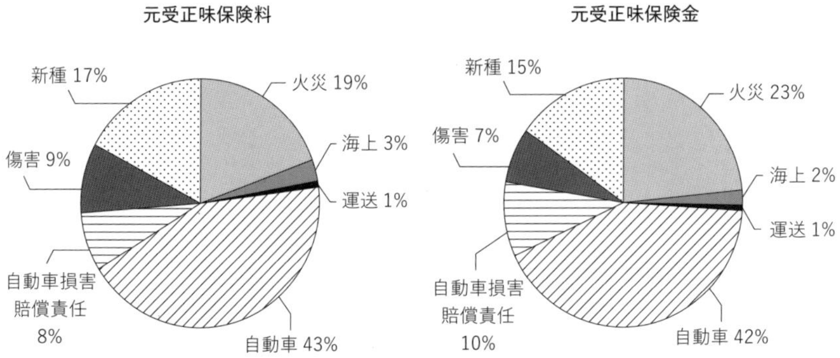

（出所）　日本損害保険協会「種目別統計表」（2022 年度）をもとに筆者作成。

図表③　保険種類別元受正味保険料と元受正味保険金（百万円）

保険種類	元受正味保険料	元受正味保険金
火　災	1,928,656	1,289,266
海　上	278,078	105,925
運　送	80,173	39,533
自動車	4,301,292	2,310,921
自動車損害賠償責任	760,477	532,473
傷　害	894,919	391,800
新　種	1,715,700	836,656
合　計	9,959,335	5,506,614

（出所）　日本損害保険協会「種目別統計表」（2022 年度）をもとに筆者作成。

▶各保険種目の収入保険料（火災，海上，運送，自動車，傷害，新種，自賠）

　各保険種目ごとの保険料と保険金の内訳を見ると，図表②③のとおりです。保険料，保険金のいずれから見ても，自動車保険と自動車損害賠償責任保険（自賠責）を合わせた，自動車関係の保険が半分以上を占めています。

3 日本の主要な損害保険会社には，どのような会社がありますか？

▶3大グループによる寡占市場

　日本の損害保険市場は，3大グループによる寡占市場となっています。3大グループ（「3メガ」とも呼ばれます）とは，東京海上グループ，MS&ADグループ，SOMPOグループです。各グループに属する主な損害保険会社は図表①のとおりです。

　3大グループは，各々が20〜30%程度のマーケットシェアを擁し，3者を合わせたマーケットシェアは，約86%に達します（図表②）。

　Insurance Information Institute の統計によると，米国では，最大のステートファーム社のマーケットシェアが約9%，上位10社の合計が約48%ですので，これと比べ日本の市場の寡占度合いは目立ったものと考えられます（なお，この統計は医療保険を損害保険に含めていないので，後述するスイス・リー・インスティテュートの統計とは基準が異なります）。

▶3大グループ共通の特徴

　3大グループのビジネスモデルには，類似性があります。各グループの主要保険会社は，いずれも100年以上の歴史のある大手損保会社で，いずれも代

図表①　3大グループとその主要な構成会社等

グループ	主要会社	合併前の主な前身会社	特　徴
東京海上グループ	東京海上日動	東京海上，日動火災	伝統的大手
	日新火災		リテール特化
	イーデザイン損保		通販特化
MS&ADグループ	三井住友海上火災	三井海上，住友海上	伝統的大手
	あいおいニッセイ同和損保	大東京火災，千代田火災，同和火災，ニッセイ損保	伝統的準大手
SOMPOグループ	損保ジャパン	安田火災，日本火災，興亜火災他	伝統的大手
3大グループ以外	AIG損保	富士火災，AIU損保	外資，中小企業に強み
	チューリッヒ損保		外資，通販特化
	ソニー損保		ソニー傘下，通販特化
	セコム損保	東洋火災	セコム傘下

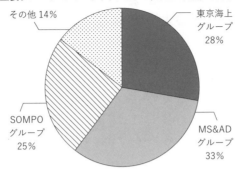

その他 14%　東京海上グループ 28%　MS&ADグループ 33%　SOMPOグループ 25%

（出所）『令和4年版　インシュアランス損害保険統計号』
（保険研究所）「種目別元受成績概況」をもとに筆者作成。

理店を介した（⇒3-4）募集を主力としています。

　取り扱う保険商品は，少数の商品種類に特化しておらず，商品別の保険料構成は各グループともおおむね業界平均と同じような比率となっています。

　中核となる保険会社が「子が親を生む」形で持株会社を設立し，自らその傘下に入ったことも，各グループに共通しています。持株会社のもとに，通信販売などに特化した損害保険会社と，第三分野の保険販売に強みを持つ生命保険会社を擁していること，また，グループ経営の多角化と海外進出に取り組んでいることも，3大グループに共通の特徴といえます。

▶その他の損害保険会社

　3大グループ以外の1割程度の市場を，米国や欧州に親会社を有する外資系の保険会社と，ソニーやセコム，HIS，楽天等の保険以外の業種の系列会社などが占めています。

　3大グループ以外の会社の戦略はまちまちで，企業分野で特徴のある保険を販売するもの，通信販売に特化して低価格を武器にするもの，旅行やネット販売など自らのグループの経営資源とブランドを保険販売に活かすものなどがあります。

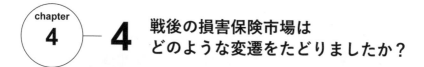

4 戦後の損害保険市場は
どのような変遷をたどりましたか？

▶市場規模の拡大

　日本の損害保険市場は，戦後の復興期を経たのち，ほぼ一貫して拡大してきましたが，2000年代に成長が鈍化し，以後は若干の振幅を伴って緩やかに増加しています（図表①）。

▶成長期と種目遷移

　種目別のウエイトは，戦後まもなくは火災保険が70%を超えていました。経済成長と所得水準の向上に伴い，自動車の保有が拡大するモータリゼーションが進展した結果，1995年までに自動車保険と自賠責保険の合計で約50%を占めるようになり，今日もほぼ同様のウエイトが続いています（図表②）。

　1970年から95年までの25年間に，損害保険の市場規模は，約8000億円から6兆8000億円まで，約8倍に拡大しました（年率8.9%）。同じ期間に，自動車保険は15倍に拡大しており，そのウエイトは29%から51%に増加しています。損害保険の市場拡大は，自動車の普及にけん引されたといえるでしょう。なお，その他の保険種類は，海上保険と，新種保険です。新種とは，傷

図表①　戦後の収入保険料

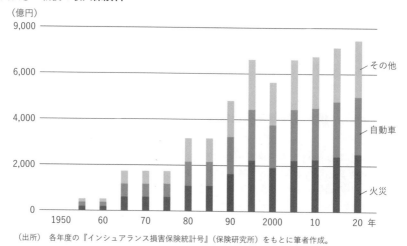

（出所）　各年度の『インシュアランス損害保険統計号』（保険研究所）をもとに筆者作成。

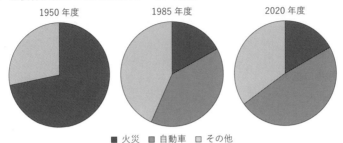

図表②　主要保険種目の収入保険料ウエイトの推移

1950 年度　　　　　1985 年度　　　　　2020 年度

■ 火災　■ 自動車　□ その他

（出所）　各年度の『インシュアランス損害保険統計号』（保険研究所）をもとに筆者作成。

害，賠償責任，動産総合など各種の保険の総称です（⇒11-2）。

　自動車保険の増加に伴い，ホールセール（企業）の契約の増加を上回るペースでリテール（個人）の契約が拡大しました。リテール契約のウエイトが増すなかで，各保険会社は地域に根付いた営業や損害サービスに注力するようになったと考えられます。

▶近年の成長率

　1995 年から 2020 年に目を向けると，収入保険料は 2020 年には 8 兆 7000 億円となっており，25 年間に約 1.3 倍（年率 1%）の増加に鈍化しています。日本経済の「失われた 20 年」と呼ばれる時代には，損害保険も停滞が見られました。ただし，2008 年のリーマンショックの前後を除いて考えれば，一定の増収傾向は続いていると考えられます。

　直近では，新型コロナウイルス感染症による影響が収束し，再び経済活動の活発化が見込まれています。

|column|　**損害保険料率算出機構とは**

　（1）　損害保険料率算出機構の位置づけ　損害保険料率算出機構は，「損害保険料率算出団体に関する法律」に基づき，損害保険における公正な保険料率の算出の基礎としうる参考純率等を算出するために設立された料率算出団体です。主要業務は，下記(2)の参考純率および基準料率の算出です。そのほか，保険料率の算出に関する情報・データ収集および調査研究と，保険料率に関する知識の普及や国民の関心・理解の増進，これらに付随する業務など

を行っています。

　2 社以上の損害保険会社は，内閣総理大臣の認可を受けて，損害保険料率算出団体を設立できます，法律上は別の料率算出団体を設立することも可能ですが，現時点では損害保険料率算出機構が唯一の料率算出団体です。

　料率算出団体への加入は義務ではありませんが，ペット保険などを専業とする一部の会社を除き，大多数の保険会社が加入しています（国内保険会社 31 社および外国保険会社 17 社中，損害保険料率機構会員会社数 36 社）。

　損害保険料率機構への加入は，保険種目単位で行うことができます。一部の保険種目のみを販売する保険会社は，当該保険種目のみ加入します。

　(2)　参考純率および基準料率とその対象種目　参考純率とは，料率算出団体が算出する純保険料率（保険料率のうち，保険金の原資となる部分）のことです。会員保険会社は，自社の保険料率を算出する際の基礎として，参考純率を使用することができます。各社の事情に応じて修正して使用することもあります。

　事業経費など保険金の原資以外を賄う付加保険料率は，会員保険会社が独自に算出し，純保険料率と付加保険料率を合わせて，保険料率とします。参考純率の対象種目は，損害保険料率算出団体に関する内閣府令第 3 条によって，次のとおりとされています。

　　一　火災保険　　二　傷害保険　　三　自動車保険
　　四　医療費用保険　五　介護費用保険

　基準料率とは，料率算出団体が算出する保険料率で，純保険料率および付加保険料率を含みます。基準料率の計算対象となる保険種目については，販売価格に当たる営業保険料は各社同一となります。各保険会社が基準料率を使用する場合，「みなし認可」の適用が受けられるため，個別に認可を取得する必要はありません。

　基準料率の対象種目は，損害保険料率算出団体に関する法律によって，次のとおりとされています（3 条 5 項）。

　　一　自動車損害賠償保障法の規定に基づく自動車損害賠償責任保険
　　二　地震保険に関する法律の規定に基づく地震保険

　参考純率および基準料率の計算対象種目は，元受正味保険料ベースで，全保険種目の 80 % 以上を占めています。日本の損害保険料の水準の決定に，損害保険料率機構の果たしている役割は大きなものであるといえます。

　参考純率および基準料率は，下記(3)の料率三原則に則って算出され，かつ毎年検証されていますので，損害保険料が過大で契約者に不利になることや，過少で保険会社の支払能力に不安を生じることなどの問題を緩和していると考えられます。基準料率対象種目である自賠責保険と地震保険は，公共性が高く価格競争になじまないものですので，各社一律の営業保険料が適用されます。一方，参考純率の対象種目は，各社が実態により純率を調整すること，付加保険料を独自に設定することが可能であるため，価格競争が働く仕組みになっています。

　参考純率制度は，契約者の利益と保険会社の健全性を確保しつつ，競争原

理を一定程度働かせる仕組みであると考えられます。

（3）料率三原則　損害保険料率算出団体に関する法律によって，「参考純率及び基準料率は，合理的かつ妥当なものでなければならず，また，不当に差別的なものであつてはならない」（8条）と定められています。この，①合理的，②妥当，③不当に差別的でないこと，の3条件を，料率三原則と呼びます。損害保険料率算出機構は，それぞれの意味するところを図表③のとおりに説明しています。

（4）自動車損害賠償責任保険の損害調査業務　損害保険料率算出機構は，全国に自賠責損害調査事務所を設置して，自賠責保険の損害調査業務を行っています。この業務は，個別の事故事案について自賠責保険の保険金支払の適格性や損害の額などを調査するものです。損害保険会社から回付される請求書類の審査のほか，必要に応じて事故当事者や病院への照会，現場調査などを行うこともあります。

　これらの調査は，その結果が自賠責保険の基準料率の算出の基礎資料として活用できることから，損害保険料率算出機構が行うべき業務とすることが適切と判断されているものと思われます。

　自賠責保険のほか，自賠責共済についても，損害調査業務を行っています。自賠責共済の掛金は，基準料率ではありませんが，実際には両者は同じ保険料率が用いられています。

図表③　参考純率と基準料率

	参考純率	基準料率
合理的	算出に用いる保険統計やその他の基礎資料が，客観性があり，かつ，精度の高い十分な量のものであるとともに，保険数理に基づく科学的方法により算出されたものであるということです。	
妥　当	将来の保険金の支払いに充てられることが見込まれる純保険料率として，過不足が生じないと認められるものであるということです。	保険契約を申し込もうとする者にとって保険契約の締結が可能な水準であるとともに，基準料率を使用する保険会社の業務の健全性を維持する水準であるということです。
不当に差別的でない	料率のリスク区分や水準が，実態的なリスクの格差に基づき適切に設定されているということです。	料率のリスク区分や水準が，実態的なリスクの格差ならびに見込まれる費用の格差に基づき適切に設定されているということです。

（出所）損害保険料率算出機構ホームページ。

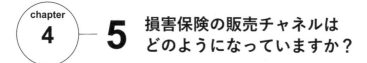

損害保険の販売チャネルは どのようになっていますか？

▶**全 体 像**

　損害保険の販売チャネルを大別すると，代理店，保険仲立人，金融サービス仲介業者および直扱（ちょくあつかい）があります。それぞれの扱う保険料とそのウエイトは，図表①のようになっています。

▶**代理店チャネル**

　（1）　**代理店の概要**　日本の保険契約の約 90％ は，保険代理店を介して販売されています。代理店は，保険会社の委託を受けて保険契約を取り扱う，独立した経済主体です。損害保険代理店には，契約の締結権があり，契約者の申込みを代理店が承諾すれば，保険契約が成立します。また，告知と通知の受領権があり，契約者は代理店に告げれば，保険会社に告知または通知する義務を果たすこととなります（生命保険の代理店では，事情が異なります）。

　損害保険代理店数は，2010 年代はほぼ 20 万店前後で安定していましたが，近年は合併や吸収による大型化が進み，店数は減少傾向にあります。2022 年度の損害保険代理店数は約 15 万 6000 店となっています（日本損害保険協会「代理店実在数の推移（2022 年度)」より）。

　（2）　**代理店の種類**　代理店には，保険を主業とする「専業代理店」と，他の事業を主としつつ保険業務を行う「兼業代理店」があります。兼業代理店の主業は，自動車販売店，自動車整備業者，不動産仲介業者，旅行会社，銀行など多種にわたります。両者の取り扱う保険料の比率は，おおむね専業代理店 40％ 対兼業代理店 60％ です。店数で見ると，兼業代理店が約 80％ を占めてい

図表①　2022 年度募集形態別の元受正味保険料割合

募集形態	保険料（百万円）	ウエイト（％）
代理店扱	9,277,206	90.5
保険仲立人扱	90,188	0.9
金融サービス仲介業者扱	0	0.0
直　扱	888,130	8.6
合　計	10,255,524	100.0

（出所）　日本損害保険協会「2022 年度募集形態別元受正味保険料割合表」より抜粋して筆者作成。

ます。

　保険会社との委託関係から見ると，単一の保険会社とのみ委託契約を行う<u>専属代理店</u>と，複数の保険会社と委託契約を行う<u>乗合代理店</u>があります。専属代理店は，一社の保険を，乗合代理店は，複数社の保険を取り扱います。乗合代理店には，事務手続や保険料会計，各種の報告業務などを，複数の保険会社と行う負担が生じますが，取り扱う保険の種類が増えることなどによるメリットがあります。近年は代理店の大型化に伴い，乗合代理店の保険料のウエイトが増加し，69％ほどに達しています。

　(3)　代理店業務に関する重要事項　保険代理店となるには，保険会社の定める資格試験などの要件を満たし，代理店委託契約を結びます。多くの損害保険会社が，資格試験として日本損害保険協会の損害保険募集人一般試験を利用し，そのほかに独自の研修制度などを設けています。

　委託契約の締結後，管轄する財務局への登録が必要です。代理店の所属募集人も財務局への届出が必要です。財務局への手続は，通常保険会社を経由して行います。保険募集の報酬である代理店手数料は，委託契約中の手数料規定（通常は，代理店委託契約書に付す「別表」）に定められています。代理店手数料の体系は，近年では，代理店種類別と保険種類別などのほか，収入保険料の規模と前年比の増収率などによって数量が増減する「手数料ポイント制度」が用いられています。ポイント制度には，法令遵守や顧客保護に関わるポイントも含まれていますが，規模を追求する性格が強いものとなっています。

　このポイント制度によって，中小代理店の統廃合による代理店の大型化が加速してきたとの見方があります。

▶代理店以外の販売経路

　(1)　保険仲立人　保険仲立人（保険ブローカーともいいます⇒3-4）は，保険会社と契約者の間に立って保険契約を媒介する点では，代理店と類似しますが，代理店が保険会社の代理人であるのに対し，保険仲立人は契約者の代理人であって，立場が異なります。代理店と異なり，契約締結権や告知・通知受領権，保険料領収権はありません。契約者の立場で最適な保険手配を行うよう，保険仲立人は，保険業法299条に基づき契約者に誠実義務を負います。

　契約媒介の報酬は，媒介手数料（ブローカレッジ）といい，契約者からではなく，保険会社から受領する仕組みとなっています。顧客との利益相反の抑止の

観点から，保険仲立人は顧客から求められた場合に，媒介手数料を開示する義務を負っています。なお，保険契約の媒介とは別に，リスクマネジメントのサービスなどを行い，それに対する料金を顧客から受けることがあります。

保険仲立人は主に大口の契約を取り扱うため，現在，保険仲立人を利用する顧客はほとんどが大企業です。保険料のウエイトは全体の1%弱の水準です。

(2) 金融サービス仲介業者 「金融サービスの提供及び利用環境の整備等に関する法律」に基づき，金融サービス仲介業という，「銀行・証券・保険・貸金」の金融商品を販売する事業形態が認められています。ワンストップで多くの金融商品の販売を可能とすること，金融機関に所属させないことで，利用者視点に立った金融サービス提供を目指すものです。2023年6月現在，登録者数は7社，保険媒介業務を行うものは2社です。保険料のウエイトはまだ実質ゼロで，将来の販売チャネルといえます。

(3) 直接販売（直扱） 媒介者を通さず，保険会社が直接契約を募集する方法もあります。直接販売（直扱ともいいます）には，保険会社の職員が顧客と対面で販売する方法もありますが，近年注目されているのは，テレビやインターネット，スマートフォンあるいは郵送などによる広告を介して，顧客からの能動的な申込みを促す，通信販売の方法です。

通信販売を主とする保険会社は，1990年代の後半に保険料の設定の自由度が高まったことを機に複数設立されました。代理店手数料等の支払を必要としないこと，ターゲットを絞り低リスク顧客に特化することなどを武器に，価格競争力による市場奪取を狙いました。当初の販売量は大きくありませんでしたが，20年余りを経た今日，通信販売取引になじんだ顧客層の拡大などに伴い，直接販売による保険料のウエイトは10%に近い水準となってきました。

| column | 保険販売の特性——生命保険は狩猟型，損害保険は農耕型？

生命保険も損害保険も，さまざまな販売形態がありますが，これまでのところいずれも，募集人が対面で行う方法が主流です。

生命保険の募集人と，損害保険の募集人を比べると，生命保険は狩猟型，損害保険は農耕型といわれることがあります。これはどういうことでしょうか。いくつかの観点で見てみましょう。

(1) 保険期間の長短 生命保険の契約は，主に保険期間が長期の契約です。

30歳で加入し満期が60歳までといった契約は珍しくなく，さらには一生保険期間が続く終身保険もあります。これに対して，損害保険の方は，多くが保険期間1年です。このように，生命保険と損害保険では，保険期間の長短に大きな差があります。

　(2)　ニーズの顕在化の程度　損害保険においては，自動車保険と火災保険のウエイトが大きくなっています。自動車を購入したら自動車保険に加入する，家を建てたら火災保険に加入するという行動は，非常に一般的に見られるので，これらの保険については保険加入の必要性は広く認められていると考えられます。これを，ニーズが顕在化しているといいます。あわせて，保険に加入すべきタイミングが，明確といえます。

　これに対して生命保険は，結婚や子の誕生などのきっかけが存在するとしても，自動車保険などと異なり，それに合わせて直ちに保険加入することは一般的とはいえません。損害保険に比べてニーズが顕在化しておらず，募集人が勧誘することによって初めて加入を検討するというケースも少なくありません。募集人側からすると，保険販売の前に，ニーズを喚起することが必要となっているといえます。

　(3)　損害保険の既存顧客の更改契約　保険期間が1年の損害保険は，毎年契約の応当日が来るごとに，それまでの契約が満期（終了）となり，そこから次の契約に加入する（更改といいます）ことが一般的です。

　これを募集人の立場から見ると，募集人は契約の締結に応じて手数料を受け取るため，損害保険の場合には，契約ごとに毎年の更改時に定期的に手数料が収入できます。もちろん，契約者が更改せずに契約を終了したり，更改時に契約がほかの募集人に切り換えられることがありますので，毎年必ず手数料が得られるとは限りませんが，自動車保険や火災保険の更改率は90％を超えていることが通常ですので，かなり安定した収入が期待できます。

　このため，損害保険の募集人は，いったん顧客基盤を保有できれば，これを保持することで毎年安定した収入が見込めます。

　(4)　生命保険の新規顧客開拓　これに対し，生命保険は長期契約が主流です。生命保険の募集人は，契約の更改で安定した手数料を受け取ることはできず，常に新たな顧客を開拓することが必要になります。その代わり，新規契約を販売した場合の手数料の額は，個人向けの損害保険よりずっと多額になっています。

　(5)　狩猟型と農耕型　以上をまとめると，生命保険の募集人は，次々と新規の顧客を開拓する必要があり，募集機会が得られた場合の成約確率も低いのですが，成功すれば大きな報酬が得られます。損害保険の募集人は，更改契約を中心に高い成約確率が期待できますが，1件あたりの手数料が低いため，多くの既存顧客との取引継続が重要となります。

　このような性質から，生命保険は狩猟型，損害保険は農耕型という表現が生じたのです。なお，このたとえは募集人に関するもので，保険会社の経理部門や商品部門の人たちには当てはまりません。

chapter 4 — 6 最近の損害保険市場の動向で注目される点はありますか？

　損害保険市場は，現在 3 大グループによる寡占市場となっていますが，さまざまな新規参入の動向が見られます。異業種からの参入の歴史は古く，いくつかの形態が見られます。また一方で，既存の損害保険会社が事業の領域を拡大して新たな市場を獲得しようとする動きもあります。

▶損害保険市場への新規参入

　(1)　**他産業からの参入**　他業界の大手資本が，既存の保険会社を買収することで，損害保険市場に参入した例があります。セコムが 1998 年に東洋火災（現セコム損保）を，同年クレディセゾンがオールステート（現セゾン自動車火災）を，2004 年には日立キャピタル（現三菱 HC キャピタル）がユナム（現キャピタル損保）を買収しています。2018 年には，楽天が朝日火災を買収し楽天損保としました。なお上記のうち，セゾン自動車とキャピタル損保は，現在 3 大グループと資本関係があります。いずれも損害保険ジャパンが大株主の一角を占め，とくにセゾンについては 100％ 近くを保有します。

　一方，保険会社を新規に設立した例もあります。1999 年のソニーグループによるソニー損保，2007 年の旅行業の HIS によるエイチ・エス損保，金融持株グループ SBI による SBI 損保の設立などです。2010 年には，携帯電話キャリアの au があいおいニッセイ同和と合弁で au 損保を，2019 年には光通信がさくら損保を設立しています。これらの新設会社の商品販売戦略は，大手社と異なり，旅行に関する傷害保険，携帯電話の修理費用の保険，自転車やペットの保険など，特定分野に注力している例が多く見られます。

　(2)　**生命保険業界からの参入**　生命保険業界からの参入は，保険業法改正により子会社参入が可能となった直後の 1998 年にいっせいに生じました。ニッセイ損保，第一ライフ損保，三井ライフ損保，スミセイ損保，明治損保および安田ライフ損保が，いずれも新規に設立されました。現在は，最後の 2 社が合併した明治安田損保が生命保険会社の子会社として存続していますが，そのほかはいずれも合併統合等を経て，母体であった生命保険会社のグループを離れ，3 大グループの傘下に入っています（あいおいニッセイ同和損害保険は，ニッ

セイの社名を残していますが，日本生命の子会社ではなく，MS&AD ホールディングスの 100% 子会社です）。

　なお同じ時期に，損害保険各社は生命保険子会社を設立し，生・損保は相互に相手の市場に参入しました。損保の生命保険子会社の多くは，現在も存続し，3 メガ損保のグループ会社として営業しています。

　この後，ペット保険に特化した生保からの参入も生じています。2003 年に T&D ホールディングスがペット＆ファミリー損害保険を，2011 年に第一生命グループがアイペット損害保険を設立しています。

　(3)　少額短期保険業等からの進出　他の業態に基盤を持たない場合，損害保険会社をゼロからスタートさせることは，容易ではありません。必要な最低資本金が 10 億円であること，事業免許を得るために体制整備が必要であることなどから，保険会社の設立には一定の資金力が必要です。これに対し，少額短期保険会社は，最低資本金が 1000 万円と低く，また免許ではなく財務局への届出により事業が可能です。その一方，名前のとおり，取扱商品の保険金額や保険期間に制約があるほか，事業規模は，年間保険料が 50 億円以下までしか認められていません。

　このため，少額短期保険会社としてスタートし，一定の規模に達したのち，免許を得て保険会社に事業形態を変更する例があります。賃貸住宅入居者向けの家財保険を主力商品とするジャパン少額短期保険から，2019 年にレスキュー損害保険が設立されました（ただし，ジャパン少額短期保険は存続しており，レスキュー損保はその再保険の引受けを行い，またほかに法人向けの腕時計の保証商品などを取り扱っています）。

　また，少額短期保険ではありませんが，ペット保険のアニコム損害保険は，2000 年にスタートした共済制度を母体に，2008 年に損害保険会社として開業しています。

▶インシュアテック企業の出現

　新技術によって金融業の変革を図る企業をフィンテック（FinTech）企業といいます。フィンテックの中でも，保険を対象とするものは，インシュアテック（InsurTech）と呼ばれます。インシュアテック企業には，自ら保険会社として保険業を行うもの（インシュアテック保険会社）と，保険会社に対するサービス提供者として事務やマーケティング，データ分析などを行うもの（インシュア

テック・サービス提供会社）があります。

　世界的なインシュアテック保険会社として，米国のレモネードやヒッポ，ドイツのイーサリスクなどが知られています。レモネードは，スマートフォンなどの利用を前提に，手続を完全にオンライン化しているほか，危険差益を保険会社の利益とせず寄付などに充てることを標榜しています。イーサリスクはDIP という保険取引のプラットフォームを設立し，保険会社だけでなく，非営利団体やインシュアテック会社が保険を提供できることを謳っています。保険料などの支払は DIP トークンという暗号資産によって行われます。

　日本の場合，ビジネスモデル全体としてインシュアテック保険会社と呼ぶべき例は多くありませんが，ジャストインケース社のように，通常の保険を販売する一方で，P2P（peer to peer の略）型の新しい仕組みを導入している会社があります。保険金の支払に応じて保険料を変動させる「わりかん保険」と呼ばれるものがそれです。

　インシュアテック・サービス提供会社は，既存の保険会社と提携し，新技術提供することが一般的です。インシュアテック・サービス提供会社は世界的に多く設立されています。業界の専門誌もあり（*InsurTech Magazine* など），SaaS（Software as a Service）や MaaS（Mobility as a Service）をもじった IaaS（In-surtech-as-a-Service）という用語も用いられます。テクノロジーを利用して，契約管理や保険料会計，申込手続などの事務効率化を行うもののほか，保険商品または契約者に対するサービスを設計し，これを保険会社に提供するものがあります。日本では長く，保険の契約管理システムを保険会社自ら開発してきましたが，海外では，複数の保険会社が，ガイドワイヤー社，ダッククリーク社などインシュアテック・サービス提供会社のパッケージソフトウエアを使用しており，日本もその例が増えています。

　保険の商品やサービスにかかるインシュアテック・サービスには，ビッグデータを利用して保険料を細分化し，損害率の低い顧客に価格競争力のある保険料を提示するプライシングのシステムなどがあります。生命保険業界では，行動経済学を応用して顧客の健康管理を促進する南アフリカのディスカバリー社のモデルがあり，日本でも，それによって各種サービスと保険料割引を提供する生命保険会社（住友生命の「ヴァイタリィ」）があります。

▶データビジネス

テクノロジーの別な応用として，保険会社が保有するデータ資産を活かし，保険以外の収益源を育てる試みも見られます。事故の防止や災害の被害軽減につながるサービスを提供し，その対価を得るフィービジネスなどです。保険業法上，保険会社には他業の禁止規定がありますが，一定の例外があり，さらにグループ子会社を利用すれば，本業と関連の強い事業や，地域の活性化や持続可能な社会の構築に役立つサービス等についての営業が可能となっています。

東京海上グループは，フィンランドの新興企業と提携して，衛星画像を用いて水害の深さを地図表示するシステムを開発し，自治体に有償で提供しています。SOMPO グループは，事故多発道路を走行すると警告音が鳴るシステムをタクシー事業者に販売しています。MS&AD グループでは，自治体向けに，ドライブレコーダーの映像から道路の補修箇所を検出するビジネスを進めています。そして，この取組みは道路の補修箇所を検出するビジネスを進めており，道路補修コストの削減という社会課題の解決につながるとしています（MS&AD インシュアランスグループホールディングス［2021］）。

▶損害保険市場の遷移

（1）**自動車保険から新種保険へ**　今後日本の損害保険産業はどのように変化するでしょうか。まず，安全技術の普及と自動車保有台数減少に伴う，自動車保険市場の縮小が見込まれます。一方で，新種保険は拡大が見込まれます。とくに大きな伸長は，賠償責任保険や労働者災害補償保険，役員賠償責任保険，サイバー保険など，時代環境によって新たにリスクが顕在化している分野で進むでしょう。

（2）**個人（リテール）市場から企業（ホールセール）市場へ**　伸長が見込まれる新種保険は，主に企業分野の商品です。中心となる自動車保険が縮小するなかでは，個人分野の市場拡大は容易ではありません。保険種目のウエイトが，自動車保険から新種保険に移るにつれて，市場のウエイトは，個人分野から企業分野に徐々にシフトしてゆくと考えられます。企業分野の中でもとりわけ発展余地が大きいのは，大企業に比べ保険利用が進んでいなかった，中小中堅クラスの企業と考えられます。経済のグローバル化とサプライチェーンの統合に伴い，中小企業に求められるリスク管理は時を追って高度化しており，これに伴い事業リスクをカバーする保険のニーズが高まっています。

▶国際市場は約4兆ドル

　国際的な保険市場のデータとして，スイス再保険会社グループのスイス・リー・インスティテュートの発行するシグマ調査誌の「ワールド・インシュアランス」があります。保険統計が，毎年継続的に観察でき，広く引用されているものです。これによると，損害保険の地域別の元受保険料は図表①のとおりです。

　南北アメリカ（Americas）のうちの92％は，米国が占めます。

　なお，シグマ調査誌の統計は，EUおよびOECDの慣行に従い，医療保険を損害保険に分類していることに注意する必要があります。生命保険会社や医療専門の保険会社の取り扱う医療保険が上記の損害保険料に含まれています（日本では医療保険の多くが生命保険に分類されています）。米国は医療保険のウエイトが大きく，これを除いた統計（Insurance Information Institute など）では，損害保険の保険料は上記の3分の1程度となります。なお日本の医療保険は定額給付が主流ですが，海外は損害てん補（reimbursement）型が多く，損害保険に近い性質があります。

▶保険浸透率，保険密度

　保険の普及度合いを測る指標として，保険浸透率（penetration）および保険密度（density）があります。保険浸透率とは，その国の収入保険料をGDPで除したもので，経済規模に対する保険市場の大きさの指標です。保険密度とは，

図表①　地域別世界の損害保険市場

地　域	保険料 （百万ドル）	実質増加率 （物価指数調整後）
南北アメリカ（Americas）	2,483,160	0.6%
欧州，中東，アフリカ（EMEA）	793,880	−1.8%
アジア太平洋（Asia-Pacific）	692,163	2.9%
合　計	**3,969,203**	**0.5%**
（参考：生命保険）	2,813,032	−3.1%

　（出所）　Swiss Re Institute Sigma No3/2023 より抜粋して筆者作成。

国	元受収入保険料 (百万ドル)	保険浸透率 (%)	保険密度 (ドル/人)
米 国	2,287,801	9.0	6 868
ドイツ	142,469	3.5	1 699
イギリス	114,769	2.4	1 111
日 本	93,920	2.3	748
中 国	333,448	1.9	234
インド	31,538	1.0	22
ロシア	12,557	0.6	87
合 計	3,969,203	4.0	499

（出所） Swiss Re Institute Sigma No3/2023 より抜粋して筆者作成。

収入保険料を人口で除したものです。日本を含むいくつかの国の元受収入保険料と，保険浸透率および保険密度を図表②に示します。

　日本は保険大国と呼ばれますが，先進国中では，損害保険の市場規模は大きくありません。保険浸透率は，世界平均と比較しても低い水準です。

▶人 口 構 造

　(1)　**人口ボーナスと人口オーナス**　年齢構成は，経済成長力に大きな影響を与えます。総人口に占める生産年齢人口（15歳以上65歳未満）の割合が高く，労働力が豊富で経済が成長することを人口ボーナス（demographic dividend）といい，逆に，生産年齢人口の割合が低く，成長が抑制されることを人口オーナス（demographic burden）といいます。日本は1990年頃に人口ボーナスのピークを迎え，少子高齢化に伴い人口オーナス期に入っていると考えられます。

　保険市場を考えるうえでも，人口構造は重要です。人口構造を，海外進出先の選定の重要な判断材料に含める保険グループもあります。

　(2)　**人口ピラミッドの比較**　世界全体で見ると，人口構成は若年者が多く高齢者が少ない「ピラミッド型」をしています。多くの国で出生率は低下が進んでいますが，アフリカ南部を中心とする新興国では依然高い水準にあり，世界の人口増加をけん引しています。日本の人口ピラミッドは，中高年層に対して若年層が少なく，今後確実に生産年齢比率が減少する形状といえます（図表③）。

　紙幅の関係で図示はできまでんが，他国の人口ピラミッドを見ると，ドイツは，中高年層の比率が高いが日本より全体的に若いなど，国ごとに特徴があり

図表③　各国の人口ピラミッド（2019 年）

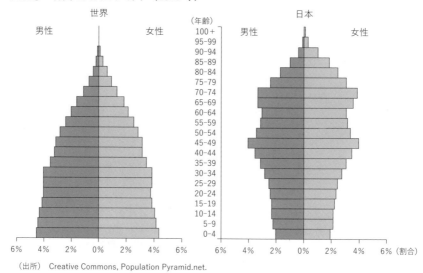

（出所）　Creative Commons, Population Pyramid.net.

ます。フランスやオーストラリアは，少子化対策が奏功しているといわれます。中国は特徴的で，中年層がとくに多いこと，男女比で男性が多いことが目立ちます。人口だけで経済成長が決まるものではありませんが，インドネシアのようにきれいなピラミッド型の国は，成長期待から海外の投資を集めやすいと考えられます。日本の生損保も，多くの会社が進出しました。

　人口構造による成長効果は，数十年の期間を通じて実現します。保険市場を長期的視点から分析する場合には，重要な指標と考えられます。

　労働人口が減少傾向にある日本の場合，保険市場の維持拡大には，国際的に見て高くない保険密度（1 人あたりの収入保険料）の向上が必要です。そのために，新たな社会課題に対応する保険を提供することが課題といえるでしょう。

（1）　**ロイズの仕組み**　ロイズは保険を引き受けるために組成されたシンジケートを会員とする一種の組合で，通常の保険会社とは異なりロイズ自体は保険の引受けを行っていません。メンバー（通称「ネーム」）と呼ばれる出資者がシンジケートに資本を提供して保険を引き受けます。2022 年末時点で 77 のシンジケートが活動しており，それぞれの得意分野において独自の方針・戦略のもとで引受けを行っています。

　実務において引受判断を行う専門家はアンダーライターと呼ばれ，引受判断や料率の算出，各種引受条件の設定などの役割を担っています（⇒1-7）。シンジケートの運営・管理は，マネージング・エージェントと呼ばれる会社によって行われています。顧客とアンダーライターの間はブローカーによる仲介あるいは引受権限を委譲されているカバーホルダーやサービス会社がつないでおりアンダーライターは引受判断に集中できる仕組みとなっています。

（2）　**ロイズの特徴**　各シンジケートが享受できるロイズ全体としての引受認可や各種のアレンジにより世界中で 200 以上の地域で引受けを行うことができます。世界中から持ち込まれる多種多様なリスクに対応するなかで新たな保険商品や引受方式が生み出される伝統があり，自動車保険，航空保険，人工衛星の打ち上げ保険，再保険でいえばエクセス・オブ・ロス特約方式（⇒10-3）がロイズを発祥の地としています。

（3）　**ロイズ危機**　かつてネームの資格は裕福な個人に対してのみ与えられ，保険金支払につき無限責任を負っていました。1980 年代から 90 年代初頭にかけて，ロイズの成績が急激に悪化した結果，巨額な支払責任を負った多くのネームが破産や自殺に追い込まれる事態となりました。存続に向けて大改革を迫られたロイズは，新会社設立による過年度の残存責任の切り離しや有限責任の法人資本の受入れなど多くの変革を行ったうえ，収益管理や集積コントロールなど自主監督を強化することで，市場からの信頼を回復し，危機を乗り切りました。

図表④　ロイズ市場

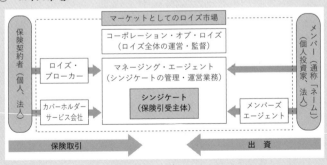

損害保険の経営

日本初の損害保険会社である東京海上保険会社の設立（1879 年）に
関与した渋沢栄一の若い頃（出所：『渋沢栄一伝記資料』別巻第 10, 33 頁）

Introduction

——

損害保険会社は，損害保険という公益的な事業を運営する特質を踏まえ，
損害保険業免許が必要となっています（保険業法 3 条 1 項・2 項）。日本
には，損害保険業免許を受けた損害保険会社が 34 社（2024 年 4 月 4 日現在）あ
りますが，すべて株式会社形態を採用しています。

　株式会社は原則として営利を目的としますが，損害保険会社は，社会に安
心・安全を提供する公益的な役割を担っていることから，株主の利益だけを目
的として経営を行うことはできず，保険契約者をはじめとする多様なステーク
ホルダーの利益を考慮して経営を行う必要があります。

　では，損害保険会社の経営において，どういう点を考慮する必要があるので
しょうか。この章では，損害保険会社の経営の変遷を踏まえ，最近の経営にお
ける論点を取り上げるとともに，経営において欠くことができない財務諸表や
経営指標についても触れます。その過程で，損害保険会社を取り巻く環境変化
やステークホルダーの動向にも目配りしつつ，今後の損害保険会社の経営にと
ってさらに重要性を増すと考えられる論点にも言及します。

損害保険会社はどこから収益をあげていますか？

　損害保険会社の売上は，保険契約者から収受する保険料です。保険契約者から収受する保険料は，将来の保険事故に起因する保険金の支払に対する原資であるとともに，損害保険会社の事業費や利潤を賄うものです。なお，損害保険会社は，保険契約者から収受した保険料を，保険金や事業費の支払のために現預金で保有するだけではありません。損害保険会社は，保険料を原資として，他の会社などへの貸付や有価証券などへの投資を行っています。こうした資産運用による利息収入や配当金収入などのインカムゲインおよび売却などによる利益であるキャピタルゲインも損害保険会社にとって重要な収益の源泉となっています。

▶保険引受業務

　損害保険会社は，保険引受業務を主たる事業活動としており，保険契約者から収受する保険料を元受保険料として認識します。損害保険会社は，リスク移転のために再保険（⇒第10章）を活用することが通常であり，そうした再保険に関して損害保険会社から再保険会社（再保険者）へ支払う保険料（再保険料）や保険契約の解約などに起因する返戻金などを元受保険料から控除した正味収入保険料が，損害保険会社にとっての売上を意味しており，その他の保険引受関連の収益と合わせて保険引受収益を構成します。

　また，保険引受業務においては，保険事故に起因して保険金を支払うとともに，その保険事故の調査などにかかる損害調査費や，保険募集を行った代理店への支払手数料（代理店手数料）も発生します。そうした保険引受関連業務の費用が保険引受費用を構成します。

　損害保険会社は，保険引受収益から保険引受費用および保険引受に係る営業費及び一般管理費を控除し，自賠責保険や地震保険にかかるその他収支を調整した保険引受損益によって，事業年度ごとに保険引受業務の業績を管理しています。

▶資産運用業務

　損害保険会社は，保険契約者から収受する保険料を原資として，貸付や有価

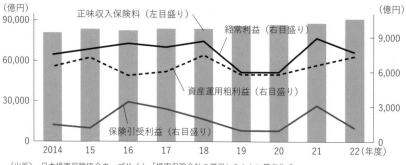

図表①　正味収入保険料・保険引受利益・資産運用粗利益・経常利益の時系列推移

（億円）

正味収入保険料（左目盛り）

経常利益（右目盛り）

資産運用粗利益（右目盛り）

保険引受利益（右目盛り）

90,000

60,000

30,000

0

（億円）

9,000

6,000

3,000

0

2014　15　16　17　18　19　20　21　22（年度）

（出所）　日本損害保険協会ウェブサイト「損害保険会社の概況」をもとに筆者作成。

証券投資などの資産運用業務を行うことによっても収益を稼得しています。資産運用業務では，貸付・債券投資による利息収入や株式投資による配当金収入に代表されるインカムゲインおよび有価証券の売却益に代表されるキャピタルゲインを資産運用収益として計上するとともに，有価証券の売却損などを資産運用費用として計上します。売買目的有価証券に区分される時価評価が求められる有価証券については，時価と簿価との差額が評価損益として，同様に資産運用収益や資産運用費用に計上されます。

　損害保険会社にとって，保険引受業務および資産運用業務が経常的な活動になります。ここで，損害保険会社の経常的な活動の良否を示す経常利益などの推移を確認してみましょう（図表①）。

　正味収入保険料は年を追うごとに徐々に伸びている状況が見て取れます。保険料の水準が，保険事故の状況をはじめとするさまざまな要因を受けて改定されますが，正味収入保険料の伸長は，社会にとってますます損害保険が求められている証左といえるでしょう。損害保険会社の主要業務である保険引受業務と資産運用業務を比較すると，資産運用粗利益の推移が示すように，資産運用業務から一貫して多額の利益を稼得している状況が見て取れます。一方，保険引受利益は各年度においてばらつきが見られますが，各年度の自然災害の発生状況が影響を及ぼしている面があります。保険引受業務や資産運用業務の状況を反映して，経常利益も変動しますが，損害保険会社は，毎年経常利益を計上しており，事業としての持続性を保持しています。

chapter 5 — 2 損害保険会社の経営における課題には, 何がありますか？

　ここでは, 損害保険会社の経営における主な課題を見ていきましょう。

▶ERM

　損害保険会社は, 国内損害保険事業に限らない事業ポートフォリオを保有することで, 地理的かつ事業的にリスクの分散を図り, 収益力の向上に努めています。とくに, 損害保険事業の業績に大きな影響を与える自然災害については, 事業の地理的な分散や再保険の活用などによりリスクの分散を図っています。さらに, 海外保険事業であれば, 事業を展開する各国の状況は異なりますし, 生命保険事業であれば, 損害保険事業とは異なるリスク（例：金利リスク）が重要となります。多様な事業ポートフォリオを抱えることにより, リスク分散に寄与する面があります。そして, リスク分散に加えて, 自社のリスク選好を踏まえ, 限りある経営資源（例：資本）の配賦を行っています。こうした観点によるERM（統合〔的〕リスク管理）（⇒2-6）の体制構築・運用が重要です。

▶グループ経営

　損害保険会社は, 多様な事業ポートフォリオを持つことにより, グループ全体の観点で経営を行う必要があります。グループ全体のスケール・メリットを活用することにより, 人材などのリソースの活用の幅が広がり, 人件費などのコストの削減の余地も広がります。また, リスク管理の重要な一角を担う再保険戦略や資産運用業務をグループ全体最適の観点で整理することにより, さらなる効率化や企業価値の向上を目指すことが可能となります。なお, グループ経営の観点では, グループ内の一致結束や多様なステークホルダーの共感も重要であり, そのために各社はパーパス（⇒5-10）を定め, 自社の存在意義を改めて見直し, 事業戦略の柱とします。

▶財務健全性の維持

　損害保険会社は, 営利企業として, 利益の稼得や企業価値の向上が重要ですが, 損害保険事業の公益性を踏まえ, さまざまなステークホルダーに配慮する必要があります。とくに, 保険契約者にとっては, 保険契約に基づく保険金がきちんと支払われるのかどうかが重大な関心ごとであり, また, 損害保険会社

が日本経済にとって重要な役割を果たす金融機関であることから，規制当局にとっては，事業の安定性が重要です。こうしたことから，損害保険会社の財務健全性の維持は重要な課題であり，現在ソルベンシー・マージン比率（solvency margin ratio）が財務健全性を図る指標として活用されています（ソルベンシー・マージン比率は，損害保険会社のリスク量と，損害保険会社が保有している支払余力を示す自己資本などによって算定される比率であり，200％以上の維持が求められます）。なお，現在では，より保険会社の健全性の実態を反映させるための「経済価値ベースのソルベンシー比率（ESR：economic solvency ratio）」に基づく規制が，規制当局において検討されています。

▶サステナビリティへの取組み

損害保険会社は，損害保険事業という公益的性格を有する事業を展開し，多様なステークホルダーが関与していることから，事業の持続可能性を高めるために，社会への貢献による社会価値の創出も重要な論点となっています。気候変動対策や女性活躍推進，人権の尊重などのサステナビリティ（sustainability）への対応を図ることにより，社会価値を高め，それが財務価値に結びつくように，社会価値と財務価値の向上を事業の両輪として，事業戦略を立案することが求められています。

損害保険会社の経営のための計画の立案や実績の評価においては，定量的な情報が重要となります。この定量的情報を提供するツールが会計です。会計を通じて，損害保険会社による各種の取引や事象を数字として把握し，経営における目標の設定や実績の評価に活かしています。

会計情報は，最終的に財務諸表にまとめられ，外部のステークホルダーへ報告されるとともに，経営陣による経営状況の確認などに使用されます。ただし，会計にも限界があり，たとえば，人件費は会計情報として把握できますが，従業員の能力や会社のブランドなどは，重要な無形資産ですが，会計情報として捕捉できません。会計情報による客観的な指標をもとに経営を行うことは重要ですが，サステナビリティへの取組みなどの会計情報では必ずしも捕捉できない事柄にも十分な配慮が求められます。

　損害保険会社に限らず，企業の経営にとって，サステナビリティが重要な課題となっています。サステナビリティは事業の持続可能性を指す用語であり，SDGs（持続可能な開発目標）やESG（環境・社会・ガバナンス）とも通底するものです（⇒5-10）。サステナビリティが事業経営の根幹の1つになることに伴い，外部のステークホルダーにとっては，企業がどのようにサステナビリティに取り組んでいるのかを知ることがますます重要となっています。そのため，財務諸表による定量的開示にとどまらない，非財務情報の開示に注目が集まっています。こうした国際的な潮流のなか，IFRS財団が2021年11月にISSB（International Sustainability Standards Board：国際サステナビリティ基準審議会）の設置を発表し，ISSBは最初のサステナビリティ開示基準である「サステナビリティ関連財務情報の開示に関する全般的要求事項」（S1）および「気候関連開示」（S2）を2023年6月に公表しました。今後，S1およびS2をベースラインとしたサステナビリティ関連開示が各国にて実施されることが想定されます。

　日本も，2022年7月に公益財団法人財務会計基準機構の傘下にSSBJ（Sustainability Standards Board of Japan：サステナビリティ基準委員会）を発足させ，ISSBの動向を踏まえ，日本において適用するサステナビリティ開示基準の設定を進めています。また，日本では，上場会社などに適用されている「コーポレートガバナンス・コード」において，サステナビリティ課題への積極的・能動的な対応を求めており（原則2-3や補充原則2-3①），サステナビリティをめぐる取組みについての基本的な方針の策定（補充原則4-2②）や適切な開示（補充原則3-1③）が定められています。さらに，上場会社では，経営者による財務報告にかかる内部統制の評価が求められていますが，金融庁の企業会計審議会が2023年4月に公表した「財務報告に係る内部統制の評価及び監査の基準並びに財務報告に係る内部統制の評価及び監査に関する実施基準の改訂について（意見書）」においては，内部統制の目的の1つを，「財務報告の信頼性」から，サステナビリティなどの非財務情報も含めた「報告の信頼性」に拡張しています。

　日本の損害保険会社は，こうした動きを踏まえて，自社の戦略にサステナビリティの視点を取り込み，データの収集などの内部統制を構築・運用するとともに，ステークホルダーの支持を得られる取組みや開示を実施することが求められています。

chapter 5 — 3 損害保険会社の財務諸表はどのようになっていますか？

損害保険会社の経営にとって，会計情報は重要であり，その会計情報は財務諸表にまとめられます。財務諸表では，一時点の財政状態を表す貸借対照表と一定期間の業績を表す損益計算書が基本となります。ここでは，損害保険会社の貸借対照表と損益計算書を見てみましょう。

▶貸借対照表

貸借対照表（バランスシート）は，ある一時点（例：事業年度末日）の資産や負債の状況を示す財務諸表です（図表①左）。左側（借方）が資産を表し，右側（貸方）が負債と純資産を示しています。

資産の部には，損害保険会社が保有している資産の状況が示されており，現金および預貯金，有価証券，有形固定資産（土地・建物）などが列挙されています。このうち，損害保険会社の資産の大半を占めるのが有価証券です。損害保険会社は，保険料を原資として，主として有価証券に投資しています。資産運用業務は，保険引受業務と同様に，損害保険会社にとって重要な業務であり，運用関連部署を設置して，マーケットの状況や金利・株価・為替などの経済指標の動きを踏まえて，投資活動を行っています。

負債の部には，損害保険会社が負っている負債の状況が示されており，最も重要な負債項目は，保険契約準備金である支払備金と責任準備金です。支払備金は，発生した（もしくは発生したと推測される）保険事故における保険金の未払部分を示すもので，保険契約に基づき損害保険会社が支払う必要がある負債です。責任準備金は，将来の保険事故の発生に備えて，保険契約者から収受した保険料を積み立てておくものです。

資産の部と負債の部の差額が純資産の部を構成しており，株主からの出資を表す資本金や事業の結果として稼得した利益による利益剰余金などにより構成されます。なお，資産の部の合計と，負債および純資産の部の合計は一致します。

▶損益計算書

損益計算書は，一定期間（例：通常は1事業年度）における業績を表す財務諸

図表①　損害保険会社の貸借対照表および損益計算書

貸借対照表		損益計算書
(財産の状況)	(お金の調達状況)	

<table>
<tr><td colspan="2" align="center">貸借対照表</td><td rowspan="2" align="center">損益計算書</td></tr>
<tr><td align="center">(財産の状況)</td><td align="center">(お金の調達状況)</td></tr>
<tr>
<td>

資産の部

現金および預貯金
コールローン
有価証券
貸付金
土地・建物
その他資産など

</td>
<td>

負債の部

保険契約準備金
　支払備金
　責任準備金
社　債
その他負債など

小　計

純資産の部

資本金
資本剰余金
利益剰余金
その他有価証券評価差
額金など

小　計

</td>
<td>

経常収益
　保険引受収益
　資産運用収益
　その他経常収益

経常費用
　保険引受費用
　資産運用費用
　営業費及び一般管理費
　その他経常費用
　経常利益(または経常損失)

特別利益
　固定資産処分益など
特別損失
　固定資産処分損
　価格変動準備金繰入額など

税引前当期純利益(または税引前当期純損失)
　法人税及び住民税
　法人税等調整額
　法人税等合計
　当期純利益 (または当期純損失)

経常損益 / 特別損益

</td>
</tr>
<tr>
<td align="center">**合　計**</td>
<td align="center">**合　計**</td>
<td></td>
</tr>
</table>

(出所)　日本損害保険協会「損害保険会社のディスクロージャーかんたんガイド　2023年度版」をもとに筆者作成。

　表です（図表①右）。損害保険会社の主要な業務は，保険引受業務と資産運用業務であることから，経常的な活動の収益・費用を表す経常損益の区分には，保険引受収益・費用および資産運用収益・費用が明示されます。なお，保険引受業務・資産運用業務以外の業務にかかる収益・費用は，その他経常収益やその他経常費用として計上されます（なお，経常費用の中には，損害調査費を除く人件費や物件費を計上する営業費及び一般管理費も含まれます）。

　このようにして算定された経常収益および経常費用の差額が経常利益（または経常損失）となります。そのほか，損害保険会社の事業活動において，臨時的に発生する損益は，特別損益の区分に計上されます。経常利益（または経常損失）に，特別利益および特別損失を加減算したものが，税引前当期純利益（または税引前当期純損失）となります。そして，それに法人税及び住民税や法人税等調整額を加減算したものが，損害保険会社の一定期間における業績を総合的に表す当期純利益（または当期純損失）となります（図表①）。

4 損害保険会社の財務諸表には，どのような特徴がありますか？

　損害保険会社の基本財務諸表である貸借対照表および損益計算書の概要は，5-3にて説明したとおりです。ここでは，損害保険会社の貸借対照表や損益計算書が，一般事業会社のそれらと異なる部分について説明します。

　たとえば，一般事業会社の貸借対照表は，資産の部がさらに流動資産や固定資産に区分されますが，損害保険会社の貸借対照表にはそうした区分がありません。また，一般事業会社の損益計算書は，通常，売上高から売上原価を控除したものが売上総利益（または売上総損失）となり，さらにそこから販売費及び一般管理費を控除して営業利益（または営業損失）を算出しますが，損害保険会社の損益計算書では，主要な事業である保険引受業務や資産運用業務にかかる損益が経常収益や経常費用にまとめられ，経常利益（または経常損失）が算出されることとなり，営業利益（または営業損失）という概念がありません。

▶貸借対照表の特徴

　損害保険会社の資産の部のうち，最も重要な勘定科目は有価証券です。そして，貸借対照表上，有価証券は，国債や地方債などの種別に区分表示されます。日本の会計基準においては，有価証券は，その種別ではなく，その保有目的に応じて，売買目的有価証券や満期保有目的の債券などに区分され，それぞれの保有目的区分ごとに会計処理が定められています。なお，損害保険会社は，大半の有価証券をその他有価証券という保有目的に区分しています。当該区分は，他の保有目的に区分されない有価証券を区分するためのものであり，当該区分に入る有価証券は，時価で評価され，時価と簿価との差額は，（税効果額を調整後）その他有価証券評価差額金として純資産の部に直接計上されます。一方，売買目的有価証券となった有価証券は，時価で評価され，時価と簿価の差額は，評価損益として損益計算書に計上されます。その他有価証券は必ずしも売買を目的とするものではないことから，評価差額は，損益計算書を経由することなく，（税効果額を調整後）直接純資産の部にその他有価証券評価差額金として計上されることとなるのです。そのため，機関投資家としての顔も持つ損害保険会社のその他有価証券評価差額金は一般的に巨額となり，純資産の部でも重要

な構成要素となっています。

　また，負債の部の8割から9割を占める項目が保険契約準備金であり，支払備金および責任準備金により構成されます。通常の一般事業会社であれば，買掛金や借入金などの項目が負債の部における主要な科目ですが，損害保険会社では，ビジネスの特徴として，まず保険契約者から保険料を収受することから始まりますので，保険契約者から収受した保険料のうち将来の保険債務の履行のために積み立てる責任準備金が巨額となる傾向があります。また，保険事故に起因する未払いの保険金を表す支払備金も主要な保険引受業務と関連するものであり，重要な金額となる傾向がありますので，これら保険契約準備金が負債項目のほぼすべてを占める点が特徴的です。

▶損益計算書の特徴

　損害保険会社の損益計算書では，一般の事業会社の損益計算書と異なり，営業損益が明示されません。代わりに，損害保険会社の主要業務である保険引受業務および資産運用業務を主軸として，それ以外の経常的な活動を含める経常損益の区分を設け，経常損益を計算することとしています。また，一般事業会社の損益項目は，発生主義（金銭による収入や支出とは無関係に，取引や事象の発生に基づき，取引や事象の損益を計上する方法）により計上されることが通常ですが，損害保険会社の一部の損益項目は，現金主義（金銭による収入や支出に基づき，取引や事象による損益を計上する方法）により計上されます。最も重要な損益項目である正味収入保険料や正味支払保険金は，勘定科目名に「収入」や「支出」とあるように，基本的に現金主義により計上されます。しかし，それでは損害保険会社の損益の実態を的確に表すことは難しいため，保険料については，将来の保険債務に備えて保険料を積み立てる責任準備金にかかる責任準備金繰入額（または戻入額）と合わせて考えることで実質的に発生主義に引き直すようになっており，保険金についても，未払いの保険金を表す支払備金にかかる支払備金繰入額（または戻入額）と合わせて考えることで同様の効果を持たせています。

　このように，損害保険会社の貸借対照表や損益計算書は，損害保険というビジネスを適切に反映させるために，その様式や使用する勘定科目について，通常の一般事業会社と異なる面があります。これは，会社法や金融商品取引法などの関連法令において，保険業は別記事業として定められていることから，財

図表①　損害保険会社と一般事業会社の貸借対照表および損益計算書の比較表

損害保険会社の貸借対照表

資産の部 （財産の状況）	負債の部 （お金の調達状況）
現金および預貯金 コールローン 有価証券 貸付金 土地・建物 その他資産など	保険契約準備金 　支払備金 　責任準備金 社　債 その他負債など
	小　計
	純資産の部
	資本金 資本剰余金 利益剰余金 その他有価証券評価差額金など
	小　計
合　計	**合　計**

一般事業会社の貸借対照表

資産の部 （財産の状況）	負債の部 （お金の調達状況）
（流動資産） 現金および預貯金 売掛金 有価証券など	（流動負債） 買掛金 短期借入金など （固定負債） 長期借入金など
	小　計
（固定資産） 土　地 建　物 機　械など	**純資産の部**
	資本金 資本剰余金 利益剰余金 その他有価証券評価差額金など
	小　計
合　計	**合　計**

損害保険会社の損益計算書

経常損益	経常収益 　保険引受収益 　　正味収入保険料 　資産運用収益 　その他経常収益 経常費用 　保険引受費用 　　正味支払保険金 　　支払備金繰入額 　　責任準備金繰入額 　資産運用費用 　営業費及び一般管理費 　その他経常費用 経常利益（または経常損失）
特別損益	特別利益 　固定資産処分益など 特別損失 　固定資産処分損 　価格変動準備金繰入額など

税引前当期純利益（または税引前当期純損失）
　法人税及び住民税
　　法人税等調整額
　　法人税等合計
　当期純利益（または当期純損失）

一般事業会社の損益計算書

営業損益	売上高 売上原価 売上総利益（または売上総損失） 販売費及び一般管理費 営業利益（または営業損失）
営業外損益	営業外収益 　受取利息 　受取配当金 　有価証券利息など 営業外費用 　支払利息など 経常利益（または経常損失）
特別損益	特別利益 　固定資産処分益など 特別損失 　固定資産処分損など

税引前当期純利益（または税引前当期純損失）
　法人税及び住民税
　　法人税等調整額
　　法人税等合計
　当期純利益（または当期純損失）

（出所）　日本損害保険協会「損害保険会社のディスクロージャーかんたんガイド　2023年度版」をもとに筆者作成。

務諸表の様式や勘定科目が，保険業法施行規則別紙様式として提示されていることによります（図表①）。

5 損害保険会社の主要な経営指標には，どのようなものがありますか？

　損害保険会社の業績の分析には，さまざまな経営指標が用いられますが，ここでは，主要な経営指標として，損害率，事業費率，コンバインド・レシオ，および修正利益について触れておきましょう。

▶損害率

　損害率（loss ratio）とは，正味支払保険金と損害調査費の合計値を正味収入保険料で除した値であり，保険引受業務の成績を判断する指標の１つです。損害調査費を加算するのは，保険金の支払の前提として損害調査が不可欠であるため，それに関する費用も検討の対象に入れる必要があるからです。なお，正味収入保険料および正味支払保険金は，収入や支出の事実に基づき計上される勘定科目であることから，損害率も現金主義の考え方に基づく指標となっています。これを，通常 W/P ベース（written to paid basis）と呼びます。損害率は W/P ベースの指標ですが，責任準備金や支払備金の繰入額（または戻入額）を加算することにより発生主義の指標に引き直すことも可能です。これを，E/I ベース（earned to incurred basis）と呼び，E/I 損害率を算定することも可能です。損害保険会社の事業年度単位で見た場合，W/P ベースの損害率と比較して，E/I ベースの損害率は，より事業年度の実態を表すものといえるかもしれません。

▶事業費率

　事業費率（expense ratio）とは，保険引受に係る営業費及び一般管理費と諸手数料及び集金費の合計値を正味収入保険料で除した値であり，損害保険会社の経費の状況，ひいては経営効率の状況を示す指標です。損害保険会社では，事業費率の状況を踏まえて，経費削減を始めとするコスト管理の目標を設定することもあります。

▶コンバインド・レシオ

　コンバインド・レシオ（combined ratio）とは，上述の損害率と事業費率を合計した指標です。つまり，保険引受業務における保険金および経費の支払額と保険料の収入額の比率であり，これが 100% を上回る状況であれば，保険引

図表① 主要な経営指標

指　標	算　式	備　考
損害率	（正味支払保険金＋損害調査費）÷正味収入保険料	アンダーライティング（保険引受）の良否を示す指標
事業費率	（保険引受に係る営業費及び一般管理費＋諸手数料及び集金費）÷正味収入保険料	経営効率の良否を示す指標
コンバインド・レシオ	損害率＋事業費率	収入・支払ベースの効率性を示す指標
修正利益	当期純利益±異常危険準備金繰入額（戻入額）±価格変動準備金繰入額（戻入額）±α	各社独自の方法にて算出・公表する指標

受業務が赤字であることを示します。よって，コンバインド・レシオは，損害保険会社の保険引受業務における成績を表す W/P ベースの重要な指標となります。

▶修正利益

　損害保険会社の1事業年度の業績は，損益計算書において表されます。そして，1事業年度の総合的な業績指標は，損益計算書の一番下に明示される当期純利益（または当期純損失）です。しかし，大手損害保険会社は，こうした損益計算書の公表に加えて，自社の実質的な経営状況を示す指標として修正利益を開示しています。修正利益は，そもそも会計基準に基づいて開示が求められるものではないことから，その定義は各社でまちまちであり，経営者が自社の利益稼得能力を表すのに最も妥当だと判断した指標となっています。しかし，修正利益には共通項もあり，各社とも，異常危険準備金（⇒5-6）や価格変動準備金の繰入額（または戻入額）による影響は排除しています。異常危険準備金は責任準備金の一種として，大規模な自然災害などに対する保険金の支払に万全を期するための準備金であり，価格変動準備金は保有する株式などの価格変動リスクに備えるための準備金であり，両準備金とも，算定式が保険業法などの各種法令に明示されています。そのため，当期純利益（または当期純損失）から両準備金の繰入額（または戻入額）の影響を除外することにより，自社の実質的な経営成績を表すことができると考えたものと思われます。

　損害保険会社は，経営戦略の策定において，上記の指標を活用しつつ，目標の設定や実績の管理を行うとともに，こうした主要な指標は，各社の公表資料でも開示されています（図表①）。

6 損害保険会社は自然災害に どのように備えていますか？

損害保険会社にとって，台風や雪害に代表される自然災害は，業績を大きく揺るがす重要な事象です。大きな自然災害が発生すれば，損害保険会社は巨額な保険金の支払を求められ，単年度の業績が赤字になることもあります。自然災害の発生の時期や規模を正確に予測することは非常に困難であることから，損害保険会社は，自然災害に起因するリスクをマネジメントするために，主として再保険の活用と異常危険準備金の計上を行っています。

▶再保険の活用

再保険は，損害保険会社が元受けした保険契約に関するリスクを再保険者に移転する取引です（⇒第10章）。再保険者もさらに再保険を活用することもあります（再々保険）。再保険を活用することにより，自社のみで引き受けることが難しいリスクについても，リスク分散を図ることができるため，保険引受に関するキャパシティを拡大することが可能となります。再保険市場はグローバルに展開しており，いまや全世界におけるさまざまなリスクについて再保険が活用されています。再保険を活用する際には，再保険料の水準や自社のリスク選好を踏まえて，戦略的な対応が求められます。なお，会計の観点では，再保険に付された保険契約に関する責任準備金や支払備金は，一定の要件を満たせば，損害保険会社の貸借対照表から控除することが可能であり，負債の圧縮などが可能です（保険業法施行規則71条1項・73条3項）。

▶異常危険準備金の計上

異常危険準備金は，損害保険会社の最も重要な負債項目である責任準備金の1つです。異常危険準備金は，自然災害などに起因する巨額な保険金の支払に備えるために設定されるものであり，重要な準備金です。異常危険準備金の繰入れや取崩しは保険業法などの各種法令に規定されており，とくに，自然災害による巨額な保険金の支払が発生した際には，それに起因する損害率（自然災害は，多くが火災保険に関連するため，火災保険の損害率）を算定し，当該損害率が，規定される異常災害損失率（火災保険の場合は50%）を上回る場合に，当該上回った金額を取り崩すこととなります。昨今，巨大な自然災害（台風，集中豪雨，

図表①　３大グループの火災保険にかかる異常危険準備金の推移

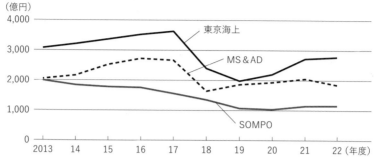

（出所）　３大グループの決算短信資料をもとに筆者作成。なお，東京海上は東京海上日動火災保険，
MS&AD は三井住友海上火災保険およびあいおいニッセイ同和損害保険，SOMPO は損害保険ジャパンのデータである（前身会社を含む）。

大雪など）の発生により，多額な異常危険準備金の取崩しが発生しており，損害保険会社の異常危険準備金の残高が減少する傾向が見られます（図表①）。

　なお，異常危険準備金の取崩しが行われれば，損害保険会社の決算の観点では，正味支払保険金の計上と相殺されることとなりますが，異常危険準備金の取崩しのための損害率の算定は，W/P ベースでなされることが原則であることから，実際に保険金が支払われなければ，損害率の算定に反映されず，ひいては異常危険準備金の取崩しが行われません。つまり，仮に自然災害が事業年度末直前に発生した場合，当該保険事故に起因する保険金は，支払備金（未払保険金）への繰入れを通じて当事業年度の損失として認識される一方，異常危険準備金の取崩しは保険金が実際に支払われることとなる翌事業年度になされることとなり，１事業年度の期間損益の平準化が図られないこととなります。これは，損害保険会社の決算が１事業年度を単位として実施されることから必然的に発生する会計上の帰結ですが，より重要なことは，巨大な自然災害が発生した場合でも適切な保険金の支払を実施することにより，保険契約者を保護することです。そのために，損害保険会社は，異常危険準備金の追加積立てなどを行うことにより，異常危険準備金の一定の水準の保持に努めています。損害保険会社は，とくに，火災保険にかかる異常危険準備金について，積立計画を策定し，異常危険準備金の水準に配慮しています。

7 損害保険会社の海外展開の状況はどのようなものですか？

chapter 5

　日本の損害保険会社にとって，日本のマーケットは引き続き最重要であるものの，大手損害保険会社は，マーケットの拡大やリスクの分散を目的として，海外展開を拡大しています。ここでは，海外展開の方法やグループガバナンスの状況などについて確認しましょう。

▶海外展開の方法

　海外に事業を展開する方法にはさまざまな形態があります。たとえば，①市場の調査や研究を主な目的として駐在員事務所を設置する，②保険引受業務の仲介のために現地に代理店を設置する，③現地に支店や法人を設置する，④すでに現地で事業を行っている保険会社を買収する，などの形態が考えられます。日本の損害保険会社は，戦前より海外に展開していましたが，2000 年代以降は，3 大グループ（東京海上グループ，MS&AD インシュアランスグループ，SOMPOグループ）（⇒4-3）を中心に，現地の保険会社を買収することにより，大きく海外保険事業を伸ばしていく方法が見受けられます。やはり，自社が現地に支店や法人を設置することに比較して，すでに現地に根付いた事業を展開している保険会社を買収する方法が，ゼロから事業を立ち上げることよりも効率的に海外事業を展開することにつながります。

　しかし，保険会社を買収する場合には，企業組織や人事管理などの企業文化が異なることが通常であることから，買収側による PMI（post merger integration：M&A 後に行われる統合プロセス）が重要であり，PMI の成否がその後の被買収会社の事業の展開に大きく影響します。買収を実施する際には，PMI を見据えて，人事・法務・会計・税務・財務などのさまざまな観点で，投資対象となる被買収会社の価値やリスクを評価するためのデュー・ディリジェンス（due diligence）が実施されます。なお，PMI においては，被買収会社の経営陣や従業員が，買収を契機として退職などをした場合には，買収時に想定していた事業展開に大きく影響することが想定されることから，リテンション（人材の確保）のために，人事制度の刷新やボーナスの支給などの施策が行われることもあります。

▶グループガバナンス

　日本と海外の間には，文化・商慣習・時差・言語などのさまざまな差異があることから，グループ経営の観点を踏まえて，強固なガバナンス体制の構築が求められます。

　ガバナンス体制の構築には，大きく2つのアプローチがあります。1つは，日本の親会社主導によるトップダウン型のアプローチであり，親会社がグローバル全体の戦略方針を構築し，その戦略に則って海外を含む各子会社が事業戦略を策定するとともに，各子会社の成果は，親会社によって KPI（key performance indicator：重要業績管理指標）として厳格に管理する手法です。もう1つは，より地域分権を志向したボトムアップ型のアプローチであり，日本の親会社はグループ全体の事業ポートフォリオや資本配賦の最適化を行うものの，業務執行などについては一定現地法人へ委譲し，親会社への報告事項も重要な案件に限定する管理手法です。両アプローチとも一長一短があり，実際の海外展開では，たとえば，アジアへの事業展開では，シンガポールなどに中間持株会社を設置し，アジア事業を管轄させることにより，日本と現地とのレポーティング・ラインにレイヤーを設ける対応が見られます。

▶経営管理

　親会社は，現地からの各種報告に基づき，グループ経営の最適化を志向しますが，その際には，現地からの会計情報が重要となります。海外の現地法人は，国際財務報告基準（IFRS：International Financial Reporting Standards）や米国会計基準（USGAAP）または現地会計基準により会計処理を行っていることが通常です。また，海外の現地法人の決算は暦年決算（12月決算）が多いところ，日本の損害保険会社は保険業法109条により3月決算と規定されていますので，事業年度のズレも生じます。

　このような会計基準や事業年度のズレを踏まえて，日本の損害保険会社は，ある取引や事象がグループ全体に及ぼす影響に留意する必要があります。なお，親会社である日本の損害保険会社は，海外の現地法人の業績なども含めた連結財務諸表を作成する必要がありますが，日本の会計基準においては，海外の現地法人が国際財務報告基準（IFRS）または米国会計基準（USGAAP）によって決算を行っている場合は，一定の調整（例：のれんの償却）を除き，その決算をそのまま日本基準による連結財務諸表に取り込むことを当面の方針として容認

しています。また，事業年度のズレについても，3カ月を超えないズレ（親会社が3月決算，子会社が12月決算の場合，ズレは3カ月を超えていない）については，子会社の事業年度の決算を，一部の処理を除き，ズレている期間分の調整をすることなく，そのまま親会社の連結財務諸表に取り込むことを容認しています。

| column | 損害保険会社の財務情報の動向

　昨今，日本において，決算や財務諸表の作成に使用する会計基準を日本基準から国際財務報告基準（IFRS）に変更する企業が増えています。こうしたなかで，損害保険会社の会計処理に大きな影響を及ぼすと想定されるIFRS第17号「保険契約」が2023年1月1日以降開始事業年度から適用となっています。そのため，欧州を中心とするIFRS適用済み保険会社にとっては，2023年度から財務諸表が大きく変わることとなります。

　IFRS第17号「保険契約」は，保険契約に関する会計処理を定めたものであり，とくに，保険負債（日本基準における責任準備金や支払備金が該当）の会計処理を抜本的に変えるものです。たとえば，現行の日本基準に基づく損害保険会社の責任準備金のうち普通責任準備金は，未経過保険料（収受した保険料のうち未経過期間に対応する保険料を準備金として負債に計上するもの）が主となりますが，IFRS第17号では，原則として，保険契約に基づく将来キャッシュフローを見積もったうえで，その割引現在価値を負債として計上する方法を採用し，現行の日本基準に基づく責任準備金と大きく異なるものです。

　さらに，損害保険会社の資産としては有価証券が重要ですが，その有価証券の会計処理に適用されるIFRS第9号「金融商品」も，多くのIFRS適用済み保険会社は，IFRS第17号とともに，2023年度から適用することとなっています。IFRS第9号「金融商品」においても，金融商品に対する減損を早期に捕捉するために，今後発生すると予想される損失を計上する考え方（予想信用損失）を取り入れ，発生した信用損失を計上する従前の会計処理（発生信用損失）を大幅に変更しています。そのため，IFRS適用済み損害保険会社（主として欧州の損害保険会社）にとっては，資産の会計処理にはIFRS第9号，負債の会計処理にはIFRS第17号が2023年度から適用されることとなり，財務諸表のみならず，システム，業務フロー，データ収集などの多方面で大きな影響が想定されます。

　日本の主要損害保険会社は，海外保険市場への進出により，海外保険子会社を保有していることから，上記の財務報告をめぐる国際的なトレンドを踏まえ，ステークホルダーに対する財務情報の比較可能性の提供や，国内・海外の経営管理の物差しの統一を志向して，今後IFRSへ移行する会社が出てくるものと考えられます。

chapter 5 — 8 損害保険会社を取り巻く経営環境は，どのように変化していますか？

日本の損害保険会社を取り巻く環境はかつてないスピードで変化しており，さまざまな対応が求められています。

▶自動車保険を取り巻く環境の変化

日本の損害保険会社の収益にとって，自動車保険は最も重要な種目ですが，昨今の自動車を取り巻く環境変化の影響を大きく受けることが想定されます（⇒第6章）。

とりわけ，自動運転車の開発・普及に伴い，自動車事故が発生した場合の責任の所在は，運転者（運行供用者）にあるのか，それとも自動車メーカーにあるのか，さらにその事故がサイバー攻撃による場合はどうなるのか，などの課題への検討が進められることになると考えられます。これらの動向が，自動車保険の商品内容や損害保険会社の業績に大きく影響することが想定されます。

▶自然災害の激甚化

気候変動に起因すると想定される自然災害の激甚化に伴い，損害保険会社にとって火災保険の業績は悪化しています（⇒第7章）。

とりわけ水災による保険金の支払は大きく増加し，水災補償の保険料も上昇しています。これまで，損害保険料率算出機構が算出する火災保険参考純率の一部である水災料率は全国一律となっていましたが，保険契約者間の水災リスクの違いによる保険料負担の公平化を図る必要がある一方，自らの水災リスクが低いと判断する保険契約者が保険料節約のために火災保険から水災補償を外す傾向を止める必要があることから，2023年6月に火災保険参考純率が改正されました。その結果，全国一律であった水災料率が，地域のリスクに応じて5区分に細分化され，保険料率に差が設けられるなどの料率体系の見直しが行われました。

また，自然災害の激甚化により損害保険会社の長期収支予測が困難となったことなどを契機として，2015年10月まで最長36年だった長期火災保険の保険期間が2022年10月からは最長5年に短縮化されています。

損害保険会社は，再保険戦略の見直しや異常危険準備金の追加積立などによ

る備えを行っていますが、過去に締結した長期火災保険を引き続き保有していることから、今後の火災保険の業績に留意が必要です。

このように、自然災害の激甚化に伴い、損害保険会社の業績に与える影響を引き続き注視し、保険引受・保険金支払面での各種対応、再保険の活用、リスク管理の高度化など、従来以上にきめ細かく、機動的な対応が求められます。

▶ERM の深化

損害保険会社では、保険契約者保護のためにも、健全な財務安定性が求められ、ソルベンシー・マージン比率による規制が行われています。しかし、現行のソルベンシー・マージン比率は、損害保険会社を取り巻くさまざまなリスクを計量化し、そのリスク総額に対する足元の自己資本などの比率として算出される結果、財務安定性を中長期的な視点で計ることが難しいという欠点があります。そのため、金融庁は、こうした欠点を補い、保険会社の中長期的な財務健全性をフォワードルッキングに反映させるため、2025 年度をめどに経済価値ベースのソルベンシー規制の導入を目指しています。

▶サステナビリティへの取組みの強化

上場している保険会社は、金融商品取引法に基づく有価証券報告書を提出することが求められていますが、2023 年 3 月期より、有価証券報告書においてサステナビリティに関する考え方及び取組を記載することが必須となりました。これは、昨今、気候変動への対策を始めとしたサステナビリティへの取組みがグローバル規模で求められていることなどが契機となっていますが、損害保険会社は、事業に対する自然災害の影響が大きいことなどから、率先して対応する必要があると考えられます。また、サステナビリティは気候変動対策だけではありません。女性活躍促進、人権の尊重、強固なガバナンス体制の構築などの ESG の要素も踏まえ、事業の安定的・継続的な実施を確保する取組みも重要です。そのため、2023 年 3 月期の有価証券報告書からは、女性の管理職比率、男性の育児休業取得率、男女間の賃金格差、多様性を含む人材育成方針や社内環境整備方針の開示も義務づけられています。

損害保険会社は、このような課題に対処しつつ、今後も日本経済の安定的な発展のために、重要な役割を果たし続けていくでしょう。

chapter 5 — 9 損害保険会社の事業ポートフォリオは，どのように変化していますか？

損害保険会社は，従来の日本の損害保険マーケットに注力するのみでは，さらなる成長を遂げることが困難となっています。また，昨今の自然災害の頻発・激甚化や自動運転技術などの自動車を取り巻く環境の変化などを踏まえ，損害保険業のみを運営する場合の事業上のリスクの観点から，<u>事業ポートフォリオの分散</u>も有効な選択肢となっています。

ここでは，現在に至るまでの損害保険会社の経営の変遷について簡単に触れておきましょう。

▶国内市場から海外市場へ

損害保険会社を規制する保険業法（⇒3-5）は，1996 年に大幅な見直しがなされ，保険の自由化が進みました。その結果，損害保険会社を取り巻く環境が大きく変化し，2000 年代にかけて，損害保険会社の再編・統合が進み，現在の 3 大グループ（⇒4-3）が形成されました。

2000 年代以降，3 大グループは，収益源泉の多様化や地理的・事業的リスクの分散などを視野に，国内市場にとどまらず，<u>大型 M&A</u>（Merger&Acquisition の略称であり，<u>合併・買収</u>を指します）を通じて海外市場に展開していくこととなります。3 大グループとも，戦後の日系企業の海外進出と軌を一にして，前身の損害保険会社において海外保険事業を営んでいましたが，2000 年代以降の大型 M&A を通じた海外進出により，海外保険事業の重要性がいっそう高まっています。とくに，保険先進国である米国に加えて，欧州やアジアにも進出し，グローバルにビジネスを展開しています。また，海外保険事業においては，現地に進出している日系企業の損害保険を引き受けるのみならず，現地の企業や個人に対する保険事業も営んでいます。

その結果，3 大グループの事業に占める海外保険事業の売上や利益は，グループ全体にとって非常に重要な位置を占めています。

▶損害保険から生命保険へ

保険の自由化の流れのなかで，子会社を通じた生損保の相互乗入が解禁されました。ある会社が損害保険事業と生命保険事業を同時に運営することは禁止

されているため（保険業法3条3項），損害保険会社は，子会社を通じて生命保険事業を営むこととなりました。

　現在，3大グループは，保険持株会社の傘下に生命保険会社を抱えており，生命保険市場において一定の地位を確立しています。損害保険と生命保険は，保険の対象が異なることからリスクも必然的に異なりますが，傷害疾病保険などの第三分野の保険（⇒4-1）は，損害保険会社も生命保険会社も手掛けることができることから，損害保険と生命保険には共通性もあります。

　3大グループの事業ポートフォリオにおいて，国内損害保険事業や海外保険事業とともに，国内生命保険事業は重要な位置を占めています。

▶保険事業から隣接事業へ

　損害保険会社は，保険自由化の流れのなかで，統合・再編が進むとともに，国内損害保険事業に限らず，海外保険事業や生命保険事業にもビジネスを展開してきました。最近では，3大グループの一角を占めるSOMPOグループは，介護事業にも進出しています。介護事業は，損害保険事業とは異なるように思えますが，日本における少子高齢化という点において，第三分野の保険（⇒4-1）である医療保険や介護保険などに代表される傷害疾病保険とも課題を共有しています。さらに，SOMPOグループは，介護事業で取得したデータを活用したサービスの事業化も進めているようです。

　このように，3大グループに代表される大手損害保険会社は，地理的にビジネスを拡大して海外保険事業に乗り出すとともに，同じ保険領域である生命保険事業にも展開し，さらには，隣接事業である介護事業にも進出しています。日本の損害保険会社は，損害保険事業における事故データ，生命保険事業における健康診断や医療レセプトなどの健康データ，介護事業における介護・看護データなどのさまざまなデータを保有しており，今後，こうしたデータを活用した新たなビジネスの展開も想定されます。損害保険会社は，多様な分野にますます事業を発展させ，経済における重要なプレイヤーになっているのです。

10 損害保険会社の経営における最近のトピックには，どのようなものがありますか？

　3大グループに代表される大手損害保険会社のビジネスが多岐にわたる一方，損害保険会社を取り巻く環境も大きく変化してきており，こうした環境変化への迅速かつ的確な対応が求められます。

　ここでは，損害保険会社の経営における最近のトピックを見てみましょう。

▶パーパス経営

　損害保険事業に限らず，事業を営む会社には，その事業を通じて目指す姿があります。最近の経営においては，パーパス（purpose）が注目されており，パーパスとは会社の存在意義を意味しています。事業を取り巻く環境の不確実性を踏まえて，改めてパーパスを問い直し，そこから事業を通じて目指す姿であるビジョンや，そのために実行する戦略を導き出すのです。事業を運営する経営陣には，当然経営理念や経営方針がありますが，それらは，経営陣の変更に伴って変更される可能性があります。しかし，パーパスは会社の「存在意義」であることから変更されることは稀有であり，そのために，各社はパーパスに立ち返って，経営を再構築しようとしています。

　事業を取り巻く環境が変わるなかで，従業員や投資家などのステークホルダーが重視することも変化してきています。営利事業だからといって，利益のみを稼ぎ出せばよい時代ではなく，事業を通じた社会課題の解決も求められており，存在意義であるパーパスがますます重要となっています。

　また，会社で働く従業員個々人のパーパスが，会社のパーパスと結びつくことにより，従業員のやりがいを引き出し，パフォーマンスを向上させることができるとともに，会社の業績にも結びつきます。会社のパーパスが共感を生むことにより，投資家や顧客などのステークホルダーから支持を受けることもできます。

▶サステナビリティへの対応

　サステナビリティは，事業の持続可能性を指し，サステナビリティを意識した経営がますます重要になっています。そうしたなかで，SDGsやESGに注目が集まっています。

SDGs は，持続可能な開発目標（sustainable development goals）の略語で，2030 年までに持続可能でより良い世界を目指す国際目標のことです。SDGs は，17 の目標により構成され，目標 13「気候変動に具体的な対策を」は，自然災害の頻発・激甚化に大きな影響を受ける損害保険会社にとっても，非常に重要な目標です。損害保険会社は，多様なステークホルダーを抱える経済における重要なプレイヤーであることから，SDGs への取組みも注目を集めています。事業によって，財務価値を生み出すとともに，持続可能な社会に対する貢献を意味する社会価値の創出も重要な使命となっています。

一方，ESG は，気候変動対策や生物多様性の尊重などを意味する E（environment：環境），多様な人材の活用や人権の尊重などを意味する S（social：社会），コンプライアンス遵守や事業経営への規律などを意味する G（governance：ガバナンス）の頭文字であり，会社や事業の持続的な成長にとって重要な要素を意味するものです。投資家による ESG 投資（ESG 指標を基準とする投資活動）の隆盛も見られ，石炭火力発電事業に関する保険の引受停止方針を公表する損害保険会社も出てくるなど，事業の運営において，ESG への取組みも重要となっています。

▶デジタル・トランスフォーメーション（DX）

デジタル・トランスフォーメーション（DX）には，さまざまな捉え方があります。業務効率化の観点では，属人的な業務対応から脱却して，RPA（robotic process automation）を活用した標準的作業の自動化やシステム開発を伴う大規模な業務フローの改善などの動きも見られるところです。データを活用したビジネスの観点では，損害保険会社が保有する多くのデータ（例：損害保険事業における事故データや保険金支払データ，生命保険事業における健康関連データ）を活用した新規の商品やサービスの開発・提供が考えられます。また，データを活用することにより，顧客のライフイベント（結婚，出産，住宅購入など）に合わせて顧客に接触する機会を増やすことも可能であり，それにより損害保険商品やサービスの紹介・販売の機会も広がります。現状でも，ダイレクト保険のように，対面販売ではなくインターネットを介した販売などのデジタルを活用した販売戦略も見られるほか，顧客や代理店のサポート業務にチャット・ボットを活用する動きも見られ，さらに，生成型 AI をビジネスに活用する動きも出始めています。

第Ⅱ部

各種の損害保険

くるまの保険

くるまの保険イメージ（ニングル / PIXTA（ピクスタ））

Introduction

———

　日本の損害保険の最大の保険種目は，くるまの保険すなわち自動車保険です。自動車に関する主な保険は，加入が任意の自動車保険のほかに，法律で加入が義務づけられている自動車損害賠償責任保険（自賠責）が存在します。両者を合わせると，収入保険料は全損害保険料の過半を占めます。

　自動車保険を知ることは，日本の保険業を理解するうえで不可欠です。また，保険の加入者の立場から見て，最も頻繁に利用される保険である自動車保険に関する知識は，社会生活のうえでも重要であるといえるでしょう。

　さて，自動車保険の内容は，交通事故で人にケガをさせたり，モノを壊したことに対する賠償責任保険，自分の自動車に乗っている人のケガに対する人身傷害保険，自動車の損壊に対する車両保険など，自動車に関わる多様な補償の集合体となっています。

　自動車保険を理解するには，それぞれの補償についての内容を知る必要があります。また，全体に関わる仕組みとして，日本の交通事故被害者救済の骨子をなす自動車損害賠償保障法の内容を知っておきましょう。

　このほか重要な事項として，自動車保険の特性に深く関わるノンフリート等級制度や，示談交渉など事故の解決に関するサービスがあります。さらに，参考純率の対象であること，近年の自動車保険を取り巻く環境などについても学びましょう。

chapter 6 — 1　くるまの保険とは どのような保険ですか？

▶自動車保険の性質

くるまの保険（自動車保険）の商品の全体像は，図表①で理解するとよいでしょう。

自動車事故が起き，①運転していた自分がケガをし，②自分の車が壊れ，③事故の相手もケガをして，④相手の車も壊れた，という状況を想定すると，生じた4種類の損害に対して，それぞれ図表①の①〜④の保険が適用されることになります。

自動車保険は，複数の保険の組合せです。特定の「保険の対象」にではなく，自動車事故という「出来ごと」に焦点を当てた保険となっています。自動車保険の役割は，「自動車に保険をつける」ことから，「自動車事故に関する各種の危険から契約者を守る」ことへと進化してきたといえます。

▶損害のてん補

自動車保険は，損害額に基づき保険金を支払う，損害てん補型の保険（損害保険）です。図表①において①人身傷害保険および③対人賠償責任保険は，人の傷害（ケガ）による損害に対して保険金を支払い，また，②車両保険および④対物賠償責任保険は，財物の損壊（モノが壊れたこと）による損害に対して保険金を支払います（ただし後述のとおり，一部に定額型の傷害保険も併存しますので，正確にいえば損害てん補を主とした混合的な保険です）。

さて，モノが壊れたことによる損害は，主として修理代または買替費用の発生です。これらの金額は比較的明確であることが多いといえます。これに対し，人のケガの場合の損害は，後遺障害を負ったことによる将来にわたる損害や，人が死亡した場合の遺族の被る損害などを含み，金額で評価することに難しさがあります。保険会社は，ケガを傷害，後遺障害，死亡の3つに分けて，その中で医療費等，休業損害，逸失利益，精神的損害等の基準を設けて損害額を算定します。いずれについても，金額に被害者の納得が得られない場合は，裁判で争われることもあります。

図表①　自動車保険の各種の補償

	自分の側に生じた損害	相手の側に生じた損害
人の傷害（ケガ）	①人身傷害保険	③対人賠償責任保険
財物の損壊	②車両保険	④対物賠償責任保険

図表②　自動車事故による損害と保険金の支払

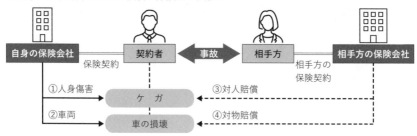

▶自賠責保険と自動車保険

　自動車保険とは，各保険会社が独自に提供する，いわゆる<u>任意保険</u>を指します。このほかに，法律で加入が義務づけられている<u>強制保険</u>として，<u>自動車損害賠償責任保険（自賠責保険）</u>があります。自賠責保険は，交通事故の被害者救済を目的とした国の制度で，上表の③対人賠償責任保険の一種です。すなわち，③対人賠償責任に関する保険は，自賠責保険と，自動車保険のうち対人賠償責任保険の二階建ての構造になっています。この両者の関係は，6-4 で説明します。

　なお，③以外の各保険（①人身傷害，②車両，④対物賠償責任）は，自賠責保険とは関係がありません。これらは，自動車保険だけの領域です。

▶主要補償の関係図

　相手方のある自動車事故により，①自分がケガをし，②自分の車が壊れた場合の支払関係は，図表②のようになります。

　図表②のとおり，事故によって生じたケガとモノの損害は，自らが加入する保険と，事故の相手からの賠償の，それぞれ2通りの方法で補償されます。なお多くの場合，相手も自動車保険に加入していますので，以下では相手方には保険会社が存在するという前提で説明します。

　自身のケガについては，自身の保険会社から払われる保険金と，相手方からの賠償金による補償が受けられます。両者の割合は，事故に際しての契約者と

図表③　一括支払と保険代位

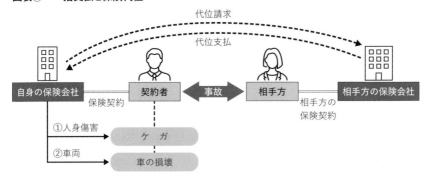

相手方の過失の割合で定められます。契約者の過失が大きければ，自身の保険（人身傷害または車両保険）の支払額が大きくなり，相手の過失が大きければ，相手方の保険（対人賠償または対物賠償）の支払額が大きくなります。

当事者の片方に過失がなく，他方に一方的に落ち度がある場合（過失割合が0：100または100：0の事故）では，過失のある側一方のみの保険が支払われます。

多くのケースで，契約者と自身の保険会社の合意に基づき，一括支払ということが行われています。この場合被害者は，図表③のように，自社の人身傷害保険もしくは車両保険からまとめて保険金を受け取り，相手方からの賠償に相当する部分は，保険代位という仕組みによって，保険会社同士で決済させます（⇒3-15）。

この仕組みは，契約者にとって簡便性と支払の迅速性の点でメリットがあるため，一般的な方法となっています。ただし相手方への賠償請求は契約者の権利ですから，金額や事故対応に納得がいかないなどの理由があれば，一括払を利用せず，図表②のように相手方へ賠償請求することも可能です。さらに，相手方の保険会社ではなく，本人に請求することも法的には可能ですが，一般的にはトラブルとなる可能性も生じ，経済的メリットは生じにくいと考えられます。

▶その他の補償

自動車保険の補償は，これまでに述べた主要な4種のほかにも，各社独自の商品として，多くのバリエーションがあります。その中で，多くの会社が取

り扱っている代表的な補償とサービスには，下記のものがあげられます。

(1)　**人身傷害保険のバリエーション**　人身傷害保険は，90% 以上の契約に付帯されていますが，一部に上記に説明したものと異なる，定額型の傷害保険もあります（搭乗者傷害保険または人身傷害定額払型等と称します）。損害てん補ではなく，定額の保険金を支払います。

(2)　**ロードサービス等**　故障やパンク，キー閉じ込みやバッテリー上がりなどの応急対応や，事故や故障の際のレッカー搬送費用などを補償する，ロードサービスが多くの保険会社で販売されています。ロードサービスは，多くは特約によって提供されています。レッカー搬送の距離や限度額などに関して，保険会社による差があります。一部の会社は帰宅困難時の宿泊費なども補償します。このほか，修理期間中のレンタカー費用等を補償する特約もあります。

(3)　**弁護士費用特約**　図表③で示したように，現在の保険の仕組みでは通常，保険金の請求に関する多くの交渉は，自分が契約している保険会社との間で完結し，事故の相手（または相手方の保険会社）と契約者が直接対応するケースは稀です。

しかし，いわゆるもらい事故（相手方に一方的に落ち度がある，過失割合が 0：100 の事故）の場合であって，自身の契約に人身傷害あるいは車両の保険がない場合，あるいは相手に対してこれらの保険の支払基準を上回る額の賠償請求をしたい場合には，相手方との交渉は自身で行う必要があります。そうした場合には，交渉を弁護士に委任することが望ましいと考えられます。この場合の費用を補償する特約です。

2 くるまの保険の市場は どのようになっていますか？

chapter 6

▶自動車保険の規模

4-2（図表③）のとおり，自動車保険の元受正味保険料は，2022 年度で 4.30 兆円に達します。このほかに強制保険である，自賠責保険の元受正味保険料が 0.76 兆円あり，両者を合わせた自動車に関する保険は約 5 兆円で，そのウエイトは損害保険全体の 51％ を占めます。

件数で見ると，損害保険料率機構の統計による自動車保険の契約は，2021 年度で約 6800 万件です。

4-4（図表①）に，損害保険の戦後の収入保険料の 5 年刻みの推移を示しましたが，その中から自動車保険を抜き出すと，図表①のとおり，1965 年頃から 1995 年頃まで急速に増加し，その後やや停滞したのち，2015 年前後にまた増加に転じています。

▶保険種類別の付帯率

自動車保険の主な保険種類（担保種目ともいいます）ごとの付帯率は，図表②のようになっています。

対人賠償，対物賠償および人身傷害の 3 種は，ほとんどの自動車保険に付帯されています。これらの補償は，事故によっては支払額が数億円の単位になることもあって，必要性が広く認識されているものと考えられます。これに対して，車両保険の付帯率は 60％ 弱にとどまっています。車両保険の支払額は，保有する自動車の価値（保険価額）が限度ですので，許容可能なリスクと考えて保険をつけない契約者もあると考えられます。なお，図表②のほかに，定額払額の傷害保険である搭乗者傷害保険は，付帯率が約 30％ あります。その多くは，損害てん補型の人身傷害保険と重複して加入されていると考えられます。

▶事故頻度と金額

自動車保険の主な保険種類ごとの支払件数は，図表③のようになっています。

約 6800 万件の自動車保険に対して，保険種類合計で約 500 万件程度の支払が生じています。このうち車両保険は，付帯率は 60％ 程度ですが，支払件数は最も多くなっていて，車両保険の事故頻度が高いことがうかがわれます。次

図表①　自動車保険収入保険料の推移

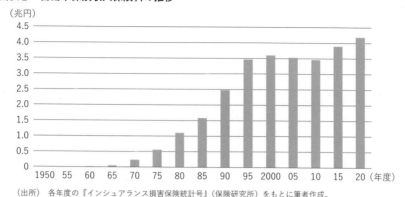

（出所）　各年度の『インシュアランス損害保険統計号』（保険研究所）をもとに筆者作成。

図表②　担保種目の付帯率

対人賠償責任保険	対物賠償責任保険	人身傷害保険	車両保険
99.7%	99.6%	91.1%	59.2%

（出所）　損害保険料率算出機構「任意自動車保険　用途・車種別統計表（2021 年度）」。

図表③　自動車保険の保険金の支払件数

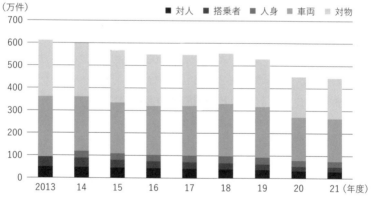

（出所）　損害保険料率算出機構「自動車保険の概況　2022 年度版」をもとに筆者作成。

いで多いのは対物賠償です。この両者を合わせた，モノの損害の件数が多く，人身傷害や対人賠償など人のケガは，相対的に事故頻度が少ないといえます。なお近年，事故件数は全般に減少傾向が見られます。

　支払保険金の額に目を転じると，図表④のとおり，毎年 2 兆円弱の保険金

図表④　自動車保険の保険金の支払金額

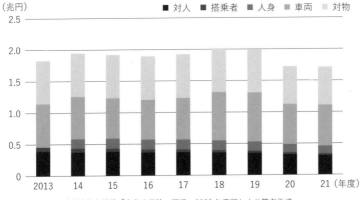

（出所）　損害保険料率算出機構「自動車保険の概況　2022 年度版」より筆者作成。

が支払われています。損害保険料率算出機構の統計（集計方法が異なるため，保険料・保険金とも損害保険協会の統計とは一致しません）によると，2021 年度の支払保険金は 1.7 兆円で，これを単純に保険料 3.9 兆円で除すと，損害率は約 44％ となります。この損害率は自動車保険としては低い水準といえ，コロナの影響で交通量が減ったことなどが背景にあると推察されます。

　支払保険金の内訳は，やはり車両保険と対物賠償の比重が大きいのですが，人のケガは高額支払につながりやすいことから，件数対比の金額では対人賠償や人身傷害が大きくなっています。支払保険金も，近年減少傾向が見られます。

▶自動車保険のウエイト増加と地域展開の必要性

　大手の保険会社は，全国に代理店網を有し，各地に営業店と損害サービス拠点を設置しています。自動車保険の特性として，事故の件数が多く，頻繁に事故の現場や損傷した車両を調査し，また契約者のために示談交渉等を行う必要があるため，代理店および損害サービス拠点を広域に展開する必要性が高いと考えられます。ほかの保険，たとえば事故頻度の低い新種保険や，書類による確認で保険金支払が可能な傷害保険は，逆に本社に体制を集中し，必要な場合に出張対応を行う方が効率がよいと考えられます。

　1970〜80 年代に加速した，保険会社の地域展開と代理店網の拡大は，自動車保険のウエイトの増加にけん引されたものと見ることもできるでしょう。

▶後発参入の通信販売保険会社とリスク細分型保険

1990 年代の末頃から，自動車保険に新たに参入する保険会社が現れるようになりました。当時から，自動車保険の普及率は現在と同じ 75% 程度の水準にあり，共済等を合わせると，普及率はほぼ飽和状態にありました。白地のマーケットがほとんどないため，新規参入者は，既存の会社から契約を奪取することを狙いました。

その際のカギとなる戦略が，通信販売とリスク細分化です。通信販売とは，電話やインターネット，テレビ広告などを利用し，代理店を介さず直接保険を募集する方法です。代理店手数料がないことで保険料を引き下げ，価格競争力を高められる可能性があります。リスク細分化とは，年齢，性別，運転歴，走行距離，地域などの 9 つの属性により顧客を区分し，リスクの実態が良好な区分について，保険料を引き下げ，価格競争力を高めるものです。それ以外の区分は保険料が引上げになりますが，そこはターゲットから除外し，リスクが良好な区分のみに集中するという，後発会社に適した戦略といえます。このような方法を，スキミング（skimming）またはチェリーピッキング（cherry picking）といいます。日本語では「美味しいとこ取り」といった言葉に相当します。

なお，リスク細分化が可能な区分（危険要因といいます）および各区分の格差の上限等は，保険業法施行規則 12 条（保険料及び責任準備金の算出方法書の審査基準）に定められています。これ以外の区分，たとえば自動車の色で純保険料に格差を設けることは認められていません。

通信販売保険会社には，ソニー損保，アクサダイレクト，チューリッヒ自動車保険などがあります。このほか，3 大グループも，それぞれ傘下に通信販売子会社を擁しています。代理店を通さない直接販売の契約ウエイト（⇒4-5）は 2017 年度は 8.0% でしたが，徐々に増加し，2022 年度で 8.6% に達しています。この増加分のすべてではありませんが，多くは通信販売保険会社の契約と推定されます。

▶日本の自動車損害賠償保障制度

⑴　**自動車損害賠償責任法**　自動車保険を理解するためには，<u>自動車損害賠償保障法（自賠法）</u>という法律を知ることが重要です。この法律は，自動車保険の補償内容のうち，対人賠償の部分に関係しています。

戦後自動車が急速に普及するにつれて，交通事故により，死亡しあるいはケガを負う被害者の増加が大きな社会問題となりました。従来の法制度では，被害者の救済に大きな課題がありました。加害者への賠償請求は大変難しく，他方で，賠償によらず被害者を直接救済する仕組みもなかったのです。

交通事故被害者の救済を進めるために，1955 年に自賠法が制定されました。この法律は，人身事故について，加害者の責任を加重すると同時に，加害者の賠償資力を確保することで，被害者が損害賠償を受けやすくするものです。あわせて，加害者不明等の場合の政府による救済制度を設けました。日本の自動車損害賠償制度は，独自のものですが，多くの先進国がそれぞれの方法で，自動車の使用者の賠償責任を加重する制度を確立しています。

⑵　**加害者責任の加重**　自賠法は，<u>修正過失責任主義</u>（または相対的無過失責任主義）といわれる原則を用います。民法の原則である，過失責任主義による損害賠償請求では，被害者が加害者の故意または過失を立証する必要があり，これが立証できなければ，加害者の責任を問うことはできません。しかし，自動車事故で，被害者が加害者の過失（たとえば前方注意を怠っていたこと）を立証することは大変困難ですから，民法の原則によって賠償を受けることは難しかったのです。

自賠法は，交通事故における立証責任を転換し，逆に加害者に過失がないことを立証しなければ，責任をまぬかれないこととしています。加害者が無過失を立証するには，①運行に関し注意を怠らなかったこと，②被害者または第三者に故意または過失があったこと，③自動車に欠陥や機能障害がなかったことの 3 条件（免責 3 要件）が求められます。これらすべてを立証することは難しく，ほとんどの場合，交通事故加害者は賠償責任を負うことになります。

(3) **賠償資力の確保**　加害者に賠償責任を負わせても，賠償資力がなければ被害者救済の実効性がありません。このため自賠法は，強制保険制度を設け，自動車運行者に付保（保険をつけること）を義務づけています。この強制保険が，自動車損害賠償責任保険（自賠責保険）です。

自賠責保険の目的は，人身事故の被害者救済であり，支払対象は人のケガによる損害です。財物の損壊は自賠責保険の対象ではないことに注意が必要です。

自賠責保険は，被害者救済を目的に，すべての自動車に付保を強制するものですから，ここに保険会社間の競争を働かせる意味はなく，保障内容も保険料も全社一律です。類似する共済制度である自賠責共済も，実質同じ内容となっています。保険料は損害保険料率算出機構の基準料率が用いられます。

(4) **政府保障事業**　加害者が，逃走し不明である場合，免責3要件を立証した場合，法に反して自賠責保険をつけていない場合は，賠償による被害者保障が機能しません。この場合には，政府保障事業から損害のてん補を受けることになります。

政府保障事業の保障は，基本的には自賠責保険に準じた内容となっていますが，賠償が得られない場合の救済手段であることから，健康保険など他の法令による給付との調整や，被害者に過失があった場合の減額などの取扱いに差があり，金額面で自賠責保険を下回ることがあります。さらに，支払までの手続の難しさや要する時間の長さで，自賠責保険に比べデメリットがあります。

この制度の財源は，自賠責保険料に組み込まれる自動車事故対策事業賦課金等を原資としており，自動車安全特別会計という，政府の特別会計で管理されます。

▶自動車保険と自動車損害賠償保障制度

自動車損害賠償制度は，日本の自動車事故被害者救済の根本にある制度で，自賠責保険はもちろん，自動車保険の対人賠償責任保険にも関わっています。自賠責保険を基礎に，対人賠償責任保険をその上乗せとして，両者が併用されています。両者の関係は，次章で説明します。なお，自動車保険のうち，人身傷害，車両，対物賠償の保険は，自動車損害賠償保障制度とは関係ありません。

▶自動車保険の補償

(1) **補償内容**　自動車保険に固有の特徴を見ていきましょう。自動車保険は，参考純率（⇒4-4 column）の対象であり，損害保険料率算出機構が，標準約款

を定めています。自動車保険に関する標準約款の対象は，賠償責任（対人賠償と対物賠償），人身傷害，車両の各保険です。2021年度の改定で，人身傷害保険が参考純率の対象に含まれるようになり，現在は自動車保険の基本的な補償はいずれも標準約款の対象となっています。

　標準約款とは，損害保険料率算出機構が参考純率を算出する前提となる補償や保険金支払条件等について定めたもので，保険会社がこれを使用する義務はありません。ただし保険会社は，特段変更する理由のない事柄については，標準約款に従って自社の約款を作成しているため，主要な補償は各社とも類似したものになりやすいといえます。

　(2)　**サービス**　保険会社が行うサービスのうち，損害賠償における示談代行および被害者への直接支払は，いずれも標準約款にその規定があります。示談代行とは，約款上「会社による解決」と呼ばれるもので，被害者との交渉を被保険者に代わって保険会社が行うことです。被害者への直接支払とは，約款上「損害賠償請求権者の直接請求権」と呼ばれるもので，被保険者を経由せず，保険会社が被害者から直接保険金の請求を受付けて支払うことです。

　一方，ロードサービスや弁護士費用の補償などは，各社がまったく独自に約款を作成するので，標準約款対象の補償に比べ，会社間の差異が大きくなりやすいと考えられます。

▶保　険　料

　(1)　**保険料の仕組み**　自動車保険の純保険料については，参考純率を基礎に各社が調整を行って定めています。一方，付加保険料は，各社が独自に設定しています。なお，参考純率対象外の補償は，各社が独自に料率を決めるため，会社間の差異が大きくなりやすいことは，約款と同様です。

　顧客に適用される保険料は，ノンフリート等級またはフリート料率という制度に則って，過去の事故実績に基づく割引または割増が行われます。フリートとは，もとは船団を意味する語ですが，自動車保険では，10台以上の車の集団をフリートといい，それ未満をノンフリートといいます。法人を除いて，10台以上の車を持つことは稀ですので，多くの場合，個人および小規模企業の契約はノンフリート，大企業などの契約はフリートとなります。

　(2)　**ノンフリート等級制度**　ノンフリート契約には，等級制度が適用されます。これは，損害保険料率算出機構の定める，業界共通の制度です。過去の事

故件数によって，最も保険料の高い1等級から，最も安い20等級までの区分を設けています。事故の件数と種類によって，翌年の等級が上下します。基本的には，無事故であれば翌年等級が1つ上がり，事故があればその種類に応じて3つまたは1つ下がります。複数の事故があればさらに下がることもあります。なお，同じ等級であっても，前年契約の事故の有無で適用する割増引が異なるなど，近年仕組みが複雑化しています（図表①）。

保険会社は等級制度の運用のため，ノンフリート等級情報交換制度を構築

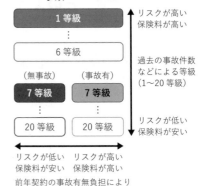

図表①　ノンフリート等級と前年契約の事故

- 1 等級
- ⋮
- 6 等級
- （無事故）7 等級 ／ （事故有）7 等級
- ⋮
- 20 等級 ／ 20 等級

リスクが高い 保険料が高い

過去の事故件数などによる等級（1〜20 等級）

リスクが低い 保険料が安い

リスクが低い 保険料が安い　リスクが高い 保険料が高い

前年契約の事故有無負担により 7〜20 等級をさらに二分

（出所）損害保険料率算出機構ホームページ「自動車保険参考純率」（2024 年 4 月 3 日閲覧）を抜粋し一部変更。

しています。この制度により，保険会社を切り替えた場合も，旧契約の等級が，新契約の会社に引き継がれるため，事故多発者が保険会社を切り替えても，割増を逃れることはできず，逆に事故のない契約者は保険会社を切り替えても割引が継続できます。

なお，農協（JA 共済）や全労済（こくみん共済 coop）などの主要な自動車共済にも同様の制度があり，保険会社との間で等級の引継ぎが行われています（引継ぎの行われない共済もあります）。

⑶　フリート料率制度　フリート契約の割増引率は，事故件数ではなく，保険金支払の金額による損害率（保険金を保険料で割った比率）に基づいて行われます。このほかに契約台数による割引などを適用する会社もあります。毎年，料率審査という損害率計算を行って，次期の保険料に適用する割増引率を算定します。一般的に，フリート契約の保険料はノンフリート契約との対比で割安であるといわれています。

なお，10 台の台数判定は，契約する保険会社が異なる自動車も，通算して行います。

chapter 6 — 4 対人賠償責任保険と自賠責保険は，どのような関係にありますか？

▶自賠責保険と対人賠償責任保険の付保状況

　自賠責保険は強制保険であり，自衛隊や米軍の車両，構内専用車などの適用除外車を除き，すべての自動車に付保が義務づけられています。さらに，付保漏れをチェックするため，車検（自動車検査登録制度）の際に，自賠責証明書の提示が義務づけられ，自賠責保険の付保義務の形骸化を防いでいます。

　一方，自動車保険の対人賠償責任保険には，付保義務はありませんが，これもほとんどの自動車につけられています。この結果，ほぼすべての自動車に，自賠責保険と対人賠償責任保険の両方が適用されている実態にあります。

▶対人賠償責任保険の上乗せ保険の性格

　自賠責保険の保険金額は，自動車損害賠償保障法施行令2条と，その別表に定められています。要点をまとめると，図表①のとおりです。

　対人賠償責任保険は，損害額が，自賠責保険で支払われる金額を超過する場合に，その超過分を補償します（自賠責保険の上乗せ）。上記の自賠責保険の保険金額は，十分でないケースがあり対人賠償責任保険の役割は重要です。

　万一，自賠責保険が法に反して付保されず，対人賠償保険のみが付保されていた場合は，損害額が，自賠責保険が支払うべき保険金を超えた部分のみを，対人賠償責任保険で支払います。自賠責保険金に相当する額は，一義的には加害者に，加害者が無資力等の場合は政府保障事業に請求します。

▶支払条件の差異

　自賠責保険と対人賠償責任保険は，別個の契約であり，支払対象が一致しないことがあります。自賠責保険は，自動車の運行による事故を，対人賠償責任保険は，自動車の所有・使用・管理に起因する事故を対象とします。後者の方が若干広い概念で，運行していない車両の管理の過失による事故などについて，自賠責は払われず対人賠償責任保険のみが支払われることがあります。

　一方，免責事由は，対人賠償保険の方が幅広くなっています。とくに，親子や配偶者間の賠償責任は，自賠責保険では支払対象，対人賠償保険では免責となります。また，天災や原子力事故などで生じた事故で，賠償責任が発生した

図表①　自賠責保険の保険金額（支払の上限）

死　亡	後遺障害	介護を要する後遺障害	傷　害
3000万円	等級別に14区分 最大3000万円	一級　4000万円 二級　3000万円	120万円（死亡・後遺障害に至るまでの 傷害には別枠で120万円）

場合には，自賠責保険は支払対象ですが，対人賠償責任保険は免責となります。

　ほかに，過失減額の差があります。自動車事故では，事故の状況などから，当事者の過失割合（0〜100%）を定めます。対人賠償責任保険は，被害者の過失割合に比例的な減額を行います（過失相殺）。自賠責保険は，被害者に70%を超える重大な過失があった場合にのみ，程度等に応じて20%から50%賠償責任額を減額します（重過失減額）。自身に40%の，相手に60%の過失があって，相互に賠償を請求するケースを想定すると，自賠責保険については，双方ともに損害額の100%の補償が受けられます（足して200%）。一方，対人賠償責任保険では，自身は損害額の60%相当，相手は40%相当の補償（足して100%）となります。両方の保険金を支払う場合には，両者が混在して複雑となります。

▶支払基準の差異

　自賠責保険の保険金の支払基準は，自動車損害賠償保障法16条の3に基づき，国土交通省と金融庁が連名で発する告示に定められています。一方，対人賠償責任保険の保険金の支払基準は，各保険会社が社内規定として作成します。

　被害者がこれらの支払基準に納得しなければ，裁判などで争うことになります。一般的に，裁判の判決をもとに集計した賠償額の水準は，保険の支払基準よりも高いといわれています。

▶実務的な機能（一括払と示談代行）

　対人賠償責任保険は，保険金の上乗せ以外に，自賠責保険を補う実務的な機能を有しています。

　自賠責保険と対人賠償責任保険の引受保険会社が異なることはよくありますが，両者が支払われる場合は，支払事務を対人賠償責任保険に一本化し，自賠責もまとめて処理する一括払が慣行となっています。

　対人賠償責任保険には，保険会社が被保険者に代わって被害者と交渉し，事故解決を図る示談代行の仕組みがありますが，一括払の場合は，自賠責の支払に関しても，対人賠償責任保険の保険会社が示談代行をまとめて行っています。

chapter 6 — 5 事故が発生したとき，くるまの保険の保険金はどのように支払われますか？

▶事故の類型と保険金

　車同士が衝突する事故から，止めておいた車から積載物を盗まれる事故まで，自動車保険が支払われるケースは多様です。自身の保険と相手からの賠償責任保険が，それぞれ複数支払われることもしばしばあります。ここでは，補償の種類ごとに，保険金の支払額がどのように定められるかを見ていきます。

▶人身傷害保険

　人身傷害保険の被保険者には，保険証券に氏名の記載された被保険者（記名被保険者）本人だけでなく，自動車に同乗している人を含みます。被保険者のケガによる損害額は，下記の3区分で算定します。傷害の治療を受けたのちに，後遺障害あるいは死亡が確定した場合は，両区分の保険金を支払います。

　(1)　**傷害による損害**　積極損害として，治療費や入院費，治療に要する交通費などの実費が対象になります。このほか，休業による損害と，ケガの苦痛による精神的損害が対象になります。休業損害および精神的損害は，約款の別表に定めた1日あたりの金額に，治療期間の範囲内の日数を乗じて計算します。

　(2)　**後遺障害による損害**　逸失利益，精神的損害，将来の介護料およびその他の損害が対象です。逸失利益（loss of income）は，被保険者の年収に，労働能力の喪失率と，喪失年数に対応するライプニッツ係数（年数から中間利息分を差し引いた係数）を乗じて算定します。精神的損害は，後遺障害の等級に基づいた定額を損害額とします。将来の介護料は，年間の介護費と諸雑費を，逸失利益と同様にライプニッツ係数で割り引いて算定します。その他の損害とは，介護に伴う住宅や自動車の改造が必要な場合の費用です。

　(3)　**死亡による損害**　死亡保険金は被保険者の遺族が受け取ります。損害は，葬儀費用，逸失利益，精神的損害，その他の損害として算定します。葬儀費用は定額です。逸失利益は，年収から本人の生活費を差し引いて，就労可能年数に対応するライプニッツ係数を乗じます。精神的損害は，一家の支柱とそれ以外を分け，さらに後者を年齢で①18歳未満，②18〜64歳，③65歳以上に区分し，区分ごとに定額としています。

(4) **保険代位** 加害者のある事故で，人身傷害保険金を受け取った場合は，加害者への損害賠償請求権は保険会社に移転します。ただし，損害賠償額の算定は個別事情に依存するため，人身傷害の支払を受けるより，相手方に賠償請求した方が多額の賠償金を得られるケースが考えられます。そのような場合，どちらに請求するかは被保険者の判断によります。

▶車 両 保 険

(1) **車両保険の種類** 車両保険は，自動車事故のほか天災や盗難など，偶然な事故すべてを補償するものと，車両同士の衝突と，火災・爆発，盗難，台風・竜巻・洪水，落書・いたずら，物の飛来・落下等を補償するものに大別できます。前者を一般型といい，後者は保険会社によりエコノミー型あるいは車対車＋限定危険型などと呼ばれます。駐車場で壁にぶつかる等の単独事故が後者では補償されないことが主な違いです。保険料はその分安くなっています。

(2) **損害額の算定** 一般型とエコノミー型で，補償リスクの範囲は異なりますが，保険金の算定は共通しています。損害額は，全損の場合は保険価額，分損の場合は修理費です。全損（total loss）とは，修理不能の場合または修理費がその自動車保険価額（中古車市場などから算定した時価）を超えてしまう場合（経済的全損）をいいます。全損以外を分損（partial loss）といいます。

経済的全損の場合に，愛着がある，同じ型の自動車が手に入らないなどの理由で，修理を希望する人もいます。これに対応するため，一部では時価を超える修理費用を補償する特約が販売されています。

なお，修理によって増加した価値と，残存物の価額を，修理費から差し引くことになっていますが，実際にはこうした価値や価額はほとんどありません。

(3) **保険金の算出** 全損の場合には保険金額の全額が，分損の場合は，修理費から免責金額を差引いた額が，保険金となります。保険金額と免責金額は，契約時に約定します。全損の場合は，免責金額は差し引きません。

支払保険金の算定に，以前は比例てん補という保険金削減規定がありました。保険金額が保険価額を下回る場合に，その比率によって保険金を減額するものです。契約者の納得が得にくい制度でしたが，今は，その適用を回避する価額協定という特約が自動付帯されるので，比例てん補はありません。

(4) **保険代位** 加害者のある事故で，車両保険金を受け取った場合は，相手方への損害賠償請求権は保険会社に移転します。

▶対人賠償責任保険

⑴ **損害額の考え方**　6-4 のとおり，対人賠償責任保険は，自賠責保険の支払限度額を超えた部分を補償します。損害額は，「法律上の損害賠償責任を負担することによって被る損害」とされ，各保険会社は，自社の定める支払基準によってその損害額を算定します。

支払基準は，先述の人身傷害保険の損害額の算定方法と類似しています。対人賠償責任保険の支払基準が先にあって，それにならって，人身傷害保険の損害額算定基準である約款別表を作成した経緯があります（自賠責保険の支払基準は，「平成 13 年金融庁・国土交通省告示」に定められています）。

対人賠償責任保険，自賠責保険および人身傷害保険の支払基準は，保険の性格は異なっても，同じ損害を補償するものです。内容は同一ではありませんが，契約者の理解と支払の合理性の観点から，近似することが望ましいといえます。

⑵ **対人賠償支払基準と賠償額に関する判例**　損害賠償における損害の額は，判決が出た場合はそれが損害額と考えられます。裁判によらず加害者と被害者が合意（示談）した場合は，その金額は，当事者を拘束しますが，自動的に保険会社に対して請求が認められるものではないとされています。加害者が不当に高額な賠償を認めて，保険収支が歪められることを防止するためです。

さて，保険会社が定めた支払基準に，他者を拘束する権限はないので，被害者がその基準に納得しなければ，争いが起きます。保険会社との間で支払額が争われる事例は多くあります。

日弁連交通事故相談センターは，賠償金額に関する判例を集めて，「交通事故損害額算定基準」（本部編），「民事交通事故訴訟 損害賠償額算定基準」（東京支部編）を刊行していて，裁判例の傾向等を踏まえた損害額算定基準として公表しています。これら判例に基づく損害額の基準は，保険会社の支払基準より高額であることが多いといわれています。

⑶ **保険金額**　対人賠償責任保険の保険金額（支払限度額）は，今日ではほぼ全件が無制限ですので，保険金額が問題となることはほとんどありません。

⑷ **過失免責の不在**　損害保険の多くは，契約者や被保険者の重大な過失による事故を免責としています。自動車保険も，人身傷害保険や車両保険では，酒気帯び運転などの重大な過失は免責です。ただし，損害保険のうちでも，賠償責任保険は，過失があることを前提にしているため，重大な過失は免責では

ありません。この点は，次の対物賠償責任保険や，自動車以外の賠償責任保険も同様です。

▶対物賠償責任保険

(1) **対物賠償責任保険の支払対象**　自動車事故については，衝突した相手方の自動車の損壊について対物賠償責任保険が支払われます。対象物は自動車とは限りませんので，衝突で家屋を壊した，電柱を倒したなどの事故も支払の対象です。高額賠償につながりやすいケースでは，電車との衝突があります。

また，ペットなどの動物に対する事故も生じ得ます。人間以外の生き物は，仮に日頃家族同然に暮らしていても，人ではなくモノとして扱われますので，対物賠償責任保険の対象となります。

(2) **損害額の算定**　モノの損害額は，車両保険と同様，修理費用または買替えの費用です。修理が容易にできる場合は問題がないのですが，修理不能あるいは修理費用が時価を超える場合は，全損となり，損害額は時価が上限となります。中古車等の相場があるものは，市場価格をもとに時価を定めます。壊れたモノが，世界に2つとない骨董品であるなど買替えが不能な場合は，時価を鑑定して損害額を決める必要があります。

ペットが亡くなったり後遺障害を負った場合，その時価は，通常購入代金を基準に算定されます。ただし近年では，これを上回る損害額や，別途飼い主の精神的苦痛に対する慰謝料の支払を認める判決が出ています。

(3) **格落ち損害の補償**　自動車が修理により使用可能になった場合でも，事故歴が生じ中古車として販売する際の価値が低下することがあります。これを格落ち損害といいます（評価損などということもあります）。裁判では，これが認められる例がありますが，保険会社は，通常格落ち損害を対物賠償責任保険の損害額に含めませんので，被害者との争いが起きることがあります。高級外車など，中古車価格の高いケースでは，格落ち損害が認められる確率が高いといわれます。

▶その他の補償

ロードサービスなどの補償の支払額は，各保険会社による差が大きく，また，対象となる費用の上限額が複雑です。一般的な特徴ではなく，加入する保険会社の商品を特定して補償額を検討する必要があります。一方，弁護士費用補償の限度額は，主要会社はほぼ一律300万円としているようです。

6 くるまの保険の市場の今後の見通しはどうなりますか？

▶自動車保険の市場動向

　日本の損害保険は，主として自動車保険の増加を原動力に，市場を拡大してきました（⇒4-4）。現在は，自動車保険と自賠責保険を合わせて，元受正味保険料の 50% 超を占める，最大の種目となっています。

　では，自動車保険の今後はどうなるのでしょうか。これに影響する要因は多数ありますが，将来の環境を予測すると，全体として自動車保険の市場は縮小に向かうという見方が一般的です。

▶自動車保険の動向に影響する要因

　自動車保険の市場は，自動車事故の実態によって決まります。事故の件数と金額によって，保険金の支払が決まり，多少の変動はあるにしても，売上に当たる保険料はこの保険金に連動して決まるからです。

　事故の実態に影響する要因と，その社会的変化の方向を考えると，以下のことが言えます。

　(1)　**自動車の保有台数，免許保有者数の動向**　自動車の保有台数は，図表①のとおり近年は横ばいとなっています。なお，乗用車に限ると一貫して増加してきましたが，2022 年にわずかながら初めて減少しました（−0.1%）。

　また運転免許保有者は，図表②のとおり近年微減に転じています。

　(2)　**事故件数**　交通事故件数は，警察庁統計によると一貫して減少しています。保険の支払件数も，6-2 の図表③のとおり減少しています。自動車台数や免許保有者は，上記のとおり大きな増減はありませんが，安全技術の普及による事故減少が生じていると見られます。

　(3)　**支払保険金**　保険金の支払金額も，6-2 の図表④のとおり減少しています。

　6-2 の図表③および図表④を詳しく見ると，保険金の減少の方が，事故件数の減少に比べるとやや緩やかになっています。これは，1 事故あたりの支払金額単価が上昇しているためです。両者を合わせて見ると，右の図表③のとおり件数（右目盛：件）は着実に減少，単価（左目盛：円）は緩やかに上昇の傾向が

図表① 自動車保有台数の推移

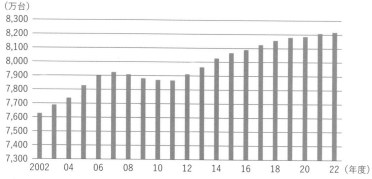

（万台）

（出所） 自動車検査登録情報協会「自動車保有台数の推移」をもとに筆者作成。

図表② 運転免許保有者数の推移

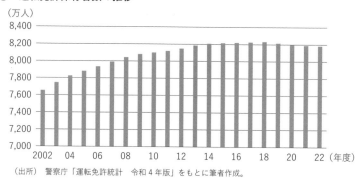

（万人）

（出所） 警察庁「運転免許統計 令和4年版」をもとに筆者作成。

図表③ 自動車保険の保険金支払件数と単価の推移

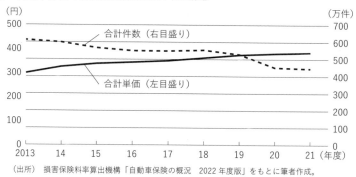

（円）　　　　　　　　　　　　　　　　　　　　　　（万件）

合計件数（右目盛り）

合計単価（左目盛り）

（出所） 損害保険料率算出機構「自動車保険の概況 2022年度版」をもとに筆者作成。

見られます。

(4) **技術進歩の影響**　自動運転の実現にはまだ時間がかかりますが、その要素技術は実用化が進んでいます。なかでも、自動ブレーキは新車については2021 年から装着が義務づけられました。自動車の使用年数は平均 14 年程度あるため、浸透には時間がかかりますが、現時点で 35% の搭載率というアンケート調査（ソニー損保「全国カーライフ実態調査」2023 年 6 月）があります。

自動ブレーキに代表される新技術が搭載されることにより、事故の頻度は低下が予想されます。その一方で、走るコンピュータといわれるように、自動車の電子化が進むと、事故が起きた場合の修理費単価は上昇することになります。

▶自動車保険市場の将来

事故件数の減少と保険金単価の増加の傾向は今後も続き、前者の効果が大きいため、自動車保険の保険金の支払額は減少していくと考えられます。

細かく見ていくと、保険料および保険金ウエイトの大きい対物賠償保険と車両保険については、事故は駐車場構内などで単独で発生することが多く、自動ブレーキによる減少効果は限定的と思われます。ただし、車載カメラやセンサーによる検知、踏み間違い防止装置などの普及が進めば、これらも減少するでしょう。

人のケガを補償する自賠責保険、対人賠償保険、人身傷害保険では、比重の大きい事故類型である追突によるむち打ち症が、自動ブレーキにより減少することが想定され、より早く事故減少が進む可能性があります。

| column | **くるまの保険はどこへ行く？**
　　　　　　──火災事故減少に伴うすまいの保険の変遷の教訓

戦後間もない時期は、火災保険が全損害保険の 75% を占めていました。住まいが「木と紙の家」から耐火性能の整った住宅へと進歩し、火気の使用も戦前と比べものにならないほど安全になった今日では、火災事故の補償に関する保険料ウエイトは低下しています（今日のすまいの保険は、「風水災の保険」の性格を強めています）。

この過程で、火災保険に対する顧客の満足度は上昇してきたと考えられます。

初期の火災保険は、保険による利得は認められないという、いわゆる利得禁止原則を徹底するため、時価額による補償を基準としていました。火事で

老朽化した家が焼けたとき，もし保険金で家を新築ができたら，事故前より新しく良い家に住めることになります。これは，契約者に利得が生じることになり，利得禁止原則に反します。この原則を徹底するためには，劣化による価値減少を差し引いた時価以上の額は支払ってはならないことになります。

また，支払保険料を保険金額比例とすることの理論的整合性から，保険金額が時価に満たない一部保険では，その比率で保険金を削減する比例てん補が適用されました。

時価額基準や比例てん補は，契約者にとって不満をもたらすことがありましたが，いずれも理論的な根拠に基づくもので，これをむやみに緩和してはならないと考えられていました。

しかし火災事故の減少に伴い，保険金の支払は減少し，火災保険料の引き下げが続く時代が到来すると，新価（再調達価額）基準や価額協定特約の導入等によって，保険の支払水準を引き上げることが行われました。これらの改定は，伝統的な原則と相容れにくかったと想像されますが，結果的に社会的な利益につながったと考えられます。そのような商品改定を重ね，火災保険の支払金額に関する満足度は，今日では高くなっています。

なおほかにも，保険料不可分の原則，保険料即収の原則など，過去には確立した原則であったものが，時代変化に伴って契約者に有利な方向に緩和されていった例があります。

さて，火災保険の支払金額を縦軸とすると，その拡大に合わせて，横軸となる担保危険の拡大も進められてきました。初期には引受けが困難とされていた水災などの自然災害補償は，今日は充実しており，また，家財の破汚損なども補償の対象となっています。

振り返ると，縦軸すなわち金額の拡大は，契約者の満足のみならず，保険会社にも市場拡大のメリットをもたらし，社会的利益があったと考えます。一方，横軸すなわち対象リスクの拡大は，契約者により広い保障を提供するメリットの反面，保険会社には経営リスクをもたらしたと考えられます。火災保険を教訓とするなら，縦軸は積極拡大，横軸はリスクを見極めて個別に評価するのがよいことになるでしょう。

さて，自動車保険についても，今後事故の減少という火災保険の通った道が予想されています。保険業界は，今後，縦軸である保険金支払水準の引上げに向かうのでしょうか。自動車保険の保険金支払水準の引上げには，大きな抵抗を感じる関係者の方がいますが，業界としてこれを乗り越えて実施した方がよいのでしょうか。あるいは，担保危険を，交通事故以外の事由に拡大するのがよいのでしょうか。こうした問題を，社会的な意義の観点から，自動車保険の関係者に考えていただけたらと思います。

▶**新時代の自動車保険**

　ビッグデータ，AI，ドローン，VR／AR，ブロックチェーン，遺伝子工学，EV など，現代の技術革新においては，複数の重要な新技術が同時並行的に発展しています。テクノロジーの時代を超えて，テクノロジーの奔流の時代といえるでしょう。

　顧客にとって，保険の商品価値は補償とサービスからなります。一方，保険の価格は保険料です。魅力的な新商品とは，価値が高いか，価格が安いかの，いずれかですから，この両面に分けて考えてみましょう。もちろん両方であればさらによいことになります。

▶**新たな価値の自動車保険**

　(1)　**新規の補償**　意外なことですが，近年の各社の発表を見ると，自動車保険について，新しい補償を打ち出している新商品は多くありません。各社の新商品開発は，下記(2)の新技術を用いたサービスまたは次項の「価格競争」に特化しているように見受けられます。損害保険各社は，一時期，保険商品の補償範囲を次々と拡大した結果，保険金の支払漏れを多発してしまいました。その反省から，商品の簡素化を図っており，その影響もあるかもしれません。

　近時の目新しい新補償として，車両故障の修理を補償する特約を設けた会社があります。ただし，対象となるのは走行不能となりレッカーけん引が必要な場合で，通常の軽微な故障は対象ではありません。変わったところでは，事故を契機にガソリン車を EV に買い替えることに絞った買替費用特約などを出した会社もありますが，広く認知はされていないようです。

　(2)　**新技術を用いたサービス**　多くの会社が，ドライブレコーダーの販売または貸与をセットにした保険商品を販売しています。ドライブレコーダーは，事故の際の状況を記録して過失などの認定を行うのに有用であり，あおり運転の抑止効果も期待できるなど単独で価値のあるものですが，保険との親和性が高く，事故防止の支援や事故発生時の保険会社への通報などの付加的な機能を持つものもあり，相乗的な価値を生むものといえます。ドライブレコーダーと

組み合わせたサービスの開発競争は盛んといえます。

　テレマティクス（telematics）という，車載器と通信システムを組み合わせた技術は，保険と組み合わせた多くの応用が期待されています（6-8 column も参照）。加速度計などから運転特性を診断するものは，すでに一定の歴史があります。ドライブレコーダー機器に加速度計を持たせ，テレマティクスと兼用する例や，車に取り付ける通信機器と利用者のスマートフォンを連動させ，運転情報を自動的に集計する例などもあります。

　（3）**社会課題解決への貢献**　近年は，各種の新技術をビジネスとしての保険付帯サービスを超えて，社会課題の解決に役立てる試みが見られます。運転とCO_2排出量の関係を可視化し，カーボンニュートラルへの貢献を謳うものも出現しています。また，テレマティクス技術で収集したデータを警察の事故発生データと組み合わせ，危険地点を把握する技術を自治体と連携して利用する事例も生じています（日本経済新聞「交通事故，デジタルで防ぐ　福井，安全度 33位→3 位　運転手の『ヒヤリハット』活用」2024 年 4 月 6 日付）。

▶価格競争

　加入者の属性に基づく保険料の割引は，各社とも積極的に取り組んでいるように見受けられます。運転の診断結果で保険料を割り引くもののほか，商品クーポンなどの報酬を付与するものもあります。通信販売系の保険会社はこの分野を得意とするところで，PAYD（Pay As You Drive：走行距離に応じた保険料），PHYD（Pay How You Drive：運転特性に応じた保険料）などを導入し，低リスク区分での競争力向上を図っています。一方，代理店販売を主とする保険会社も，上記のテレマティクス技術などを保険料割引もしくはクーポンの支給などに積極的に利用しています。

▶利便性向上

　社会環境変化に合わせ，保険の新規加入や契約更改を簡便に行うための電子的な方法（ペーパーレス）の利用が進んでいます。さらに，ペーパーレスの手続をパソコンからスマートフォンにシフトさせる動きが広く見られます。また商品面では，自動車を所有しない若い顧客をターゲットに，1 日単位で加入できる保険が販売され，一定の普及を実現しています。

chapter 6 — 8 電動キックボードなどの新しい乗り物は，くるまの保険の対象ですか？

　最近は，電動キックボードなど，新しい乗り物が増えています。これらは，自動車保険の対象でしょうか。まずその前に，現在のさまざまな車両がどのように区分されていて，保険の適用がどのようになっているかを考えましょう。

▶道路運送車両法の区分と自賠責保険

　自賠責保険の付保義務は，道路運送車両法に基づいています。道路運送車両法は，登録やナンバープレート，車検，自賠責などの規定を定めています。同法における道路運送車両とは，①自動車，②原動機付自転車および③軽車両とされています。

　①の自動車は，普通自動車，小型自動車，軽自動車および大型特殊自動車と小型特殊自動車に分けられます。②の原動機付自転車は，日常用語の「原付」とは少し意味が違い，排気量 50 cc 以下のミニバイクのほか，125 cc 以下の小型バイクも含みます。なお，これより排気量の大きいバイクは，①の自動車となります。③軽車両とは，自転車やリヤカー，人力車や馬車など，人力や畜力（動物の力）で運行するものをいい，市販される電動アシスト付自転車はこの軽車両に含まれます。

　これらのうち，自賠責保険の対象は，①自動車（農耕作業用の小型特殊自動車を除く）と，②原動機付自転車にあたる車両のすべてです。なお，道路運送車両法以外に，道路交通法にも自動車の分類がありますが，運転免許や交通取締りに関するもので，保険に関わるものではありません。

▶自動車の区分と自動車保険の対象

　自動車保険の対象は，上記の①自動車と，②原動機付自転車です。なお，②原動機付自転車のうち 50 cc 以下のものは，単体の保険を付保することもでき，また他の自動車に付保した自動車保険にファミリーバイク特約を付帯して補償することもできます。

▶新しい乗り物と自動車保険

　(1)　**電動キックボード**　原動機付自転車の一種に該当します。2023 年 7 月の道路交通法改正により，電動キックボード等に対応する新たな車両区分とし

て特定小型原動機付自転車（最高速度 20 km/h 以下等），特例特定小型原動機付自転車（表示灯の点滅中は最高速度 6 km/h 以下等）が設けられました。いずれも自賠責保険は付保が義務づけられ，自動車保険またはファミリーバイク特約には任意加入ができます。なお，これらを運転するには運転免許は不要となっています。

電動キックボード（写真：90 Bantam / PIXTA（ピクスタ））

　(2)　**セグウェイ**　電動キックボードと異なり，日本では，公道の走行が認められていません。したがって，自動車保険の対象になりません。ただし，セグウェイ実証実験が行われており，それに用いられるセグウェイ専用の保険を提供する会社があるようです。

　(3)　**電動アシスト付自転車**　2023 年 7 月の道路交通法改正により，ペダルを漕がなくても走ることができるペダル付原動機付自転車の一部は特定小型原動機付自転車等に分類されることとなりましたが，電動アシスト付自転車は自転車と同じ軽車両ですので，自賠責や自動車保険の対象ではありません。自転車総合保険もしくは賠償責任については個人賠償責任保険に加入することで，補償が受けられます。

　(4)　**シニアカー**　原動機付自転車には該当しません。軽車両でもなく，歩行者の扱いとなります。したがって，自動車保険の対象になりません。賠償責任については個人賠償責任保険に加入することで，補償が受けられます。なお，電動車椅子も歩行者の扱いです。

▶遠隔操作型小型車等と事業者向け損害保険

　個人が利用するもののほか，企業などの事業者が，業務にあたって，遠隔操作型小型車（自動運送ロボットなど）を稼働させていることがあります。カメラを搭載し，ビルの警備などで見回りをしているのを目にすることがあります。こうしたロボットの用途は拡大していく可能性があります。

　2023 年改正道路交通法では，遠隔操作小型車は歩行者の扱いとなりました。一部すでに自動車保険をつけていた例も見られたようですが，今は対象外となっています。

　遠隔操作型小型車を運行する事業者が保険に加入する場合は，自動車保険ではなく，賠償責任保険や動産総合保険などを組み合わせて加入する必要があると考えられます。

　自動車保険は，主に「年齢」や「事故歴（無事故等級）」など長年蓄積された統計データに基づき保険料が算出されていますが，近年これらの要素に加え，クルマに搭載された通信機器を通じて把握する「急ブレーキ」「走行速度」等から「安全運転度合い」をスコアとして評価し，保険料算出に活用するテレマティクス自動車保険（以下テレマ保険）の普及が本格化しつつあります。

　約200万台のテレマ保険契約のあるあいおいニッセイ同和損保社によると，「安全運転スコア」の高い（良い）契約者群と低い契約者群では事故発生頻度に約2倍もの格差があります。スコアの還元や保険料割引などのインセンティブが安全運転を心がけるモチベーションとなり事故削減につながっています。

　世界最大の自動車保険市場である米国では，プログレッシブ社をはじめ大手損保10社すべてがテレマ保険を手掛けるなど，テレマ保険への潮流は海外でも顕著となっています。また電動車メーカーのテスラ社は損害保険会社を買収し，テスラユーザー向けのテレマ保険の開発・販売に乗り出しました。今後，他の自動車メーカーの動向も注目されます。

　テレマ保険で収集されるデータは保険以外の多くの用途にも活用されています。「急ブレーキ多発」「速度超過多発」地点などの把握により，地方自治体による新たな道路標識の設置，道路整備計画への反映など「安全なまちづくり」に活用される実例が増えています。さらに安全運転とエコドライブの相関性を活かしたCO_2削減への貢献，自然災害時の避難ルートの策定など，さまざまな社会課題の解決につながる活用が広がっています。自動車保険で社会が良くなる，そんな新しい時代が到来しています。

図表①　事故頻度と安全運転スコア

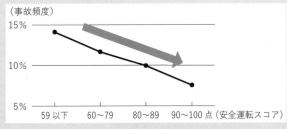

（出所）　あいおいニッセイ同和損害保険社のデータ。

chapter 7

すまいの保険

西日本豪雨により浸水した街並み（2018 年，写真：時事）

Introduction

——

「天災は忘れたことにやってくる」という格言を残したといわれている寺田寅彦は「文明が進むほど天災による損害の程度も累進する傾向があるという事実を十分に自覚して，そして平生からそれに対する防御策を講じなければならないはずであるのに，それが一向に出来ていないのはどういう訳であるか。その主なる原因は，畢竟そういう天災がきわめて稀にしか起らないで，丁度人間が前車の顛覆を忘れた頃にそろそろ後車を引き出すようになるからであろう」（『天災と国防』）と述べています。自然災害への対策を決して怠ってはなりません。

ほぼ毎日のように自然災害のニュースは耳目を集めていますが，大地震や大型の台風等による多大な被害を被った場合，すまいを再建するには多大なコストがかかります。それを金銭面でカバーするのが，すまいの保険（火災保険・地震保険）です。皆さんが住宅等を購入し，すまいの保険を契約する前提で，その内容をしっかり理解して，対岸の火事とは思わずに，万が一の時に備えていただければ幸いです。

149

1 すまいの保険とは どのような保険ですか？

▶すまいの保険は必須？

　一戸建，マンション，いわゆる夢のマイホーム購入の喜びはひとしおでしょうが，喜んでばかりはいられません。マイホームを手に入れたことによって，火災をはじめ，風水害，盗難など，さまざまなリスクによる損害を被る可能性も考えておかねばなりません。全焼や地震による倒壊で甚大な損害を被り，再築費用や復旧費用がかさむと，多額の経済的負担を強いられますが，これらをカバーする保険が，すまいの保険です。

　自動車に乗らない人やマイカーを持たない人は増えつつありますが，すまいの保険は必ず必要となります。ただし，一軒家やマンションを購入したからといって，すまいの保険への加入が義務づけられているわけではありません（賃貸住宅の場合には家主が加入を条件としている場合が多い）。しかし，建物や家財を所有すれば，保険に加入しないと対応できない事態に陥ることも事実ですし，すまいの保険の加入率は 80% を超えるともいわれ，住宅ローンを利用している人にとっても，すまいの保険は必須といえます。また，学生の皆さんで下宿されている方にとっても，家財の付保，借家人賠償責任補償特約は必要です。

▶すまいの保険（火災保険・地震保険）

　すまいの保険は英語の home insurance, homeowner's insurance などに該当します。かつて主流だったストレートファイヤー型の火災保険（fire insurance），すなわち，火災・落雷・破裂・爆発による損害を補償するタイプよりも，住宅を所有することによる各種リスクを広範囲にカバーするため，すまいの保険という呼称を用いた方がわかりやすいでしょう。地震保険については，後述しますが，原則すまいの保険に自動付帯（セットで契約）となっています。なお，損害確認が不要かつプラン・観測震度に応じた 5〜50 万円定額払いで，地震直後の急な出費に伴う生活資金の確保を目的とした地震リスクを対象とした EQuick 保険は，単独契約が可能となっています。

　損保各社の普通保険約款，種目別の各種統計資料，保険会社の認可申請や社名などについては，いまだに「火災保険」という名称が使用されていることも

事実です。したがって，名称または保険種目上は火災保険ですが，その補償範囲は，自然災害などを含む幅広い損害を対象としていますので注意が必要です。

すまいの保険は，戸建てやマンション，共同住宅で居住用の建物が該当する住宅物件のみを対象としています。各社は独自のペットネームによる，オールリスク型の商品や顧客のニーズに合わせたカスタマイズ型（ニーズ細分型・オーダーメイド型），さらには完全実損型の商品を開発し，補償内容はバラエティに富んでいます。また，各種特約や付帯サービスも充実しています。

他方，火災保険と同じような保障を提供しているものに，各種火災共済があります。火災共済は，加入者全員がほぼ同一の共済という商品を共有するため，各人が火災保険のように補償内容を自由に設定することはできません。こくみん共済 coop，都道府県民共済，JA 共済等がそれぞれの商品名で，火災・自然災害等による損害の保障商品を提供しています。

▶企業向けの火災保険（企業財産の保険）

本章ではすまいの保険について解説していますが，企業向けの火災保険も企業活動を行ううえでとても重要なため，ごく簡単に触れておきます。

企業向けの火災保険は，一般物件用，工場物件用，倉庫物件用に分けられます（上記住宅物件を含め，4 つに分類される物件を物件種別といいます）。店舗兼住宅の併用住宅も一般物件に含まれます。火災などの災害による建物の損傷・倒壊は，事業に多大な影響を与え，多大なコストがかかるうえ，事業中断による利益の損失も生じてしまいます。企業向けの火災保険は，個々の契約ごとのリスクのバラツキが大きく，均一的な扱いをすることが困難であったため，損害保険各社はさまざまな特約を付帯して，契約内容を修正する方法で対応してきました。従来は，「財産に対する補償」と「休業損失に対する補償」とに大別されていましたが，保険の自由化以降，両者を 1 つの契約でカバーできるオールリスク一体型の総合型商品が開発され，現在に至っています。

企業の財産を補償する商品には，ベーシックな火災保険である「普通火災保険」（一般物件用・工場物件用・倉庫物件用）があります。これらは，事業用財産をカバーするもので，休業損失は補償対象とはしていませんが，企業財産を包括的に補償する保険が販売されています。そのほか，店舗併用住宅（一般物件）を対象とした店舗総合保険は，建物と住宅で使用する家財，業務用の設備・什器，商品・製品の 4 つが補償の対象となります。

▶火災保険の市況

損害保険の種目別構成比については，1960年頃は火災保険が元受保険料の種目別構成比の約50%を占め，海上保険が2番目という構成比でした。しかし，その後モータリゼーションが急速に進むと，1980年には自動車保険がトップに躍り出て，火災保険は約半分の26%に，さらに2000年になると17%台にまで低下し，ここ十数年ほぼその割合は変わっていないのが実情です。

火災の発生件数は第1章で触れたとおり，減少傾向にありますが，他方で損害額，支払件数，支払保険金は，増加傾向にあります。火災保険の市況について見ると，ここ10年間の火災保険の正味収入保険料は，おおむね横ばいです。2022年度の正味収入保険料は対前年度比で12.3%（1859億円）増の1兆6930億円，正味支払保険金は対前年度比で31.2%（2963億円）増の1兆2454億円となっています。

またここ最近の傾向として，築浅住宅等を除き，築年数の経過による建物の老朽化や気象要因等により，給排水設備の老朽化や水道管凍結による破裂に伴う漏水等の水濡れ損害による保険金の支払も増加しています。

他方，火災共済について，2022年度の受入共済掛金は約2兆2975億円，支払共済金は1兆5183億円で，ともに前年度比で増加しており，ともに金額面で火災保険を上回っています。

国内損害保険会社の火災保険収支合計は2015年度を除いて，ここ10年以上にわたって赤字が常態化しています。2021年のように台風が上陸せず，被害が少なかった年でも再保険料の上昇や工場の老化等で，大手4社の赤字が2000億円を超えています。こうした事態が，最近の火災保険料の高騰につながっています。

▶自然災害（風水害）の影響

日本のみならず気候変動問題は深刻なグローバルマターです。近年，台風や豪雪などの自然災害の支払保険金の割合が大きくなっています。図表①は，2013年以降10年間の火災保険における主な風水害等による年度末（4月1日

図表①　火災保険における風水害等の支払保険金（見込み含）と元受正味保険金

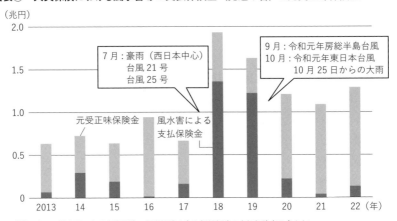

（注）　なお，風水害による車両保険，傷害保険を含む新種保険の支払保険金は含まない。
（出所）　日本損害保険協会の調査資料をもとに筆者作成。

図表②　風水害等による保険金支払額上位5

順位	発生年月日	災害名	地域	支払保険金
1	2018年9月3日〜5日	平成30年台風21号	大阪・京都・兵庫等	10,678(9,363)
2	2019年10月16日〜13日	令和元年台風19号 （令和元年東日本台風）	東日本中心	5,826(5,181)
3	1991年9月26日〜28日	平成3年台風19号	全国	5,680(5,225)
4	2019年9月5日〜10日	令和元年台風15号 （令和元年房総半島台風）	関東中心	4,656(4,398)
5	2004年9月4日〜8日	平成16年台風18号	全国	3,874(3,564)

（注）　支払保険金は見込みを含む，火災・新種，自動車，海上の合計額（　）内の数字は火災・新種，単位は億円。
（出所）　『ファクトブック2023　日本の損害保険』を一部修正。

〜3月31日）の支払保険金と元受正味保険金の比較を示したものです。

　2018年と2019年の風水害等による支払保険金および元受正味保険金は，いずれも1兆円を超えていますが，とりわけ2019年の台風15・19号は，1977年の沖永良部台風以来，約40年ぶりに命名されるほど社会的影響が大きいものでした。

すまいの保険の契約時に注意すべきことは何ですか？

▶すまいの保険における保険の目的物

すまいの保険における保険の目的物は，建物と家財です。建物，家財それぞれのみに保険をつけることもできますが，建物のみにすまいの保険をつけると，収容家財に対しては損害発生時に保険金が支払われなくなってしまいますので，注意が必要です。

建物に含まれるもの

> 畳，建具（ドア・窓・障子・ふすま等）およびこれに類するもの，直接備え付けられている設備（電気，ガス，冷房，暖房，浴槽，流し，調理台，エアコン，エコキュート等），付属建物（門，塀，垣，物置，車庫，カーポート等），屋外設備・装置および野積みの動産

家財に含まれるもの

> 家具，家電製品，衣類，貴金属等

すまいの保険における建物は，住宅物件および一般物件のうちの併用住宅で，柱の種類と建物の性能に応じた「耐火基準」に基づき，下記のように3つの構造に区分しています。これ以外にも，建物の面積，新築または中古，などが保険料の高低に関係しています。

M構造	T構造	H構造
（マンション構造）	（耐火構造）	（M・T以外の木造など）
← 　　安	保険料	高　　→

▶保険価額と保険金額

また，現在では再取得価額（再調達価額，新価）での契約が一般的となっています。建物は経年劣化により，年々その評価額が下がっていきます。時価で契約した場合には，減価額を考慮した金額で補償がされますから，全焼発生時に保険金だけで修復することは困難です。しかし，再取得価額による契約であれば，築年数に関係なく，同等の建物を再築または購入するのに必要な金額全額

が保険金として支払われることになります。

　通常は，保険価額に等しく保険金額を設定する方法（全部保険：保険価額＝保険金額）ですが，保険価額に満たない保険金額の設定（一部保険）も認められています。これらの詳細については，第3章で解説しています。

▶保険期間の決定

　すまいの保険の保険期間は通常1年です。長期契約も可能ですが，10年超の長期契約は，自然災害の多発等による収支の悪化やそれに伴う収支予測の困難さ等により2015年10月に廃止となりました。さらに，同様の理由から，2022年10月より最長5年となっています。1年契約は補償の見直しや保険料負担が少ないというメリットがある反面，総支払額が多くなり，毎年更新する手間がかかります。長期契約のメリットとデメリットは1年契約のまさに裏返しです。なお，引越し等で家を手放す際には，火災保険を解約することになりますが，その場合，未経過期間に応じた所定の解約返戻金が支払われます。

▶失火の責任に関する法律（失火責任法）と借家人賠償責任特約

　現在は，建物の構造や防火設備等が昔に比して格段に向上し，火災の発生件数も減少しています。しかし，木造住宅が密集していた時代には，火災が瞬く間に隣家にも飛び火し延焼損害が生じることも，反対にもらい火による類焼損害も稀ではありませんでした。実際に，何軒もの家屋が焼失してしまった場合に，その損害額につき火元の人（失火者）に賠償責任を負担させることは，現実的にはほぼ不可能と考えるのが普通でしょう。

　そこで，自分の家屋が焼失してしまったうえに，他人の家屋に対してまでも，火災による損害賠償責任（民法709条：不法行為責任）を失火者に負わせることは酷であるとの見方から，民法の規定に優先して適用される「失火の責任に関する法律」（失火責任法）という特別法を設けて，失火者の責任を緩和しています。ただし，失火責任法による免責は，失火者の重大でない過失による失火に限定されるため，出火原因が重過失や故意によるものと判示された場合には，損害賠償責任を負うことになります。

　また，賃貸住宅等の場合には，借主と貸主との間で賃貸借契約を結びますが，契約終了時に賃借人は賃貸人に対して原状回復して返還する借用物返還義務（民法599条）を負うため，この義務が履行できない場合には，債務不履行による損害賠償責任を問われることになります（民法415条）。このような場合に備

えて，借家人賠償責任補償特約があります。この特約が付帯されていれば，借りていた戸室で「水漏れ」や「ボヤ」などによる損害が補償されます。しかし，ガスの爆発などにより火災が発生し，近隣にまで損害を与えた場合には，延焼損害が失火とはみなされないため，失火責任法の適用は受けられません。

　さらに，借りていた戸室以外には，借家人賠償責任補償特約が適用されませんので，水漏れで階下の住民の家財などに被害を与えれば，損害賠償責任が発生することになります。この場合には，多様な損害に対応する個人賠償責任補償特約が有効です。したがって，賃貸住宅の場合には，自分の家財のために火災保険，大家のために借家人賠償責任補償特約，近隣のために個人賠償責任補償特約を契約することが安心につながります。

▶ **住宅ローンとすまいの保険**

　すまいを購入するにあたっては，金融機関と住宅ローンを組むことが多いと思います。その際，すまいの保険への加入を必須にしていることがほとんどです。住宅ローンの返済は長期に及びますので，もし返済期間の途中で，すまいが焼失等の損害を被った場合には，返済義務だけが残ってしまいますから，すまいの保険が必要となるのです。

　多くの金融機関は住宅ローンの利用者に対してローン専用のすまいの保険を設けています。ただし，住宅ローンの手続をする際に，金融機関が勧めるすまいの保険に必ずしも加入する必要はありません。自身で加入する保険会社と保険の内容を決めることができます。

| column | **すまいの保険が宝の持ち腐れにならないために，正しく理解・活用しましょう**

　日本の住民基本台帳に基づく世帯数は 2023 年 1 月 1 日現在 6026 万 6318 世帯，2022 年 1 月〜12 月の総出火件数は 36314 件，このうち建物火災は 20167 件であるので，1 年間約 3000 世帯中 1 件が建物火災に見舞われているという計算になります。つまり，ある世帯に発生する可能性のある建物火災の確率は 0.03％ にすぎません。すまいの保険に加入している人は全体の 8 割くらいですが，保険金請求をしていない人も同程度いるといわれています。請求していない人はすまいの保険の補償対象とする損害を被っていないのでしょうか。

　しかし，上で述べたとおり，すまいの保険でカバーする損害は，火災だけ

ではなく，加入プランにもよりますが多種多様です。すまいの保険を使うことは，何らかの損害を被ることになるので，契約者（被保険者）にとっては望ましいことではありません。また，すまいの保険への加入は個々人によって異なるでしょうが，保険に精通している人は別として，多くの人にとって細かな補償内容はいわば「ブラックボックス」かもしれません。すまいの保険に加入しているけれど，こんな損害は補償されないだろうなと思わず，せっかく契約したのであれば有効に活用したいものです。

　たとえば，大型台風で家の窓ガラスが割れてしまった，新築後間もないのに誤って壁に大きな穴をあけてしまった，子どもが遊んでいてテレビを壊してしまった，落雷で家電製品が故障してしまった等の損害を被った人はいませんか。これらの損害は，ワイドな補償タイプのすまいの保険ならば，すべて補償対象となります。

　図表①は大手損害保険会社 2 社のすまいの保険の建物と家財の事故件数の割合（2016～20 年）を示したものです。建物と家財を比較すると建物では風水害の割合が高いのに対し，家財では破損，汚損等が高いのは上で述べたことからのイメージが湧きやすいと思います。

　さらに，自動車保険と異なり，すまいの保険の対象とする損害が発生し，保険金請求をしても，請求歴を理由として翌年から保険料が大幅に上がるようなことはないので，心配いりません。

　ご自身がすまいの保険を契約する際には，どのような補償が必要なのかを十分に勘案したうえで，いざというときに付保漏れがなく，的確な補償ニーズが得られるような商品を比較検討して判断することが重要です。

図表①　すまいの保険の建物と家財の事故件数の割合

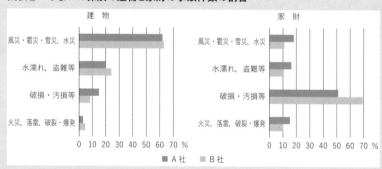

（出所）　損害保険会社ホームページをもとに筆者作成。

すまいの保険では, どのような損害がてん補されますか?

▶補償（損害てん補）の内容

　すまいの保険でてん補（補償）されるさまざまな損害（事故）および費用は，火災保険の比較サイトや各社の商品パンフレット等を見ることでより詳しく具体的に理解することができます。なお，担保危険や免責危険という言葉が使われますが，てん補されるのは，損害であって危険ではありませんので，混同しないように注意してください。

　基本リスクに必要に応じて対象リスクを追加するカスタマイズ型やオールリスク型などに，各種特約やサービスを付帯させることができます。また，オール電化住宅割引や新築・築浅割引など各社固有の保険料の割引制度もあります。自動車のオプションを豊富にするのと同様に，補償を手厚く充実させれば，保険料は高くなりますし，不要と思われる補償を外したりすれば，その分，保険料の節約にもつながります。ここでは，すまいの保険でカバーされる損害の一例を紹介します。

▶すまいの保険でてん補される損害（損害保険金が支払われる損害）

　図表①に示すリスク（事故）によって発生した損害については，損害保険金として支払われますが，これらの損害の補償区分の名称（スリム，エコノミー，ベーシック，フルサポート等）は，各社ごとに異なっています。さらに損害によっては，支払条件に一定の制約等が課せられているものもあります。

　水災補償は長期契約の旧火災保険には含まれておらず，後から付加することはできないので，すまいの保険を契約し直す必要があります。また，マンションの高層階に住まわれている人は，水災補償はつけなくもてよいと思われるかもしれませんが，豪雨による排水口トラブルによる溢水や駐車場の浸水の被害に見舞われることもあるため，その点は注意しておくべきでしょう。

　さらに，それぞれの損害には，免責金額（自己負担分）が設定されています。たとえば，免責金額が10万円であれば，損害額−10万円が保険金として支払われることになります。

図表① すまいの保険における損害の種類の例と補償範囲

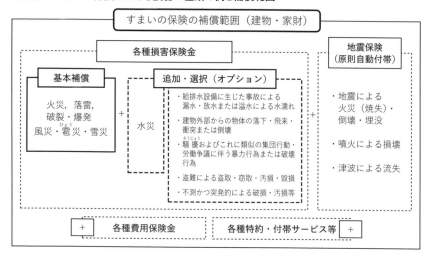

▶すまいの保険でてん補される損害（費用保険金が支払われる損害）

　上記の損害が発生することに付随して発生する特定の各種費用については，費用保険金として支払われます。具体的な金額（上限）・内容については，上記損害と合わせてしっかりと把握しておく必要があるでしょう。

　費用保険金には，損害原因調査費用，損害範囲確定費用，仮修理費用，残存物取片付け費用，臨時費用，失火見舞費用，地震火災費用など，さまざまな種類があり，支払保険金には上限が設定されています。自動的にセットされているものや着脱自由なものであるか否かなどで違いがあり，さらには費用の名称も保険会社ごとに異なっています。

▶すまいの保険でてん補されない損害（免責事由）

　地震・噴火・津波による損害は地震保険の付帯を外してしまうとてん補されません。その他，戦争・内乱・外国の武力行使，核燃料物質等による事故・放射能汚染，屋外にある家財の盗難，保険契約者・被保険者等の故意・重大な過失や法令違反等によって発生した損害については，保険金は支払われません。

▶**水災リスクの現況**

日本では，毎年，台風や集中豪雨，融雪洪水による何らかの水害が発生し，住宅や資産，公共施設等に多大な損害を与えて，時に人命をも奪っています。

気象庁の観測データによると，1時間降水量80mm以上，3時間降水量150mm以上，日降水量300mm以上など強度の強雨は，1980年頃と比較すると，おおむね2倍程度に頻度が増加しているとのことです。

また，政府の水害統計調査によれば，2011〜20年の10年間で，全国1741市区町村（令和元年末）のうち一度も河川の氾濫等による水害が起きていないのは，わずか56市区町村（3.2%）にすぎないことが明らかになっています。それ以外の1685市区町村（96.8%）では10年間に1回以上の水害が起きており，794市区町村（45.6%）では10年間に10回以上の水害が発生しています。

このような水害が年々増加傾向にあるなかで，すまいの保険における水災補償のあり方に注目が集まっており，水災リスクを付すか否かを判断するに際してとても大切です。

▶**水災リスクの種類**

水災リスクによる損害は，すまいの保険に水災補償を付していればてん補されます。

水災リスクは，気象庁の用語を参考にして，図表①のように分類できます。

▶**水災リスクによる損害のてん補**

図表①の水災リスクによる損害のてん補には，次のような支払基準を満たす必要があります。

・建物および家財の保険価額（再取得価額）の30%以上の損害
・「床上浸水」または「地盤面より45cmを超える浸水」による損害

床上浸水とは，フローリング等の居住部分の床を越える浸水のことを指します。また，地盤面とは，建物の高さを測るための基準面をいい，建物の基礎の最も低い部分（周囲の地面と接する部分）になりますが，地下室など床面が地盤面より下にある場合には，その床面となります。

外水氾濫	河川が氾濫し，破堤する等によって溢水する外水氾濫
内水氾濫	河川外における住宅地などの排水が困難となり，マンホールや外溝等からの溢水による浸水（外水氾濫の対語）
洪　水	河川の水位や流量が異常に増えたことによる，河川敷内の溢水および堤防等からの河川敷外への溢水（外水氾濫と同義で用いられる場合あり）
波浪（災害）	風浪とうねりによって生じる高波。波浪による災害は，高波が堤防を越えたことによる沿岸部の浸水等
高潮（災害）	台風等に伴う気圧降下による海面の吸い上げ効果と風による海水の吹き寄せ効果のために海面潮位が異常に上昇すること。高潮による損害は，沿岸部や河川遡上による浸水等
土砂災害	集中豪雨等による土砂崩れによる災害。土砂崩れは，崖崩れ，土石流および地滑りの総称
融雪洪水	流域内の積雪が，大量に融けて引き起こされる洪水

　床下浸水による損害は，水災補償の支払対象外となってしまいますが，最近では屋外に高額な機械設備が設置されている住宅も増えています。このような設備に対する損害のてん補には，特定設備水災補償特約が設けられています。なお機械式駐車場の損害もこの補償に含まれていますが，マンションの管理組合用すまいの保険では，機械式駐車場水災補償特約という名称になっています。これらの特約では，水災補償の浸水条件に該当しない修理費用などがてん補されます。

　さらに，水災補償における保険金の支払は主に実損払のほかに，損害の割合に応じて保険金を支払う定率払もありますので注意が必要です。

▶水災リスクによる損害に該当しないもの

　水による損害がすべて水災（水害）に該当するわけではありません。たとえば，水災と水濡れは，いずれも水を原因とする事故ですが，水濡れ損害は水災リスクによる損害ではありません。また，雨を原因としない地盤の崩落等，地盤そのものが原因で発生した土砂災害，地震を起因とする津波による浸水や地滑り等も補償対象外となります。

▶水災リスクにおける保険料

　風災や雪災と異なり，すまいの保険における水災料率（参考料率）は，地域別のデータ収集が不十分なために全国一律でした。ところが，自然災害の多発や，2013 年には 76.9％ であった水災の付帯率が，2022 年には 10％ 以上減少

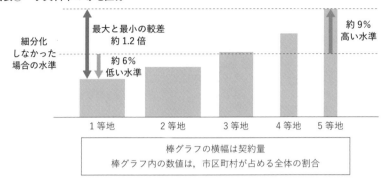

図表② 水災料率の等地区分

細分化
しなかった
場合の水準

最大と最小の較差
約 1.2 倍

約 6%
低い水準

約 9%
高い水準

1 等地　2 等地　3 等地　4 等地　5 等地

棒グラフの横幅は契約量
棒グラフ内の数値は，市区町村が占める全体の割合

（出所）損害保険料率算出機構資料に加筆。

の 64.1% まで低下しました。水災リスクが低いと判断する人は，水災補償を外す傾向が見られるため，水災保険料の値上げが実施されることで，水災補償を必要としている人も付保を躊躇することが懸念されています。

　このような状況を踏まえ，2023 年 6 月に全国一律であった水災料率が，契約者間の保険料負担を公平にする目的で細分化されることになりました。区分数を増やしてしまうと，リスクの最も高い区分と最も低い区分の較差が大きくなってしまうため細分化する単位は，市区町村単位で，1 等地（保険料が最も安い）〜5 等地（保険料が最も高い）の 5 つに区分されています。水災が発生するリスクを厳密に織り込むと，料率差は現在の一律から 2.26 倍になるため，1 等地と比較した場合の 5 等地の保険料は 1.2 倍に抑えられています（激変緩和措置）。また，保険料水準を見ると，1 等地の保険料は細分化しなかった場合と比べて約 6% 低い水準，5 等地の保険料は細分化しなった場合と比べて約 9% 高い水準となります。これらを図で示すと図表②のようになります。

| column | 保険難民，プロテクションギャップを食い止める！

　「気候安全保障」（climate security）や「気候難民」（climate refugees）という言葉を聞いたことはありますか？　気候問題を考えていく際に重要となるこれらの問題に関する議論は，災害大国といえる日本ではあまり広がっていないようです。
　自然災害による世界の保険損害額（約 5 兆 7000 億円）のうち，2019 年に

襲来した台風 15 号，19 号（当該年度において世界最大の保険損害額）で世界全体の 3 割を占めていました。こういった自然災害に対する備えとして日本のすまいの保険は，補償内容的に深化＋進化してきたことは確かですが，保険料の高騰による保険未加入という難題も同時にもたらしています。

　スイス・リー・インスティテュートの Sigma の 2023 年の最新レポートによると，2022 年の世界の経済的損害額の合計 2750 億ドルのうち，保険損害額は 45％ の 1250 億ドルにすぎず，この数字は何百万もの世帯や企業が大きなプロテクションギャップに直面していることを表しています。同社の "How big is the protection gap from natural catastrophes where you are?" と題した調査によると，日本を含むアジア地域における 2013〜22 年の経済損害額の合計 6390 億ドルに対し，保険損害額は 990 億ドル，プロテクションギャップは実に 5400 億ドル（85％）になっています。プロテクションギャップの割合は，オセアニア地域（41％），北米地域（44％），ラテンアメリカ・カリブ海域（83％），欧州・中東・アフリカ地域（64％）と比較して，最も大きくなっています

　損害の多い地域や古い物件を対象とした保険料高騰や，契約拒否といった事態に陥ることは，少子高齢化に起因する低所得者の一部に保険難民を生み出しかねません。民間の保険のみで支えてきた日本のすまいの保険補償の根幹的なあり方を，諸外国の洪水保険制度などを参考に，政府と民間の両輪へシフトする……という議論が俎上に上がることもありうるのではないでしょうか。プロテクションギャップと保険難民への対処は避けては通れない問題なのです。

図表③　アジア地域における 2013〜22 年の間のプロテクションギャップ

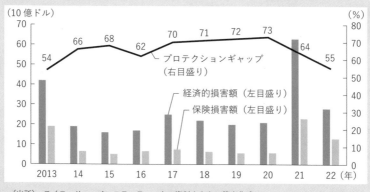

（出所）　スイス・リー・インスティテュートの資料をもとに筆者作成。

地震保険はどのように創設され, どのような現況ですか?

▶地震保険(制度)創設の経緯とその概要

　周知のとおり,日本は古来多くの地震に見舞われ,世界有数の地震国となっています。これまでにも,大地震が発生して甚大な被害を与えています。

　地震保険に関しては,関東大震災以降にたびたび制度設立の検討がなされてきましたが,実現には至りませんでした。しかし,1964年6月に発生した新潟地震を機に,当時の田中角栄大蔵大臣が地震保険制度創設を進言します。そして,損害保険業界との検討を重ねた結果,1966年5月に「地震保険に関する法律」(地震保険法)が施行され,ここに地震・噴火・津波による損害を担保する日本初の地震保険が誕生しました。制度創設以降は,大きな地震発生の被害などを踏まえて,後述する加入限度額や補償内容,保険金総支払限度額等がたびたび改定されて現在に至っています。地震保険は財務省の管轄で,被災者の生活の安定に寄与することをその目的とし,官民一体となって再保険の活用を前提とした公共性の高い損害保険です。

▶地震保険の現況

　地震保険の保有契約件数は,制度創設以降,ほぼ横ばいまたは減少傾向にありました。しかし,1995年の阪神・淡路大震災以降,増加傾向が顕著となり,2005年度末には1000万件を超え,2011年の東日本大震災後もその傾向は続いており,2022年現在2121万5849件となっています。近い将来に南海トラフ地震のような巨大地震が起きるのではないかという特集等がメディア等で頻繁に取り上げられて,地震への関心と注目が集まるなかで,今後の地震保険への関心および加入も増加していくことが予想されます(図表①)。

　損害保険料率算出機構の調査によると,2022年度中に新規に契約された火災保険のうち,地震保険を付帯した割合は,全国平均で69.4%となり,前年度の69.0%より0.4ポイント伸びました。全国の付帯率は,2003年度以降19年連続して増加し,2022年度において70%を超えた県は26県でした。一方,世帯加入率は30.5%で,そのうち50%を超えているのは宮城県のみです。図表①は地震保険の契約件数,付帯率の推移を,図表②は,地震保険に

図表①　地震保険の契約件数・付帯率の推移（2022 年）

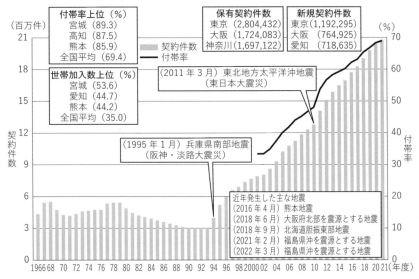

（出所）　日本損害保険料率算出機構［2022］「火災保険・地震保険の概況」に一部加筆。

図表②　地震による保険金支払額の上位 10

地震名	発生日	マグニチュード	証券件数	支払保険金（億円）
1．平成 23 年東北地方太平洋沖地震	2011/3/11	9.0	826,110	12,894
2．平成 28 年熊本地震	2016/4/14	7.3	215,642	3,909
3．福島県沖を震源とする地震	2022/3/16	7.4	320,920	2,654
4．福島県沖を震源とする地震	2021/2/13	7.3	245,982	2,509
5．大阪府北部を震源とする地震	2018/6/18	6.1	159,369	1,248
6．平成 7 年兵庫県南部地震	1995/1/17	7.3	65,427	783
7．平成 30 年北海道胆振東部地震	2018/9/6	6.7	73,871	536
8．宮城県沖を震源とする地震	2011/4/7	7.2	31,018	324
9．宮城県沖を震源とする地震	2021/3/20	6.9	23,529	189
10．福岡県西方沖を震源とする地震	2005/3/20	7.0	22,066	170

（出所）　日本地震再保険株式会社［2023］「日本地震再保険の現状」を一部修正。

よる支払保険金の支払が多かった上位 10 件の地震をそれぞれ示したものです。

7 地震保険を契約するにあたって，注意すべき点は何ですか？

▶地震保険の契約方法

　地震保険は，地震保険は原則として火災保険に自動付帯ですが，単独で契約することはできません（地震保険法2条2項3号）。また，地震保険に加入しない場合には，保険契約申込書の「地震保険ご確認欄」に申し込まない旨の捺印または署名をする必要があります。ただし，1995年以降，必要に応じて，火災保険の契約期間の中途でも地震保険に加入することも認められています。

　他方，大規模地震に対する防災対策の強化を目的として，1978年に施行された大規模地震対策特別措置法の規定に基づき内閣総理大臣から警戒宣言が発令された後は，地震防災対策強化地域内に所在する建物・家財について，地震保険の新規契約または保険金額の増額をすることができません。ただし，もしも警戒宣言発令中に，地震保険契約が満期になるような場合には，被保険者および保険の目的物に変更がなく，かつ保険金額が同額以下であることを条件として，契約を継続できることになっています。

▶地震保険における保険の目的物

　地震保険は，火災や自然災害等で被った損害を回復させるという火災保険の趣旨とは異なり，被災者の生活の安定に寄与することを目的としています。そのため，地震保険における保険の目的物は，居住の用に供する建物（専用住宅または店舗併用住宅で，工場や店舗，事務所等のみに使用されている建物は除かれます）および生活用動産，すなわち家財（営業用什器，備品，商品などの動産は除かれます）に限定されています（地震保険法2条2項1号）。また，火災保険契約の保険の目的物に，門，塀，垣または物置，車庫その他の付属建物が含まれていれば，それらも対象となります。ここでいう家財には，通貨，有価証券（小切手，株券，商品券等），預貯金証書，印紙，切手，その他これに類するもの，自動車，1個または1組の価額が30万円を超える貴金属・宝石・書画・骨董品等，稿本や設計書，帳簿等は含まれません（地震保険法施行規則1条）。建物と家財については，火災保険と同様にそれぞれ別個に保険金額を設定する必要があります。

図表①　地震保険に上乗せ特約を付帯した場合のイメージ

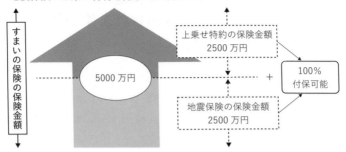

▶保険金額の設定

　地震による大規模な損害については，官民一体となった再保険を利用しても完全に補償できるわけではありません。したがって，地震保険制度を維持するために，保険金額（契約金額）に一定の制限を課して，支払保険金が制限されています。

　地震保険の保険金額は火災保険の保険金額の 30〜50％ 相当額の範囲内で設定されます。さらに，同一敷地内・同一被保険者に属する建物および家財については，それぞれ 5000 万円，1000 万円が地震保険の保険金額の限度額となります（地震保険法 2 条 2 項 4 項，地震保険法施行令 2 条）。

　つまり，地震等で建物や家財が全損になった場合でも，地震保険では最大50％ までしか補償されないことになります。たとえば，建物の火災保険の保険金額を 5000 万円とすると，地震保険の保険金額は 5000 万円×30〜50％ ＝1500 万円〜2500 万円の範囲内で設定します。もし 100％ のカバーをしたい場合には，「地震危険（等）上乗せ特約」を火災保険に付帯することで，不足分の 50％ を加算できます。ただし，上乗せ特約を付帯する際には，一定の条件や制約が課せられています。図表①は，上乗せ特約を付帯した場合の補償のイメージです。

　なお，損害保険会社によっては，火災保険の保険金額の 50％ で地震保険を契約した場合に，地震等を原因とする火災に限定して，地震火災費用特約を保険金額×50％ としてセットすることで，火災保険の保険金額の 100％ まで補償しています。

chapter

7 ─ **8** 地震保険の保険料は
どのように算出されますか？

▶**地震保険の保険料率**

　保険料の算出の基礎となる地震保険基準料率（保険料率）は，損害保険料率算出機構（General Insurance Rating Organization of Japan：GIROJ）が算出し，各損害保険会社がこれを一律で使用し，保険契約者または被保険者の利益を不当に損なう場合を除いて独占禁止法の適用除外となっています。

　地震保険基準料率は，基礎データの震源モデルが，東北地方太平洋沖地震の被害に鑑みて見直されたため，2015 年 9 月 30 日の届出により，基本料率の大幅な引上げが必要になりました。ただし，一度に大幅な引上げを実施することは，保険契約者にとって負担増になることから，2017 年に 5.1％，2019 年 1 月に 3.8％，2021 年 10 月に 5.1％ の 3 段階に分けて改定（値上げ）を実施しました。

　なお，2022 年 10 月には，上記 2017 年 1 月から実施した 3 段階の改定における保険料の不足の解消，震源モデルなどの各種基礎データの更新，所在地・建物の構造別の基本料率の見直しなどを踏まえた結果，地震保険基準料率は全国平均で 0.7％ 引き下げられました。

　実際に適用される地震保険基準料率は，建物の構造および所在地別に定めた基本料率に割引がある場合には割引率，さらに長期契約の場合には長期係数を乗じたものになります。建物の構造は，火災保険とは異なり，地震によるリスクを考慮して，イ構造（耐火・準耐火建物および省令準耐火建築物，主として鉄骨・コンクリート造の建物）と口構造（主として木造の建物）に区分されています。

▶**地震保険の保険料の算出方法**

地震保険基準料率
＝基本料率×割引（100％－割引率）×長期係数（長期契約の場合）

　（1）**割引の種類と割引率**　建物が次の①〜④のいずれかに該当する場合には，割引が適用されます。ただし，これらの割引を重複して適用することはできません。

図表①　地震保険の基本料率（保険金額 1000 円に対する保険料：保険期間 1 年）

当道府県	イ構造 （主として鉄骨・コンクリート造の建物）	ロ構造 （主として木造の建物）
北海道・青森・岩手・秋田・山形・栃木・群馬・新潟・富山・石川・福井・長野・岐阜・滋賀・京都・兵庫・奈良・鳥取・島根・岡山・広島・山口・福岡・佐賀・長崎・熊本・大分・鹿児島	0.73	1.12
宮城・福島・山梨・愛知・三重・大阪・和歌山・香川・愛媛・宮崎・沖縄	1.16	1.95
茨城・徳島・高知	2.30	4.11
埼玉	2.65	4.11
千葉・東京・神奈川・静岡	2.75	4.11

（注）　建物・家財共通。

①免震建築物割引（50％：「住宅の品質確保の促進等に関する法律」に基づく免震建築物である場合）

②耐震等級割引（耐震等級 3 は 50％，2 は 30％，1 は 10％：「住宅の品質確保の促進等に関する法律」に基づく耐震等級を有している場合など）

③耐震診断割引（10％：地方公共団体等による耐震診断または耐震改修の結果，改正建築基準法〔1981 年 6 月 1 日施行〕における耐震基準を満たす場合）

④建築年割引（10％：1981 年 6 月 1 日以降に新築された建物である場合）

(2)　**長期係数**（2022 年 10 月改定）　長期係数は，長期契約（長期保険保険料払込特約を付帯した契約）の保険を割り引く仕組みで，それぞれ 2 年（1.90），3 年（2.85），4 年（3.75），5 年（4.70）となっています。長期契約の料率は，基本料率と割引率から算出された料率に長期係数を乗じたものです。

> ・保険金額（建物）3000 万円（火災保険の保険金額 6000 万円の 50％ で設定）
> ・保険金額（家財）1000 万円（火災保険の保険金額 2000 万円の 50％ で設定）
> ・所在地：香川県，イ構造，耐震等級 3，保険期間 5 年
> 　基本料率＝1.16
> 　基準料率＝1.16×（100％−50％）×4.70≒2.72
> 　建物の地震保険の保険料＝3000 万円×2.72/1000＝8 万 1600 円
> 　家財の地震保険の保険料＝1000 万円×2.72/1000＝2 万 7200 円

9 地震保険では，損害はどのように認定・てん補されますか？

▶損害の認定（4区分の損害認定）

　地震保険の発足当時は，地震による「全損」のみが保険金の支払対象となりましたが，1978年の宮城県沖地震を契機に，80年からは「半損」が追加され，同時に火災保険契約に対する付保割合が30〜50%になり，保険金額限度額は建物1000万円，家財500万円になりました。その後，千葉県東方沖地震や伊豆半島群発地震を受けて，「一部損」も補償されるようになり，1995年の阪神・淡路大震災の翌年には，限度額が建物5000万円，家財1000万円に引き上げられました。そして，2011年の東日本大震災等で深刻な被害を受けた保険契約者に対する補償を充実すべく，2017年1月には，従来の全損，半損，一部損の3区分を，「全損」「大半損」「小半損」「一部損」の4区分に細分化しました。損害が「一部損」に至らない場合には，保険金は支払われません。

　なお，自治体が発行する罹災証明書の被害認定と地震保険の損害認定の結果は，必ずしも一致するとは限りません。

▶地震保険でてん補される損害

　地震保険は，地震・噴火・津波を直接または間接の原因とする火災，損壊，埋没，流出等によって，居住用建物および家財が被る損害（全損，大半損，小半損，一部損のいずれかに該当することが条件）をてん補する保険です。ここでいう損害とは次のようなものが想定されます。①地震の揺れによって生じた倒壊，破損等，②地震に起因する火災による焼損，③津波によって生じた流出，倒壊，埋没等，④地震によって生じた地滑りや崖崩れに伴う埋没等，⑤地震によって河川やダムの堤防が決壊して洪水となったために生じた流失，浸水，埋没等，⑥噴火を原因とする溶岩，火山灰，噴石や爆風等によって生じた倒壊，破損，埋没等，⑦噴火によって生じた焼損。

▶地震保険でてん補されない損害

　なお，地震，噴火，津波が発生した翌日から起算して10日間経過した後に生じた損害については，その損害が地震等に起因したものであるか否かの判別が難しいため，地震保険の保険金支払対象とはならないことに注意しなければ

図表①　損害の認定区分（2017年1月1日以降の契約から適用）

損害の程度	損害の認定基準					支払保険金の額
		建物			家財	
全損	主要構造部の損害額が	建物の時価額の50％以上	焼失または流失した損害額が	建物の延床面積の70％以上	家財の損害額が	家財全体の価額の80％以上	地震保険の保険金額の100％（時価額が限度）
大半損		建物の時価額の40％以上50％未満		建物の延床面積の50％以上70％未満		家財全体の価額の60％以上80％未満	地震保険の保険金額の60％（時価額の60％が限度）
小半損		建物の時価額の20％以上40％未満		建物の延床面積の20％以上50％未満		家財全体の価額の30％以上60％未満	地震保険の保険金額の30％（時価額の30％が限度）
一部損		建物の時価額の3％以上20％未満	床上浸水	上の3つの損害に至らない建物が，床上浸水または地盤面より45cmを超える浸水を受け損害が発生した場合		家財全体の価額の10％以上30％未満	地震保険の保険金額の5％（時価額の5％が限度）

（注）　建物の主要構造部（基礎・柱・壁・屋根等）に着目して損害の認定調査が行われます。なお，地震保険における建物の主要構造部とは，建築基準法施行令1条3号に掲げる構造耐力上，主要な部分のことをいいます。

なりません。また，保険契約者・被保険者などの故意や重過失，保険の目的物の盗難および紛失，戦争・暴動などの異常事態といった事由による損害についても保険金は支払われません。そのほか，自動車・貴金属・美術品等は原則補償対象外です。ただし，自動車については2012年1月以降，自動車保険に「地震・噴火・津波車両全損時一時金特約」をつけることが可能になり，全損時に一時金として50万円（ただし，車両保険金額が50万円を下回る場合はその金額）が支払われます。

▶**再保険を活用した官民一体による引受方法**

　大震災による損害額は巨額になるおそれがあり，それに伴い多額の支払保険金が予想されますが，民間の損害保険会社のみでは支払能力に限界があります。そこで，地震保険については，先に述べたように，政府が再保険を引き受けることを前提として運営されています。地震保険法3条には「政府は，地震保険契約によって保険会社等が負う保険責任を再保険する保険会社等を相手方として，再保険契約を締結することができる」と規定されています。そのため，地震保険制度の誕生とともに，1966年5月に地震保険の再保険を専門とする日本地震再保険株式会社（以下，地再社）が設立されました（10-4 column も参照）。このように，地震保険は再保険の利用によって，民間の損害保険会社と政府が地震リスクを分担する官民一体の制度となっています。

▶**再保険を活用した地震保険のフロー**

　では，実際に地震リスクがどのように引き受けられているのかを詳述します。保険契約者から地震保険を引き受けた損害保険会社各社は，保険責任全額を再保険し（出再＝再保険に出すこと），すなわち地再社と地震保険再保険特約A（A特約）を締結し，地再社はこれを拒否することなくすべて引き受けること（受再＝再保険を引き受けること）が定められています。地再社は引き受けた地震保険の責任分を集約かつ均等化して，政府および元受損害保険会社等（トーア再保険株式会社を含む）に対して再々保険（再々出再＝再び再保険に出すこと）し，責任の一部を自社で保有します（再保険の詳細については，第10章を参照）。

　地再社は再々保険による保険責任を除いた一定額を元受損害保険会社に再々保険し，地震保険再保険特約B（B特約）を締結します。この場合の元受損害保険会社の引受割合は，地震保険のための危険準備金残高などに基づいて決定されます。

　さらに，地震保険法に従い，A特約によって引き受けた保険責任の一定部分を政府に再々保険し，地震保険超過損害額再保険契約（C契約）を締結しています。以上のフローを図示すると図表①にようになります。

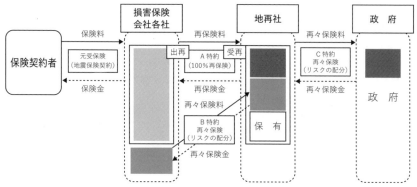

（出所）損害保険料率算出機構［2022］「日本の地震保険」，［2023］「日本地震再保険の現状」に加筆。

　なお，民間分の保険料については損害保険会社から分離して，地再社が管理・運用し，政府は地震再保険特別会計にて再保険料の受入，管理・運用のほか，民間のみで負担できない大地震発生の際の再保険金の支払を行うために区分経理を行っています。

▶地震保険における支払保険金の分担方法

　1回の地震等の災害により，政府および民間損害保険会社の支払うべき再保険金の総額には限度額が設けられており（地震保険法3条3項），これを保険金総支払限度額と呼んでいます。これは，1回の大地震等により損害額が巨額になる可能性があり，損害保険会社や政府は無制限に責任を負担することができないためです。地震保険創設時の1966年の総支払限度額は3000億円でした。その後，適宜引き上げられていますが，東日本大震災による多額の保険金支払に伴う損害保険会社の危険準備金の減少が見込まれたため，2012年には，保険金総支払限度額が5兆5000億円から6兆2000億円に，14年4月1日には7兆円に，さらに，2年後には11兆3000億円にそれぞれ引き上げられ，2024年4月1日現在では，12兆円（政府11兆6586億円，民間3414億円）になっています。この金額は，関東大震災規模の地震が発生した場合でも，地震保険の保険金の支払に支障がないように設定された額とされています。もし，1回の地震等により支払われるべき保険金の総額が，12兆円を超えた場合には，支払われるべき保険金総額に対する保険金総支払限度額の割合により，個々の支払保険金を削減することができることと定められています（地震保険法4条）。

図表②　再保険による官民の分担のスキーム（2024 年 4 月 1 日現在）

1 回の地震等による保険金総支払額が 1827 億円を超え 3807 億円以下の場合には，1827 億円までの全額につき民間保険会社が負担しますが，この金額を超えた部分は民間と政府で 50％ ずつ負担します。
・保険金総支払額が 3000 億円の場合
（民間）　1827 億円 +（3000 億円 − 1827 億円）× 50％ = 2413.5 億円
（政府）　（3000 億円 − 1827 億）× 50％ = 586.5 億円
・責任限度額
（民間）　3414 億円（1827 億円 + 990 億円 + 597 億円）
（政府）　11 兆 6586 億円（990 億円 + 11 兆 5596 億円）

（出所）　日本地震再保険株式会社編『日本地震再保険の現状』などをもとに筆者作成。

図表③　再保険スキーム

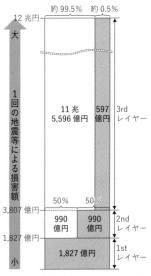

（出所）　日本地震再保険株式会社編
『日本地震再保険の現状』などをもと
に筆者作成。

政府による再保険金の支払は，1 回の地震等による支払保険金の合計額が一定額以上に達した場合になされますが，その限度額は毎年度の国会決議を経て決定されています。

　上記 12 兆円の枠内で，政府・地再社および損害保険会社のそれぞれの責任分担方法と負担限度額の取決めを図示したものが図表②です。

　図表③の縦軸は，1 回の地震等による支払保険金の責任負担額（12 兆円），横軸は政府および民間損害保険会社（地再社を含む）の負担割合を各々示したものです。

賠償責任保険

賠償責任保険は企業や個人のさまざまな賠償リスクに対処する
（写真左：photolibrary，右：ペイレスイメージズ１（モデル）/ PIXTA（ピクスタ））

Introduction

———

賠償責任保険は，損害保険の分類上，新種保険に含まれる比較的新しい保険です。賠償責任保険は，被保険者が他人に対して法律上の損害賠償責任を負担することにより被る損害を補償する損害てん補機能に加えて，被保険者の権利を保護するための防御機能を有しています。さらに，加害者たる被保険者の賠償資力を確保することによって，被害者救済を実現するという被害者救済機能も有しています。賠償責任保険はこれら３つの機能を発揮することにより，大きな社会的意義を有する保険であるといえます。

また，近年，社会経済の変化やデジタル化の進展，コーポレートガバナンスの強化，人々の権利意識の向上，法制度や司法制度の動向などを受けて，個人生活や企業活動を取り巻く賠償責任リスクはますます多様化・高度化しています。賠償責任保険は，個人や企業が賠償責任リスクを保険者へ移転するためのリスクファイナンス手段であり，個人生活や企業活動を支える社会的インフラとして重要な役割を担っています。

本章では，こうした賠償責任保険の社会的意義や役割について学んでいきます。

賠償責任保険とは
どのような保険ですか？

▶賠償責任保険の意義

　私たちは日常生活の中で，誤って他人にケガをさせてしまった場合や，他人の物を壊してしまった場合に，その被害を受けた他人の損害について，法律上の損害賠償責任を負うことにより，経済的な損失を被る可能性があります。また，企業は，製造・販売した商品の欠陥が原因で，商品を購入した消費者にケガをさせてしまった場合に，その被害を受けた消費者に対して法律上の損害賠償責任を負うことによって，損害賠償金の支払などの損害を被る可能性があります。このように，日常生活や企業活動において，被保険者が法律上の損害賠償責任を負担することによって被る損害を補償する損害保険のことを賠償責任保険（liability insurance）といいます。

　損害保険において，被保険利益（⇒3-3）が何であるかは重要なテーマとなりますが，被保険利益の観点から損害保険は大きく積極財産保険と消極財産保険に分けられます。伝統的な損害保険である海上保険や火災保険は，そのほとんどが，船舶，貨物，建物などの物に生じた損害を補償する物保険であり，積極財産に分類されるのに対し，賠償責任保険は，賠償責任リスクが現実化して法律上の損害賠償責任を負担することにより，被保険者に負の財産が発生することを損害として補償するものであるため，消極財産保険に分類されます。

▶賠償責任保険の機能

　賠償責任保険の機能としてまずあげられるのは，被保険者が加害者となって，被害者に対して法律上の損害賠償責任を負担することにより被る損害を補償する役割，すなわち損害てん補機能（⇒3-6）です。日本の保険法は，責任保険契約を「損害保険契約のうち，被保険者が損害賠償の責任を負うことによって生ずることのある損害をてん補するものをいう」（17条2項）と規定しています。

　また，賠償責任保険は，損害てん補機能に加えて，防御機能を有している点に大きな特徴があります。被保険者に対する被害者の損害賠償請求は，時として根拠のないものである場合や，不当に高額な損害賠償金を請求するものとなる場合があるので，そのようなときには，被保険者の権利を保護する必要があ

ります。賠償責任保険は，こうした被保険
者の権利を保護するために必要となる訴訟
費用や弁護士費用などを争訟費用として補
償することが一般的であり，これを賠償責
任保険の防御機能といいます。防御機能は，
損害てん補機能とともに，賠償責任保険の主要な機能であるといえます。

図表①　賠償責任保険の機能

さらに，賠償責任保険は，加害者たる被保険者に被害者に対して損害賠償金
を支払うための資力を確保させることを通して，被害者との「損害賠償問題を
解決するという機能」を有しており，被害者救済に役立つという点も大切です。
新しい法律の制定や社会的に影響力が大きい判決により，加害者の損害賠償責
任の負担が重くなったとしても，加害者に賠償資力がなければ被害者救済は実
現しないためです。賠償責任保険の被害者救済機能は，保険給付の請求権につ
いて被害者に特別の先取特権を認めること（保険法22条）により強化されてい
ます。なお，賠償責任保険は，加害者となりうる立場の人（たとえば，原子力事
業者や保険仲立人など）に加入を義務づけることにより，被害者救済の実効性を
確保する目的で利用されることもあります。

▶リスクマネジメントにおける役割

賠償責任保険は，被保険者が自らの賠償責任リスクを保険者へ移転する目的
で加入する損害保険であることから，リスクマネジメントの観点では，賠償責
任リスクに対するリスクファイナンス（risk finance）ということができます。

また，賠償責任保険には，事故の発生を予防するために，または発生した事
故の被害を軽減するために，情報提供サービスやクレームサービスなどが付帯
されることがあり，このような保険会社のリスクマネジメント・サービスは，
被保険者のリスクコントロール（risk control）にも寄与するものです。

とくに，企業リスクマネジメントの分野では，企業活動のグローバル化に伴
い，日本企業の海外における賠償責任リスクが高まるなかで，海外での賠償事
故を補償する賠償責任保険（たとえば，海外生産物賠償責任〔PL〕保険）を引き受
ける保険会社は，グローバルなネットワークを活用して，被保険者のために訴
訟の防御活動を行うなどの事故処理サービスを提供しています。この保険会社
による事故処理サービスは，責任保険の防御機能であるとともに，企業のリー
ガル・リスクマネジメントにもつながるものといえます。

▶欧米・日本における賠償責任保険の沿革

　欧米では 19 世紀以降，鉱山や工場などで労働災害が増加し，それに伴って使用者の責任が相次いで法定化されました。こうした使用者の労働者に対する民事責任の強化を受けて，使用者の賠償責任リスクに対処する手段として保険の必要性が高まり，最初の賠償責任保険として使用者賠償責任保険が登場しました。

　その後，多種多様なリスクの出現に対応して，とくに米国において，次々と新たな賠償責任保険が生み出されました。

　一方，日本において賠償責任保険が独立した保険種目として誕生したのは，20 世紀後半に入ってからです。すなわち，1953 年に東京海上火災保険株式会社（現・東京海上日動火災保険株式会社）が，日本で初めて賠償責任保険の事業免許を受けました。もっとも，この賠償責任保険は，在日駐留米軍と港湾荷役請負契約を締結した荷役業者が，荷役請負契約の規定に基づいて負担する損害賠償責任を担保する特殊な港湾荷役業者賠償責任保険であり，一般的なものではありませんでした。

　今日，広く普及している一般的な賠償責任保険は，1957 年に東京海上火災保険株式会社が事業免許を受けたことに始まり，続いて当時のすべての国内損害保険会社が事業免許または認可を取得することになりました。その後，1960 年代から 70 年代にかけての高度経済成長期には，いわゆる「モータリゼーション」の進展により，自動車事故の急増が深刻な社会問題になるとともに，大規模な百貨店火災，欠陥製品事故，医療事故等が次々と発生し，賠償責任保険が有する被害者救済機能が脚光を浴びるようになりました。

　また，1996 年の保険業法改正とその後の規制緩和・保険自由化の流れのなかで，企業向け保険商品については，金融庁長官の認可制から届出制に変更されるとともに，特約の新設や変更については，原則として届出を行う必要がない特約自由方式が認められ，多様化する賠償責任保険ニーズに対して，損害保険会社が柔軟に対応できるようになりました。さらに，賠償責任保険の普及と

図表①　元受正味保険料の推移

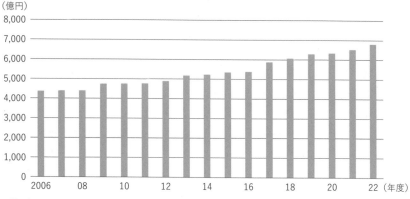

（出所）　日本損害保険協会『ファクトブック　日本の損害保険』（各年度）をもとに筆者作成。

ともに，賠償責任保険契約に関するルールを定める法律上の規定も整備されました。2010年4月から施行されている保険法は，賠償責任保険を中心とする責任保険契約について明確に定義するとともに，被害者に保険給付請求権上の特別の先取特権（⇒3-14）を認める規定（22条）を設けています。

▶近年の動向と市場規模

　新たな賠償責任保険が開発され普及する背景には，社会情勢の変化，デジタル化の進展，権利義務意識の高揚，法律の制定や法改正，司法アクセスの向上などさまざまな環境変化が見られます。賠償責任保険は，損害保険の分類上，新種保険（⇒11-2）に位置づけられ，環境変化を迅速に捉えて新たな保険商品が次々と生み出されている分野といえます。近年は，自動運転レベルの高度化，ドローン技術の実用化，さまざまなモノがインターネットでつながるIoT（internet of things），クラウドコンピューティングの普及など，技術革新が目覚ましく進展していますが，こうした技術革新は新たな賠償責任リスクを生み出す可能性があることから，損害保険会社は，たとえば，サイバー攻撃や情報漏えいなどのサイバーリスクに対するサイバー保険を新たに開発しています。

　新しい保険商品が次々と開発・販売されるのに伴い，賠償責任保険市場の規模も，年々増大しています。2000年度の賠償責任保険の元受正味保険料（3097億円）と比較して，2022年度は約2.2倍（6803億円）となっています。

　近年の賠償責任保険の元受正味保険料の推移は図表①のとおりです。

▶被害者（第三者）の存在

　賠償責任保険は，保険契約の当事者である被保険者（ファーストパーティ：first party）および保険者（セカンドパーティ：second party）のほかに，常に被害者である第三者（サードパーティ：third party）の存在を前提としています。

　このため，賠償責任保険は，第三者保険（サードパーティ保険）と呼ばれることがあります。賠償責任保険以外の保険は，一般に，保険者と被保険者間の関係のみで成り立っていることから，第一当事者保険（ファーストパーティ保険）と呼ばれています。

▶保険関係と責任関係の並存

　賠償責任保険は，被保険者（加害者）が第三者（被害者）に対して法律上の損害賠償責任を負担することにより被る損害をてん補する保険なので，保険者が被保険者の損害をてん補するという関係（保険関係）に加えて，被保険者と第三者間の法的な損害賠償責任に関する関係（責任関係）が並存するという特徴を有しています（図表①）。

　ここから，賠償責任保険の保険者のてん補責任は，被保険者に生じる損害賠償責任のいかんにより左右されるという「責任依存性」が認められることになります。

▶原則として，被保険者の過失を担保

　賠償責任保険は，被保険者が法律上の損害賠償責任を負担することにより被る損害を補償します。この法律上の損害賠償責任は，民事上の責任で，主に不法行為責任や債務不履行責任に基づくものです。

　一般に，不法行為責任や債務不履行責任は，加害者に故意または過失があることを要件としています（これを過失責任主義といいます）ので，賠償責任保険は，原則として被保険者の過失を担保することを目的としているといえます。

▶原則として，保険価額は算定できない

　賠償責任保険は，消極財産保険であることはすでに述べたとおりですが，この消極財産保険においては，損害保険一般に認められる保険価額の概念が当て

はまりません。そのため，賠償責任保険では，通常，てん補限度額として保険者が支払う損害の最高限度額が設定されます。

　賠償責任保険では，積極財産保険（たとえば，火災保険）のように，保険金額と保険価額の大小によって一部保険や超過保険となる状況は，原則として発生しないことになります。

　なお，賠償責任保険におけるてん補限度額は，実務上，支払限度額と呼ばれます。

| column | ファーストパーティ保険とサードパーティ保険とは

　ファーストパーティ保険は，被保険者（ファーストパーティ）自身に生じた損害をてん補する保険を指しています。ファーストパーティ保険の例として，被保険者が自身のケガにより被る損害について保険金（入院保険金や手術保険金など）を受け取ることができる傷害保険があります。一方，サードパーティ保険は，被保険者が加害者となって第三者である被害者（サードパーティ）に対して損害賠償責任を負うことにより被る損害をてん補する保険，つまり賠償責任保険を指しています。

図表② ファーストパーティ・セカンドパーティ・サードパーティの関係

chapter 8 ─ 4 　賠償責任保険では，どのような事故が保険の対象となりますか？

▶賠償責任保険の保険事故とは

　損害保険は，保険契約の対象となる一定の偶然な事故（保険事故といいます）が発生することによって被保険者が被る損害をてん補します。保険法は，保険事故を「損害保険契約によりてん補することとされる損害を生ずることのある偶然の事故として当該損害保険契約で定めるもの」（5条1項）と規定しています。賠償責任保険の保険事故について保険法上の規定はなく，もっぱら契約により自由に定められることになります。

　賠償責任保険以外の保険では，たとえば，自動車保険の車両保険の場合は自動車の衝突・接触事故などが保険事故であり，火災保険の場合は保険の対象である建物の火災などが保険事故とされます。こうした，いわゆる物保険においては，一定の偶然な事故（保険事故）が発生すれば被保険者に損害が発生し，衝突事故や火災の発生など比較的明確な事実が保険事故とされます（西島[1998] 270頁）。

　これに対して，賠償責任保険では，保険関係と責任関係が並存しますので，事故で被害者に損害が発生しても，被保険者が法律上の損害賠償責任を負わなければ，原則として賠償責任保険でてん補すべき被保険者の損害も発生しないことになります。

　また，賠償責任保険においては，被保険者の損害賠償責任の有無や賠償額が確定して被保険者に損害が発生するまでには，以下のように保険事故となりうる事実や事象がいくつか存在します。

①　偶然な事故を引き起こす過失行為（不注意な行為）が行われること。

②　一定の偶然な事故が発生すること。

③　②の偶然な事故により第三者（被害者）が損害を被ること。

④　被保険者（加害者）に損害賠償責任が発生すること。

⑤　被保険者（加害者）が第三者（被害者）から損害賠償請求を受けること。

⑥　被保険者（加害者）の損害賠償責任が確定すること。

⑦　第三者（被害者）に損害賠償金が支払われること。

①～⑦のプロセスの中では，①原因事故（前段階事故），②結果事故，③損害事故，④責任負担事故，⑤請求事故，⑥責任確定事故，⑦弁済事故という7つの事故を保険事故として規定することが理論的には可能となります。

　なお，通常は，被害者たる第三者に損害が発生すれば被保険者は損害賠償責任を負担することとなるため，③損害事故と④責任負担事故は同時に発生すると考えられます。

▶賠償責任保険の保険事故の分類

　一般的な賠償責任保険は，「被保険者が，保険期間中に発生した他人の身体の障害または財物の滅失，破損もしくは汚損（以下「事故」といいます）について，法律上の損害賠償責任を負担することによって被る損害」をてん補すると規定しています。つまり，被保険者が，事故によって損害賠償責任を負担するという事実を保険事故と捉える方式であり，これを責任負担方式といいます。責任負担方式では，損害事故と保険事故は明確に区別されています。これは，事故が発生しても，必ず法律上の損害賠償責任が発生するわけではなく，訴訟などで争った結果，賠償責任を負わないケースもあるためです。

　賠償責任保険では，責任負担方式が保険事故の原則的な定め方となっていますが，例外的に，⑤の損害賠償請求を受けることを保険事故として捉える請求事故方式や，④の責任負担事故が「発見されたこと」を保険事故とする発見方式が採用される場合があります。

　請求事故方式は，被保険者が「他人から損害賠償請求を受けることを保険事故とする方式」であり，会社役員賠償責任保険（D&O保険⇒8-11）や公認会計士賠償責任保険（⇒8-7）などで採用されています。たとえば，会社役員によってなされた経営判断が原因で損害を被った株主が，その損害について会社役員の賠償責任を追及するケースを考えてみましょう。被保険者である会社役員の責任が発生した時期は，対人・対物事故のように明確ではないことに加えて，会社役員の経営判断の時点から株主の責任追及までには長期間の隔たりが生じることが多く，保険者は長期にわたって保険収支計算が困難になるというロングテール問題を抱える可能性があります。そこで，こうした問題を解消するために，D&O保険のような特定の賠償責任保険では請求事故方式が採用されています。

　また，発見方式は，被保険者が「他人に対して損害賠償責任を負うことが発

見されたことを保険事故とする方式」です。この方式は，医師賠償責任保険などで採用されていますが，それは医療ミスなどによる損害事故は，その発生時点が明確ではない場合があるうえに，発生してから長い年月が経った後に事故が発見されることなどが考慮されているためです。

▶保険事故とトリガー

賠償責任保険では，保険期間との関係で，どの年度の保険契約が適用されるのかという保険の発動要件（trigger：トリガー）があらかじめ約款で定められています。保険事故について責任負担方式を採用する一般的な賠償責任保険では，他人の身体障害や財物の損壊といった対人・対物事故（損害事故）が保険期間中に発生することを保険の発動要件としています。このように損害事故の発生をトリガーとする引受方式を事故発生ベース（occurrence basis：オカランス・ベース）といいます。対人・対物事故といった損害事故がトリガーとされるのは，その発生の偶然性が高くかつ発生時期が比較的明確であるためです。

これに対して，保険事故について請求事故方式が採用される海外PL保険，専門職業人賠償責任保険，D&O保険などでは，「保険期間中に被保険者に対して損害賠償請求がなされたこと」がトリガーとされ，これを損害賠償請求ベース（claims made basis：クレームズ・メイド・ベース）といいます。クレームズ・メイド・ベースが採用される場合，理論的には，保険期間中に損害賠償請求がなされれば保険給付の要件は満たされることになりますが，実務上は，損害賠償請求の原因となった行為や事実の発生した時期が，あらかじめ契約上定められた遡及日（retroactive date）以降であることが保険給付の要件とされていることが一般的です。また，保険事故として発見方式が採用される医師賠償責任保険などでは，「保険期間中に事故が発見されたこと」がトリガーであり，これを事故発見ベース（discovery basis：ディスカバリー・ベース）といいます。

賠償責任保険の保険事故とトリガーの関係をまとめると図表①のとおりです。

図表① 賠償責任保険の保険事故とトリガーの関係

保険事故の分類	責任負担方式	請求事故方式	発見方式
引受方式	事故発生ベース（オカランス・ベース）	損害賠償請求ベース（クレームズ・メイド・ベース）	事故発見ベース（ディスカバリー・ベース）
トリガー	保険期間中に損害事故が発生すること	保険期間中に被保険者に対して損害賠償請求がなされたこと	保険期間中に損害事故が発見されたこと

　賠償責任保険は，歴史的に，技術革新に伴うさまざまなリスクの出現に対応して新たな保険商品を生み出してきた分野です。たとえば，1903年に米国のライト兄弟が初の動力付き航空機の有人飛行に成功してからわずか8年後の1911年には，世界最初の航空保険契約がロンドンのロイズで締結されました。また，1920年代までには，米国で航空賠償責任保険の標準的な保険約款が存在したとされます。

　世界初の有人飛行の成功から1世紀余り経った現代では，遠隔操作や自動操縦によって飛行する無人航空機のドローンが開発され，農業，物流，建設など幅広い産業分野での活用に加えて，災害時の被災状況の確認などにも利用されています。日本では，2022年12月の改正航空法の施行により，レベル4（有人地帯での補助者なし目視外飛行）が可能となり，ドローンの活用範囲がいっそう拡大することが見込まれます。

　一方で，ドローンの利用者は，思いがけない事故によって，他人にケガを負わせてしまうことや建物を損壊させてしまうことにより賠償責任を負担する可能性があり，こうしたドローンの利活用に伴う賠償責任リスクに対してあらかじめ専用の保険（ドローン保険）で備えることが重要になります。ドローン保険は，一般的に，第三者に対する対人・対物事故などの損害賠償責任に関する補償とドローン自体の損傷など機体に関する補償を組み合わせた保険として販売されています。

　さらに，モビリティ分野での新たな動きとして，「空飛ぶクルマ」（正式名称は，電動垂直離着陸型無操縦者航空機）の開発が世界各国で進められており，新たな移動手段として注目されています。日本でも実用化に向けて実証実験などの取組みが進められているところですが，「空飛ぶクルマ」を開発中の企業や製造メーカーなどに対して，第三者に対する対人・対物事故による損害賠償責任に関して補償する保険が提供されており，賠償責任保険が「空飛ぶクルマ」の実用化を後押ししています。

　賠償責任保険が技術革新を支えていく歴史は，これからも刻まれていくものと思います。

ジョビー・アビエーション社が開発した「空飛ぶクルマ」
（写真：ジョビー・アビエーション社提供，時事）

▶保険給付の態様

　賠償責任保険の保険給付は，損害てん補給付と防御給付に分けられます（図表①）。まず損害てん補給付は，賠償責任保険の損害てん補機能に基づき，被保険者が第三者（被害者）に対して法律上の損害賠償責任を負担することによって被る損害，すなわち法律上の損害賠償金を保険金として支払うものです。

　法律上の損害賠償責任とは，民事上の責任であり，主に民法上の不法行為責任（民法 709 条など）や債務不履行責任（民法 415 条など）に基づくものですが，特定の損害賠償責任について特別法で規定される場合には，特別法上の損害賠償責任が適用されます。この特別法には，製造物責任法（PL 法），失火責任法，自動車損害賠償保障法，原子力損害賠償法，国家賠償法などがあります。一般の不法行為責任や債務不履行責任は，加害者に故意や過失があったことによって責任を追及されることになり，これを過失責任主義（fault liability principle）といいます。故意は加害行為を「わざと行うこと」であり，過失は加害行為を「不注意によって」してしまうことです。特別法による責任では，加害者に故意や過失があったか否かにかかわらず責任が追及されること（無過失責任といいます）もあります。

　一般的な賠償責任保険は，対人事故または対物事故によって被保険者が法律上の損害賠償責任を負担することによって被る損害に限定して，損害てん補給付を行います。それは，対人事故や対物事故は，「発生の偶然性が比較的高く，かつ，発生時期を客観的に特定しやすいもの」（東京海上日動編［2016］151 頁）であるためです。対人・対物事故以外の事由（たとえば，経営判断の誤りにより株主に損害を与えることや個人情報の漏えい）により損害賠償責任を負う場合は，一般的な賠償責任保険では補償されませんが，特別な契約条件を定めた専用の賠償責任保険（D&O 保険やサイバー保険など）や特約によって，補償の対象となることがあります。

　次に，防御給付は，防御機能を実現するものです。賠償責任保険の防御給付は，被保険者が損害賠償責任の有無を争うための訴訟費用や弁護士費用などの

図表①　賠償責任保険の保険給付の態様

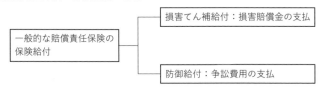

図表②　賠償責任保険における損害の範囲

損害の種類	内　容
損害賠償金	加害者である被保険者が被害者に対して支払う損害賠償金。訴訟のみならず，裁判外の和解や調停，仲裁により決定された賠償金であっても支払われる。
争訟費用	被保険者が，損害賠償責任に関する訴訟や裁判外の紛争解決の手続・交渉において，保険会社の同意を得て支出した費用（訴訟費用や弁護士報酬など）。
損害防止費用	事故が発生した場合に，事故による損害を防止・軽減するために，被保険者が支出した必要かつ有益な費用。
緊急措置費用	事故が発生した場合の緊急措置（被害者の応急手当など）に要した費用。被保険者に損害賠償責任がないことが判明した場合でも補償される。
協力費用	保険者が被保険者に代わって賠償事故の解決にあたる場合に，被保険者が保険者に協力するために負担した費用。

争訟費用を保険会社の同意を得て支出した場合に，保険金として支払います。争訟費用は，裁判の結果，被保険者に損害賠償責任があると判断された場合はもちろんのこと，損害賠償責任がないとして勝訴した場合であっても保険金支払の対象となります。ただし，免責事由（⇒8-6）に該当する場合や，被保険者に法律上の損害賠償責任があることが確定して敗訴した場合でも，保険の補償要件を満たさず損害賠償金の補償対象とならない場合（無責といいます）には，争訟費用は支払われません。

▶損害の範囲

　賠償責任保険は，損害賠償金に加えて，訴訟を提起された場合に被保険者が負担する各種費用も保険金の支払対象としています（図表②）。各種費用とは，争訟費用，損害防止費用，緊急措置費用，協力費用をいいます。争訟費用を負担することにより被る損害をてん補することは，賠償責任保険の大きな特色です。

　なお，保険法上の先取特権の対象となるのは，保険金請求権のうち損害賠償金請求権のみであり，費用保険金請求権は対象となりません。

▶支払限度額と免責金額

　すでに述べたとおり，賠償責任保険は消極財産保険であり，被保険利益の客観的な評価額である保険価額の概念が当てはまらないために，保険金額という用語はうまく適合せず，通常，てん補限度額（⇒3-9）として保険給付の限度額を設定します。

　賠償責任保険におけるてん補限度額は，保険事故が発生した際に保険者が被保険者に支払う保険金の最高限度額であり，実務上は，支払限度額と呼ばれます。支払限度額は「1事故あたり」または「被害者1名あたり」で設定されますが，保険期間中に複数の事故の発生が見込まれる保険種類では，さらに保険期間中の総支払限度額が設定される場合もあります。

　支払限度額は，一般的には損害賠償金のみに適用され，争訟費用などの費用保険金には適用されません。費用保険金について支払限度額が設定されないのは，たとえば，賠償事故の解決にかかる争訟費用をてん補することは，賠償責任保険の効用であるとともに保険者の利益に資する面もあることや，争訟費用以外の費用保険金については，保険者の側から見れば保険金の支出を抑制する効果があり，結果として適正な保険料水準の設定・維持につながるためです。

　そこで，費用保険金については，損害賠償金が支払限度額を超過する場合にかぎり，その超過割合に対して争訟費用の削減払いがなされる方式（外枠比例方式といいます）や支払限度額とは関わりなく，損害額の全額がてん補される方式（外枠〔全額〕方式といいます）が採用されています。なお，争訟費用が比較的高額になりやすい特殊な賠償責任保険（海外PL保険やD&O保険など）では，損害賠償金と争訟費用の合計額に対して支払限度額を設定する方式（費用内枠払い方式といいます）が採用されています。

　また，賠償責任保険では通常，免責金額として損害額のうち被保険者が自己負担する金額が設定されます。この場合には，1事故につき損害賠償金が免責金額を超過する部分のみが保険金支払の対象となり，支払限度額は損害賠償金額が免責金額を超える部分について適用されます。免責金額が設定されること

図表①　賠償責任保険において保険金が支払われる損害と支払限度額・免責金額

保険金が支払われる損害		支払限度額との関係	免責金額
法律上の損害賠償金		内枠方式	適　用
費用	争訟費用	外枠比例方式	不適用
	損害防止軽減費用	外枠（全額）方式	
	緊急措置費用		
	協力費用		

により，少額な損害については被保険者が負担することになるため，少額な損害事故の発生頻度が高い被保険者に対する事故抑止のインセンティブ効果があるとされます。免責金額は，争訟費用などの費用保険金には適用されません。

　賠償責任保険において保険金が支払われる損害と支払限度額との関係および免責金額の適用・不適用をまとめると図表①のとおりです。

▶免責事由──保険金が支払われない場合

　賠償責任保険は，対象となる賠償責任リスクの特性に応じて，保険種類ごとに多種多様な免責事由（⇒3-12）を定めています。賠償責任保険における基本的な免責事由は，以下のとおりです。

　(1)　**保険契約者または被保険者の「故意」**　賠償責任保険でも「故意」による損害は免責とされますが，他の保険とは異なり，「重過失」は免責とされません。それは，賠償責任保険が，加害者の賠償資力を確保することをもって被害者の損害を回復するという被害者救済機能を有していることにより社会的機能を発揮することが期待されるためです。また，賠償事故において単なる「過失」と「重過失」を区分することが実務的に難しいことにも対応しています。

　(2)　**一般的に「異常危険」とされるもの**

・戦争，変乱，暴動，騒じょうまたは労働争議
・地震，噴火，洪水，津波または高潮

　(3)　**被保険者が負担する損害賠償責任のうち特定の責任の形態や相手方に関するもの**

・被保険者と第三者間の特別の約定により加重された損害賠償責任
・被保険者が所有，使用または管理する財物の損壊
・被保険者と同居する親族に対する損害賠償責任
・被保険者の業務に従事中にその使用人が被った身体の障害に起因する損害賠償責任
・排水または排気に起因する損害賠償責任，など。

7 賠償責任保険には, どのような種類がありますか?

▶賠償責任保険の種類

　賠償責任保険は, 対象となる被保険者の属性およびリスクの特性に応じて, 大きく<u>個人向け賠償責任保険</u>, <u>専門職業人賠償責任保険</u>および<u>企業向け賠償責任保険</u>に分類されます。個人や企業の賠償責任リスクを補償する保険としては, このほか, 自動車損害賠償責任保険(自賠責保険), 任意の自動車保険(対人賠償責任保険・対物賠償責任保険), 航空保険, 運送保険などがあり, これらの保険商品は広義には賠償責任保険ということもできますが, 損害保険の実務において, 通常, こうした保険商品は独立した商品として分類し, 賠償責任保険には含めていません。

　(1)　**個人向け賠償責任保険**　個人が日常生活において, 他人にケガをさせる, または他人の物を損壊するなどの対人・対物事故によって, 法律上の損害賠償責任を負う場合に被る損害について保険金を支払います。代表的な保険商品として, 個人賠償責任保険や自転車保険があります(詳しくは 8-8 で説明します)。

　(2)　**専門職業人賠償責任保険**　医師, 弁護士, 公認会計士など, 高度に専門的な知識・技能を要する職業に従事する者が, その職務の遂行によって, 法律上の損害賠償責任を負う場合に被る損害について保険金を支払います。具体的な保険商品として, 医師賠償責任保険, 弁護士賠償責任保険, 公認会計士賠償責任保険, 司法書士賠償責任保険, 建築士賠償責任保険などがあります。

　(3)　**企業向け賠償責任保険**　企業の賠償責任リスクは, 業種や規模などにより多種多様であることから, こうした企業を取り巻くさまざまな賠償責任リスクに対処する保険商品が複雑なものにならないよう, 約款構成上の工夫がなされています。具体的には, 一般的な賠償責任保険は, 共通の決まりごとを規定する普通保険約款とリスクの特性に応じた具体的な補償の内容を規定する特別約款から構成され, さらに, 普通保険約款や特別約款の規定に, 一部追加または変更する場合には, 特約条項が付帯されます。

　なお, D&O 保険やサイバー保険などの特殊な賠償責任保険は, 独自の普通保険約款に特約条項を組み合わせる商品構成となっています。

図表①　企業向け賠償責任保険の商品構成

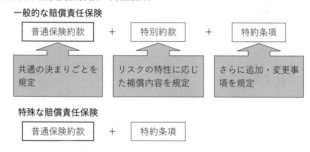

▶主な企業向け賠償責任保険

主な企業向け賠償責任保険の概要は，以下のとおりです。

(1)　**施設賠償責任保険**　施設（建物，設備，土地など）の所有，使用または管理によって，あるいは，施設の内外で行われる仕事の遂行によって生じた対人・対物事故により，施設の所有者や管理者などが法律上の損害賠償責任を負うことにより被る損害をてん補します。

(2)　**請負業者賠償責任保険**　建築工事などの請負業務の遂行において発生した対人・対物事故により，請負業者が法律上の損害賠償責任を負うことにより被る損害をてん補します。

(3)　**生産物賠償責任保険**　製造・販売した商品，または，完成後に発注者に引き渡した工事の目的物等によって，対人・対物事故が発生し，製造業者や販売業者が法律上の損害賠償責任を負うことにより被る損害をてん補します。

(4)　**受託者賠償責任保険**　他人の財物を預かった業者（荷物一時預り所，倉庫業者など）が，その預かった物を壊したり，汚したり，紛失したり，盗まれたりしたことによって，法律上の損害賠償責任を負うことにより被る損害をてん補します。なお，他人から預かった財物を自動車に特定する自動車管理者賠償責任保険があります。

上記のほかに，労災リスクに備える保険として販売されている労働災害総合保険の一部として引き受けられる使用者賠償責任保険などがあります。また，複数の保険商品を組み合わせた総合保険が，保険会社独自の商品名で販売されています（図表①）。

8 日常生活の賠償責任リスクを補償する保険はありますか？

▶日常生活における賠償責任リスク

　私たちは日常生活を営むなかで，誤って他人にケガをさせることや他人の物を壊してしまうことにより，他人に損害を与えた場合には，その損害を賠償する責任を負います。この被害者に発生した損害を賠償する責任は，民事上の責任といって，いわゆる刑罰（刑事上の責任）や行政処分（行政上の責任）とは区別されます。民事上の責任は，主に民法という法律の規定を根拠としています。民法の中でも，一般的な不法行為責任について規定する709条の条文は，以下のとおりです。

> **民法709条**　故意又は過失によって他人の権利又は法律上保護される利益を侵害した者は，これによって生じた損害を賠償する責任を負う。

　民事上の責任に基づいて損害賠償責任を負担する場合は，さまざまなケースが想定されるため，私たちは「いつ」それが自分の身に降りかかるかを予測することは，ほとんど不可能といえます。また，現実に損害賠償責任を負わなければならなくなった場合に，「いくらの」損害賠償金を負担しなければならないのかは，被害者との交渉や裁判の動向によって決まるため，その金額をあらかじめ見積もって準備しておくことも難しいといえます。

　そこで，個人の日常生活上の賠償責任リスクを補償する保険に前もって加入しておくことにより，思いがけない事故で加害者となってしまった場合の経済的損失に備えることができます。以下では，個人の身の回りの賠償責任リスクに対処する保険商品として個人賠償責任保険と自転車保険を取り上げます。

▶個人賠償責任保険

　個人賠償責任保険は，日常生活における賠償責任リスクを幅広く補償する保険商品で，一般的には自動車保険，火災保険，傷害保険等の特約として，日常生活賠償特約や個人賠償責任補償特約などの名称で販売されています。個人賠償責任保険の一般的な補償内容および被保険者の範囲は，図表①のとおりです。

　なお，個人賠償責任保険の補償の対象となる偶然な事故は，他人の身体障害

図表①　補償の内容と被保険者の範囲

補償の内容	被保険者が，日常生活や住宅の所有・使用・管理に起因する偶然な事故により，他人にケガをさせた場合や他人の物を壊したりした場合に，法律上の損害賠償責任を負担することによって被る損害について保険金を支払う。損害賠償金および各種費用（損害防止費用，緊急措置費用，示談交渉費用，協力費用，争訟費用）が保険金として支払われる。
被保険者の範囲(注)	① 本人。 ② 本人の配偶者。 ③ 本人またはその配偶者の同居の親族。 ④ 本人またはその配偶者の別居の未婚の子。 ⑤ ①から④のいずれかの者が責任無能力者である場合は，その者の親権者，その他の法定の監督義務者および監督義務者に代わって責任無能力者を監督する者。

（注）保険会社により取扱いが異なる場合がある。

や他人の財物損壊のような対人・対物事故に限られず，たとえば，線路に誤って侵入して電車を運行不能にさせるなど対人・対物事故を伴わないケースも含まれる場合があります。また，保険商品によっては，友人から借りた物やホテル等の宿泊施設内の備品など，被保険者が所有・使用・管理している物であっても限定的に補償の対象としている場合があります。

▶自転車保険

　近年，自転車事故により，加害者が高額な損害賠償金を負担するケースが増加しています。加害者は，被害の大きさによっては数千万円の損害賠償金を支払わなければならない場合もあり，なかには9000万円を超える賠償金の支払が命じられたケースも存在します。このような状況を受けて，自転車事故の賠償責任リスクなどに備える保険として自転車保険に対する需要が高まっています。

　自転車保険は，一般的には，自分のケガのリスクに対する保険（傷害保険）と個人賠償責任保険（賠償責任保険）を組み合わせた商品構成となっており，自転車事故の被害者となる場合に加えて，加害者として損害賠償責任を問われる場合にも備えることができます。最近では，自転車事故の被害者救済のために，各地方自治体の間で，自転車保険（自転車損害賠償責任保険等）への加入を義務化することや努力義務とする条例制定の動きが広がっています。

　また，自転車事故に備える保険として，TSマーク付帯保険もあります。自転車安全整備店で有料の点検整備を行い，基準に合格した自転車に貼付されるマークに傷害保険と賠償責任保険（対人事故のみ）が付帯されています。この賠償責任保険の支払限度額は，TSマークの色により異なっており，緑色と赤色のTSマークは1億円，青色のTSマークは1000万円です。

▶普通保険約款の概要

　賠償責任保険の普通保険約款は，さまざまな賠償責任保険商品のベースとなるもので，共通の一般的な事項を定めています。たとえば，施設賠償責任保険は，賠償責任保険普通保険約款に施設所有（管理）者特別約款を組み合わせた商品であり，生産物賠償責任保険（PL保険）は，賠償責任保険普通保険約款に生産物特別約款を組み合わせることで成り立っている保険商品です。

　企業向けの賠償責任保険は，保険法上，「法人その他の団体又は事業を行う個人の事業活動に伴って生ずることのある損害をてん補する損害保険契約」（36条4号）に含まれ，片面的強行規定（⇒3-6）の対象からは除外されています。これは，企業活動に特有のリスクは，巨大な損害を発生させる場合があり，また，リスク評価に必要な情報が保険に加入する企業側に著しく偏在しているなどの特殊性を有していることから，リスクの特殊性を踏まえた合理的な保険商品の設計・開発を阻害しないようにするためです（中出・嶋寺［2021］311～312頁）。実際，企業のニーズに応じた多種多様な賠償責任保険商品が販売されています。

　賠償責任保険の普通保険約款では，すでに取り上げた，保険事故，損害の範囲，支払限度額，免責金額，免責事由（保険金が支払われない場合），先取特権のほかに，保険期間，告知義務と通知義務，事故発生時の義務，損害賠償請求の解決のための協力などを定めています。また，保険の発動要件（トリガー）である他人の身体障害や財物損壊について，以下のとおり定義しています。

①身体障害は，「人の傷害および疾病ならびにこれらに起因する後遺障害および死亡」をいいます。つまり，身体の障害には，傷害（ケガ）のほかに，疾病（病気）およびケガや病気に起因する後遺障害や死亡も含まれます。

②財物損壊は，「財物の滅失，破損または汚損」をいいます。財物は財産価値のある有体物のことです。したがって，データやソフトウェア，物権・債権等の法律上の権利，電気等のエネルギーなどの無体物は財物に含まれません。

▶施設賠償責任保険

　施設賠償責任保険は，施設の欠陥や施設の内外で行われる仕事の遂行に起因して生じた身体の障害や財物の損壊，また，イベントに起因して生じた身体の障害や財物の損壊によって，被保険者である施設の所有者・管理者やイベントの主催者が負う法律上の損害賠償責任を補償する企業向けの賠償責任保険です。

　つまり，施設賠償責任保険は，「施設」に起因する損害賠償責任負担リスクと，「仕事」の遂行に起因する損害賠償責任負担リスクを担保危険としています（吉澤監著［2020］106 頁）。

　たとえば，商業施設内で発生したガス爆発により来場者にケガを負わせることや近隣の建物に損害を与えた場合，飲食店の従業員のミスにより来客にやけどを負わせた場合，イベント会場での誘導ミスにより観客が将棋倒しになって負傷した場合などに，施設を所有，使用または管理する事業者やイベントの主催者が，法律上の損害賠償責任を負担することにより被る損害をてん補します。

　なお，施設賠償責任保険では，被保険者の占有を離れた商品や飲食物による事故については，それが施設内であるか施設外であるかにかかわらず補償の対象外（免責）となります。たとえば，テーマパーク内で提供された飲食物が原因で来場者に食中毒事故が発生した場合は，免責となります。また，商品や飲食物以外の財物は，被保険者の占有を離れて，かつ，施設外にある場合には同じく免責となります。これら被保険者の占有を離れた商品・飲食物などの財物による事故は，生産物賠償責任保険により補償されることから，施設賠償責任保険では免責とされています。

▶生産物賠償責任保険（PL 保険）

　生産物賠償責任保険（product liability insurance：PL 保険）は，被保険者が製造または販売した製品や商品によって発生した事故（例：販売した家電製品から発火し購入者がやけどを負った，製造・販売された食品により集団食中毒が発生した）によって，法律上の損害賠償責任を負う場合や，被保険者が行った仕事の結果によって，仕事の終了後に発生した事故（例：マンション建設の工事ミスにより外壁が剝がれ落ちて通行人を負傷させた，ボイラーの設置工事のミスによりボイラーが破裂して住宅が損壊した）により負担する法律上の損害賠償責任を補償します。前者は，生産物危険と呼ばれるのに対し，後者は，完成作業危険と呼ばれます。

　PL 保険の補償対象は，製造物責任法（PL 法⇒column）に基づく損害賠償責

任に限られず，民法上の損害賠償責任（不法行為責任，債務不履行責任）も対象としています。したがって，食品，医薬品など製品の製造業者，小売業者，飲食店に加えて，建設業者，機械設置・修理業者など幅広い業種の事業者を被保険者とすることができます。ただし，海外に輸出した商品による事故は PL 保険の対象とはならないため，輸出製品を製造するメーカーなどは，海外 PL 保険に加入する必要があります。

PL 保険で補償される損害は，被保険者の占有を離れた保険証券記載の財物（生産物）によって発生した事故による損害，または，被保険者が行った保険証券記載の仕事の結果によって，仕事の終了後に発生した事故による損害です。

また，PL 保険は，主に以下のような免責事由を定めています。

・生産物または仕事の目的物自体の損壊に対する損害。
・被保険者が故意または重過失により法令に違反して製造，販売もしくは提供した生産物または行った仕事の結果による損害。
・仕事の行われた場所に放置・遺棄した機械，装置または資材による損害。
・生産物または仕事の目的物の回収にかかる費用および回収による損害。
・生産物が原材料や部品等として使用された完成品の損壊による損害。
・生産物である機械により製造・加工された製造加工品の損壊による損害。

| column | PL 法とは

PL 法は，製造物の欠陥が原因で生命，身体または財産に損害（被害）を被った場合に，被害者が製造業者などに対して損害賠償を求めることができることを規定した法律で，1995 年 7 月に施行されました。PL 法は，一般的な不法行為責任を規定する民法に対して特別法の位置にあります。民法上の不法行為責任に基づく損害賠償請求の場合には，被害者が加害者の故意または過失を立証する必要がありますが（過失責任主義），PL 法に基づく責任の場合，被害者である消費者は，製品に欠陥がありその欠陥が原因で損害を被ったことを立証すれば，加害者であるメーカー側の過失の有無にかかわらず損害賠償を請求することができます。

PL 法の機能は，欠陥がある製品を製造したメーカー側の損害賠償責任を規定して消費者救済を図ることに加えて，メーカー側の責任を明確にし，その安全対策に向けたインセンティブを向上させることで，「製品事故の未然防止を促す機能」も期待されています。

chapter 8 — 10 サイバー保険とは どのような保険ですか？

▶サイバーリスクと企業の損害

　企業の事業活動におけるデジタル化の進展に伴い，サイバー攻撃，プライバシーの侵害，事業中断，IT システムの故障・機能停止などのサイバーインシデントによって，企業が重大な損害を被る可能性，すなわち<u>サイバーリスク</u>（cyber risk）は増大しています。とりわけ，サイバー攻撃は，近年ますます巧妙化・高度化しており，攻撃の件数も増加していることから，企業にとって大きな脅威となっています。

　サイバー攻撃にはさまざまな手口がありますが，たとえば，ランサムウェアのように企業等のネットワークに侵入してデータを暗号化し，暗号化されたデータの復号を条件として身代金を要求するマルウェア（悪意あるソフトウェア）による攻撃や，機密情報などを詐取する目的で，マルウェア付きの電子メールを特定の企業や組織に送って攻撃する標的型メール攻撃があります。日本の企業等の組織が直面している情報セキュリティ上の脅威は，ランサムウェアによる被害が最も大きく，次いで，サプライチェーンの弱点を悪用した攻撃，標的型攻撃による機密情報の窃取，の順に大きな脅威として捉えられています（IPA〔情報処理推進機構〕[2023] 6 頁）。

　企業は，サイバーリスクによって，情報漏えいなどの被害を被った第三者への損害賠償責任，サイバー攻撃の原因や被害範囲調査などサイバーインシデントの対応にかかる各種費用の負担，事業中断による利益の喪失や増大するオペレーティングコストの負担にかかる損害を被る可能性があります。サイバーリスクに起因して企業が被る損害をまとめると，図表①のとおりです。

図表①　サイバーリスクによる企業の損害

第三者の被害に伴う損害	自社が被る損害	
	費用損害	事業中断損害
第三者に対して損害賠償責任を負担することによる損害	各種のサイバーインシデント対応にかかる費用の損害	利益損害，オペレーティングコストの負担にかかる損害

▶サイバー保険

　サイバー保険は，1990年代に米国で普及し始めましたが，初期のサイバー保険は，オンラインメディアやネットワーク等の不具合に起因して発生する第三者の損害に対する賠償責任を補償する保険（サードパーティ保険）でした。その後，2000年代半ば以降，不正アクセスやそのおそれに対する原因・被害範囲の調査費用や事業中断による利益損害など，被保険者自身に発生した損害を補償するファーストパーティ型のサイバー保険が米国で登場しました。

　日本では，2011年頃からランサムウェア等によるサイバー攻撃による被害が増大したことを受けて，サイバーリスクを補償する保険に対するニーズが高まり，2015年に東京海上日動火災保険株式会社が，国内大手損害保険会社では初めて，和文約款のサイバーリスク保険の販売を開始しました。

　日本で販売されているサイバー保険は，企業の事業活動に伴うサイバーリスクに対して，包括的な補償を提供する保険です。サイバー保険の補償内容は保険会社ごとに異なりますが，一般的には，サイバーインシデントにより被害を被った第三者に対する損害賠償責任に基づき，企業が負担する損害賠償金や争訟費用を補償する「第三者の被害に伴う損害の補償」やサイバーインシデント発生時に必要となる各種対応（事故原因の調査，データ等の復旧，コールセンター設置，記者会見，見舞金の支払，法律相談，再発防止策の策定など）の費用損害の補償が含まれています。また，コンピュータシステムの機能停止により生じる喪失利益の損害や営業継続費用が補償される場合もあります。

　さらに，付帯サービスとして，サイバーインシデントの発生前には，サイバーリスクに関する情報提供やサイバーセキュリティ診断サービスが，サイバーインシデント発生時には，専門事業者の紹介などの事故対応支援サービスが提供されることもサイバー保険の大きな特徴です。

　デジタル化のさらなる進展や新たなテクノロジーの導入によるデータ利活用の増大に加えて，個人情報保護法の制定・改正により個人情報の取扱いに関する情報セキュリティの強化が強く求められるようになっていることから，今後，企業のサイバーリスク管理におけるサイバー保険の重要性は，いっそう高まることが予想されます。

11 D&O 保険とはどのような保険ですか？

▶会社役員の賠償責任リスク

　会社役員（取締役，監査役，執行役など）は，会社の経営を執行し監督する責任を負っています。会社経営では，会社の利益をあげるために適切にリスクをとることが必要となりますが，会社を取り巻くリスクはますます複雑化・多様化しており，会社役員は，時として難しい経営判断を迅速に下すことが求められる場合があります。

　たとえ会社の利益のために下した経営判断であっても，結果として会社に損害を与えてしまった場合には，株主や第三者から厳しい損害賠償責任の追及を受ける可能性があります。会社役員は，こうした損害賠償請求に対して，訴訟における防御のために弁護士費用などを負担する必要があり，また，敗訴した場合には損害賠償金を自ら負担しなければならないという経済的リスク（賠償責任リスク）を抱えているといえます。

▶D&O 保険の意義

　D&O 保険（会社役員賠償責任保険：directors' and officers' liability insurance）は，会社の役員が，その業務の遂行に伴って負担することとなる法律上の賠償責任リスクを補償する保険です。もともと会社役員に対する責任追及が活発になされる米国において，1930 年代から 40 年代初めにかけて誕生し普及した保険です。日本では，1990 年代に米国の D&O 保険を模範とする英文約款の商品が初めて販売され，93 年の商法改正による株主代表訴訟リスクの増大を受けてニーズが高まり，和文約款の商品が開発・販売されました。

　その後も，会社法の改正やコーポレートガバナンスの進展などの環境変化に応じて，補償内容の拡充が図られています。今や，国内の上場企業のおよそ 9 割が D&O 保険に加入しているとされます。日本の D&O 保険は，導入された当初より，会社役員個人が，株主代表訴訟などの損害賠償請求を受けたことにより被る損害（損害賠償金・争訟費用）を補償してきました。これは，D&O 保険の役員個人の賠償責任に関する補償で，Side A カバーと呼ばれています。

　他方で，会社が，役員との補償契約に基づいて役員の損害を補償することに

図表① D&O保険の基本的な仕組み（Side A カバー）

保険契約の締結方法	会社が保険契約者（原則として保険料を負担）となり、すべての役員を被保険者として契約を締結する。なお、子会社の役員を被保険者に含めることができる。
損害の範囲	被保険者（役員）が負担する「法律上の損害賠償金」および「争訟費用」。
支払保険金の額	「(損害額－免責金額)×縮小てん補割合(注)」により算出される。ただし、「支払限度額」を限度とする。
保険事故・トリガー	保険事故は、「被保険者（役員）が保険期間中に損害賠償請求を受けたこと」である（＝請求事故方式）。また、トリガーは、「保険期間中に被保険者（役員）に対して損害賠償請求がなされたこと」であり、その時点で有効な保険契約から保険金が支払われる（＝損害賠償請求ベース）。
主な免責事由	被保険者の行為（犯罪行為や法令違反を認識しながら行った行為等）に関する免責事由、初年度契約の開始前の行為に対する損害賠償請求を保険保護の範囲から除外するなど「駆け込み契約」を排除するための免責事由、会社や他の役員等により提起される「馴れ合い訴訟」に関する免責事由などがある。

(注) 免責金額を超える損害額のうち保険金が支払われる割合。

図表② D&O保険の基本設計（Side A カバー）

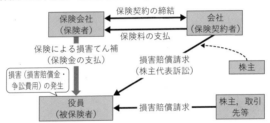

（出所） 経済産業省コーポレート・ガバナンス・システムの在り方に関する研究会「コーポレート・ガバナンスの実践」・別紙2「会社役員賠償責任保険（D&O保険）の実務上の検討ポイント」掲載のイメージ図をもとに筆者作成。

より被る損害をてん補する会社補償に関する補償や、会社が、有価証券報告書の不実記載等に関して損害賠償請求を提起されたことにより被る損害をてん補する証券訴訟に関する補償が、D&O保険にパッケージ化されるようになっています。前者はSide Bカバー、後者はSide Cカバーと呼ばれています。

つまり、D&O保険は、従来からの「役員個人の資産を守る保険」という役割に加えて、会社の企業価値の向上をサポートする「会社のための保険」としての役割もまた期待されるようになっているといえます。

▶D&O保険の基本的な仕組み・基本設計（Side A カバー）

D&O保険は、一般に、会社が保険契約者となり、役員全員を被保険者として締結されます。D&O保険（Side Aカバー）の基本的な仕組みは図表①、基本設計は図表②のとおりです。

12 賠償責任保険は
近年どのように発展していますか？

▶**シェアリングエコノミーの進展と賠償責任保険**

　シェアリングエコノミー（sharing economy）は，消費傾向がモノの「所有」から「利用」へと変化することに伴い，世界的に進展している新たな経済システムです。日本でもシェアリングエコノミーの市場規模は年々増大しており（2018 年度：1 兆 8874 億円，2022 年度：2 兆 6158 億円），2032 年度は 15 兆 1165 億円へ拡大することが見込まれています（情報通信総合研究所［2023］2 頁）。

　保険は，シェアリングサービスを提供する事業者と利用する消費者の双方にとって，トラブルが発生したときに備える手段として，重要な役割を果たします。シェアリングサービスの提供や利用に伴う賠償責任リスクを包括的に補償する保険として，プラットフォーム事業者向けにシェアリングエコノミー専用保険が開発・販売されています。同保険は，シェアリングエコノミー協会の認証制度を取得したプラットフォーム事業者については保険料を割り引くという特徴を有しています。

　また，モビリティ分野のシェアリングサービスとして，近年注目を集めているのが，MaaS（Mobility as a Service）です。MaaS は北欧の国フィンランドで発祥した概念ですが，日本でも成長戦略の 1 つとして政府主導で推進されています。MaaS では，カーシェアやライドシェアといった自動車のシェアリングサービスに加えて，鉄道，バス，タクシー，オンデマンド型乗合サービス，自転車シェアリングなど多様なモビリティサービスが，デジタル技術を活用してシームレスに提供されるため，利用者の利便性が向上し，過疎地域などでの移動手段の確保といった社会課題の解決にもつながると考えられます。一方で，MaaS サービスの利用者は，自動車事故による賠償責任リスクに加えて，ケガのリスク，所有物の毀損・盗難リスク，遅延リスク，サイバーリスクなどさまざまなリスクに直面する可能性があります（堀田・山野・加瀬編著［2022］216～218 頁）。

　日本の保険業界では，MaaS 向け保険の開発・販売が進められており，保険会社と鉄道事業者などとの実証実験も始まっています。今後，MaaS のさらな

る普及と発展に貢献する保険商品やサービスの提供が期待されます。

▶新たなモビリティ向け賠償責任保険

近年，新たなモビリティ（mobility）が次々と開発され，移動や配送の手段が多様化しています。とくに，物流サービスの分野では，深刻な人手不足や過疎地域における買物弱者への対応が社会課題となっており，物流施設から顧客へ荷物を届けるまでのラストワンマイル（last one mile）の配送サービスを確保・拡充するための取組みが進められています。

そのようななかで，注目を集めているのが自動配送ロボットです。自動配送ロボットとは，経済産業省によれば，「自動で走行して，物流拠点や小売店舗等からさまざまな荷物や商品を配送するロボット」のことです。2023年4月の改正道路交通法の施行により，自動配送ロボット（遠隔操作型小型車）については，歩行者と同等の扱いとなり，歩道や路側帯を走行することが可能になりました。

自動配送ロボットは，自動車や原動機付き自転車とは異なる分類であるため，自賠責保険や自動車保険の対象外となります。そこで，自動配送ロボット走行中の賠償責任リスク，ロボット本体・配送物の破損リスクや盗難リスク，サイバーリスクなどに対処する自動配送ロボット向け保険の開発が進んでいます。

▶ESGと賠償責任保険

ESGは，E：Environment（環境），S：Social（社会），G：Governance（ガバナンス）の頭文字をとったもので，国連の責任投資原則（Principles for Responsible Investment：PRI）が提唱した概念です。ESGは，環境（地球温暖化，生物多様性等），社会（労働環境，人権等），ガバナンス（コンプライアンス，情報開示等）という3つの要素に配慮することですが，保険業は，ESGを重視する経営とESG投資という2つの側面でESGと密接に結びついています（⇒5-10）。

ESGを重視する経営において，賠償責任保険は重要な役割を果たしています。たとえば，日本の成長戦略の一環としてコーポレートガバナンスの強化が進められていますが，D&O保険は有能な人材を役員として登用するための環境整備の1つとして活用されており，企業のコーポレートガバナンスの整備・強化に貢献しています。また，ESGの取組みが進んでいる企業に対して，気候変動などの環境問題や人権問題が発生した場合に，原因調査費用や再発防止費用を補償する費用カバーをD&O保険の特約として提供する保険会社もあ

ります。

このように，賠償責任保険が ESG の取組みを推進していることを理解することは重要なことです。

|column①| ランサムウェア保険

近年，世界的にサイバー攻撃の脅威が高まっています。なかでもランサムウェア攻撃による被害が拡大しており，攻撃の頻度が増大しているのみならず，身代金の要求も高額化しています。また，ランサムウェア攻撃の標的は，個人，政府機関，病院，民間企業，自治体など多岐にわたっています。2021 年には，米国のエネルギー大手で米国東部のエネルギー供給の約 45 ％を担うコロニアル・パイプラインが，ランサムウェア攻撃を受けて 6 日間の操業停止を余儀なくされ，440 万米ドル（約 4 億 8000 万円）という高額な身代金を支払う事態に陥りました。

実は，世界にはこうしたランサムウェア攻撃により支払った身代金を補償するサイバー保険が存在します。たとえば，標準的なサイバー保険の一部としてランサムウェア補償（ransomware coverage）を提供する保険会社や，一般的なサイバー保険や誘拐・身代金保険などの特約としてサイバー恐喝条項（cyber extortion endorsement）を付帯する保険会社があります。こうしたランサムウェア攻撃による身代金支払などの損害を補償する保険は，ランサムウェア保険（ransomware insurance）と呼ばれています。また，ランサムウェア保険の特徴は，身代金支払の補償にとどまりません。保険会社は，企業がランサムウェア攻撃を受ける前には，攻撃が成功する可能性を低減するための侵害前サービスを提供し，攻撃が発生した後には，企業のコスト負担を最小限に抑えるための侵害後サービスを提供しています。こうしたリスクコントロール・サービスの提供を通して，被保険者である企業に対し付加価値

ランサムウェアの脅迫文画面（写真：トレンドマイクロ／時事提供）

を提供しているといえます。

　一方で，身代金支払を補償するランサムウェア保険の存在が，攻撃者によるランサムウェア攻撃のインセンティブを高めているとの指摘もあります。実際，身代金を支払った被害者が再び攻撃の標的になることが多いとのエビデンスもあるようです。保険がランサムウェア攻撃を助長することがないよう，モラルハザードを抑止する商品設計が求められているといえます。

| column② | フードデリバリーと賠償責任保険

　近年，フードデリバリー・サービスへのニーズが高まりつつあります。新型コロナウィルス感染症拡大に伴う行動制限の影響により，外食を控える消費者の間でフードデリバリー・サービスが注目されるようになったことは記憶に新しいところですが，そのほかにも，共働き世帯の増加や少子高齢化による高齢者世帯の増加などの社会的要因，原材料価格・人件費等の上昇による外食価格の値上がりなどの経済的要因も，フードデリバリー・サービス市場の成長を促進しているとされます。

　一方で，フードデリバリー・サービスの提供にはさまざまなリスクも伴います。たとえば，配達員が配達中の事故によって歩行者にケガを負わせてしまったり，商品の受け渡し時に誤って料理をこぼして注文者にやけどを負わせてしまったり，注文者の自宅の物を誤って壊してしまうなどの対人・対物事故によって，配達員が法律上の損害賠償責任を負担するという賠償責任リスクはその１つです。

　そこで，保険会社はフードデリバリー事業者との協定に基づいて，配達員に対して，配達中の対人・対物賠償責任の補償と配達員自身のケガの補償を自動的に適用する保険商品を提供しています。この保険は，予期しない事故によって加害者となりうる配達員をサポートするとともに，サービス利用時に思わぬ損害を被る可能性がある注文者を守るための保険であるといえます。

食事を配達する Uber Eats のサイクル
宅配便（写真：Ceri Breeze）

　私たちの身近な存在となりつつあるフードデリバリー・サービスを賠償責任保険が支えていることにも，ぜひ注目していただきたいと思います。

chapter 9

海 上 保 険

海上を行き交う石油タンカーや貨物船（写真：iStock / MAGNIFIER）

Introduction

海上保険は，海上の各種危険にさらされている財産についての保険で，主な保険は，貨物保険と船舶保険ですが，洋上風力発電装置の保険など，さまざまな保険があります。日本は，世界有数の貿易立国，海運国であり，海に関係するビジネスはきわめて重要です。海上保険は，それを支える重要な制度です。

海上保険は，事業者向けの保険で，日常生活に関する個人分野の損害保険とは異なる種々の特徴を有し，また，国際的な保険です。歴史においても，最も古い損害保険で，今日の各種損害保険は，海上保険の理論をもとにして生成されてきました。

海上保険に関する知識は，貿易や海運に携わる人に必要であるだけでなく，企業分野の保険を勉強するうえでも基本となるものです。また，グローバルな保険の世界を知るうえでも有益です。

海上保険は，特殊で専門的な保険と思われるかもしれませんが，海上保険の世界に関心を持ってもらえれば幸いです。

chapter 9 — 1 海上保険には, どのような種類がありますか？

▶海上保険とは

　海上保険（marine insurance）という名称は，海のリスクに対する損害保険に対する総称で，海上保険という具体的な保険はありません。商法は，海上保険契約を「航海に関する事故によって生ずる損害をてん補する保険契約」と定義しています。ただし，実務では，商法のこの定義より広く，海のリスクにさらされている財産や貿易の対象物に対する各種保険を広く海上保険として扱っています。また，国内陸上運送の保険は，運送保険となりますが，運送保険も貨物保険の1つとして，広くは，海上保険分野の保険として扱われています。

▶海上保険の対象

　海のリスクにさらされている財産はさまざまです。商船や漁船などの各種の船舶，輸送貨物，養殖場の魚，洋上の各種施設，洋上風力発電装置，海底ケーブルやパイプラインなどいろいろです。そこで，これらに対する海上保険は，財産の種類，地域（国内か，外国にまたがるか），対象とする事故，てん補する損害の種類などによって，種々の保険に分かれます。

▶海上保険の引受主体

　海上保険の引受けの中心は，民間の損害保険会社となりますが，そのほか，船舶による各種賠償責任をカバーする船主の相互保険組合（P&I クラブ⇒9-7），漁船についての漁船保険組合，水産物についての漁業共済組合が存在し，相互保険方式または共済方式で海上の損害をカバーしています。なお，海上保険という場合，通常は，営利保険事業のみを指し，水産省が所管する漁船保険や漁業共済は対象には含めていませんが，それらの制度も海上保険の仕組みを踏まえて作られています。

▶海上保険契約の文言

　海上保険では，主要な貨物保険，船舶保険のいずれにおいても，国内の港のみを寄港する内航と外国の港にも寄港する外航とで，保険契約の内容と文言に違いがあります。

　内航は，国内の港間の移動になりますので，日本語の保険証券と日本語の約

対象財産		該当する保険の種類	引受組織
貨物	国内陸上輸送貨物	運送保険	民間保険会社
	国内海上輸送貨物	内航貨物海上保険	
	貿易貨物（航空輸送，三国間輸送を含む）	外航貨物海上保険	
	漁獲物，養殖水産物	内航貨物海上保険（特約）	
		漁業共済	漁業共済組合
船舶	ヨット，モーターボート	プレジャーボートの保険（名称は各社で異なる）	民間保険会社
	内航船舶	内航船舶保険	
	外航船舶	外航船舶保険	
	各種船舶（収益）	船舶不稼働損失保険	
	各種船舶（各種の賠償責任）	船主責任保険（P&I 保険）	P&I クラブ(注)
	漁船	漁船保険	漁船保険組合(注)
石油掘削装置など	領海内，外国の各種海上施設など	当該財産に関する総合的保険（名称は種々）	民間保険会社

（注） 一部，民間保険会社でも引き受けている。

款による取引となり，日本法が適用されます。一方，外航は，保険の内容も外国に行くことを想定したものとなります。また，外航の場合は，保険契約者や被保険者が外国の会社である場合が多いため，英語の保険証券と保険約款が広く利用されています。通常は，ロンドン・マーケットで使われている保険約款をもとに，一部，日本の実情に沿うように変更したものが利用されています。ロンドンは，海上保険における世界の中心的な市場で，日本だけでなく世界の多くの国で，その約款が利用されています。

▶主な海上保険の種類

　海上保険は，大きくは，貨物保険，船舶保険，その他の保険に分かれます。さらに，外航か内航かによって保険の内容に違いがあります。貨物保険は，外航貨物海上保険，内航貨物海上保険のほかに，陸上の物流貨物に対する運送保険があります。貨物保険という場合には，運送保険も含めています。

　主要な海上保険の種類は，図表①のとおりです。

▶保険の対象と期間

運送保険と内航貨物海上保険は，いずれも国内で輸送される貨物を対象として，その物的損害をカバーする保険です。個別の輸送について保険をつける方式もあれば，特定の期間（たとえば1年）の輸送を包括的に対象とする方式もあります。製造・加工業者では，材料や製品等を頻繁に輸送しますので，輸送を包括的に対象とする1年ごとの保険が利用されています。年間の支払限度額も設定されます。輸送中に加えて保管中や工場での加工中のリスクも対象とする保険も多く利用されていて，ロジスティック保険と呼ぶ会社もあります。こうした保険は，企業の物流の実態とニーズを踏まえてアレンジされます。

運送保険と内航貨物海上保険の内容は，共通する部分が多く，会社によっては，両者で共通の普通保険約款を利用し，それに各種の特約を加えています。

▶保 険 価 額

保険契約の締結時に保険価額が協定されます。運送保険では，通常，荷物の価格（仕切状面価格），内航海上保険の場合には，それに一定率（5% など）を加算した額を基本として，当事者で保険価額を協定します。

▶保険事故と免責

保険会社によって相違はありますが，運送保険，内航貨物海上保険では，対象とする保険事故を，火災・爆発，輸送用具の衝突・転覆・沈没などの特定事故に絞った方式と，オールリスクを基本として幅広く事故をカバーする方式が用意されており，貨物の性格，リスク，保険料等を踏まえて選択されます。

故意・重過失，戦争，テロ，原子力事故，貨物に内在する欠陥，自然の消耗，遅延，運送人の倒産などは，免責となります。

▶てん補する損害

てん補の対象は，保険事故による貨物の財産上の損害です。保険金は，協定した保険価額をもとに算定されます。また，損害防止費用，損害立証費用，さらには内航貨物海上保険では，救助料（海難救助報酬）および共同海損分担額もてん補の対象となります（⇒9-8 column「海難救助と共同海損」）。

▶貿易と保険

　貿易では，貨物は，輸出地の倉庫から港まで搬送され，船舶に積載されて輸入国の港まで海上輸送され，その後，輸入地の最終倉庫まで陸上輸送されます（図表①参照）。この輸送期間のどこかで貨物に損害が生じるリスクがあります。そこで，まず貿易取引では，輸送や保険の手配を売主と買主のどちらの負担で行うかや貨物のリスクの移転時点などの貿易取引の条件を決定します。その条件によって代金も変わります。

　当事者は迅速に売買条件を決定する必要がありますが，国によって法律や慣習が異なるなか容易ではありません。そうした背景から生み出され，利用されているのが，国際商工会議所が制定した定型条件であるインコタームズ（inco-terms）です。最新版は 2020 年のもので，11 の売買条件があります。売主の費用とリスクが最も少ない条件は EXW（工場渡し）で，売主は自分の工場や倉庫で荷物を買主に引き渡し，その後の費用とリスクは買主が負担する条件です。反対に，売主の負担が最も大きい条件は DDP（関税込み，持ち込み渡し）で，買主指定の場所に搬入するまでのすべての費用とリスクを負担します。

　海上保険は，それぞれの貿易条件に従って，売主か買主が手配します（保険契約を締結して保険料も支払う）。売主が海上保険を手配する義務と費用を負担するものの，海上輸送中のリスクは買主が負担する条件（CIF 条件など）の場合は，売主は手配した海上保険証券を買主に譲渡し，貨物に損害があれば買主はその保険証券を利用して保険金を請求します（図表②参照）。

　貿易取引は，異なる国が関係する国際取引ですので，売買契約，運送契約など書類の言語は英語になります。保険証券も英文のものが利用されます。日本

図表① 貿易における貨物の流れ

図表② FOB，CFR，CIF の違い

項目	FOB	CFR	CIF
輸出本船の手配	買主	売主	
輸出本船への船積み	売主		
保険の手配	買主[注]		売主
決済代金の構成	積地価格	積地価格＋海上運賃	積地価格＋保険料＋海上運賃
危険の移転	貨物が輸出本船に置かれたとき		

（注） FOB 条件と CFR 条件では，本船積込前の区間は，売主の危険負担であるので，売主は，その期間について，自己のために輸出 FOB 保険を手配する。

の保険会社が外航の貨物海上保険証券を発行する場合，日本語の約款を英訳しても国際的取引で利用することは困難です。そこで，ロンドン保険業者協会（現在のロンドン国際保険引受協会）作成の協会貨物約款（Institute Cargo Clauses）が利用されています。こうした状況は，ほかの国でも同様で，国際貿易では，協会貨物約款が世界的に利用されています。

▶保 険 期 間

協会貨物約款では，輸出地の内陸倉庫から貨物が搬出されて輸入地の最終倉庫に搬入されるまでの期間が保険期間となり，売買契約のリスク負担に沿って保険がアレンジされます。火災保険や自動車保険では，通常，保険期間は1年間などの固定の期間になりますが，外航貨物海上保険では，特定場所を出発してから特定場所に到着するまでとなり，実際の輸送期間に従って保険期間も変動します。

▶保 険 価 額

保険価額は，貨物の価格（cost）に保険料（insurance）と運送賃（freight）を加えた額（CIF 価格といいます）の110％ で協定され，それを保険金額とするのが国際的な取引実務になっています。10％ の上乗せは，輸入時の各種支出や輸入者の期待利益を想定したものです。

▶保 険 事 故

協会約款の最新版は 2009 年版で，基本カバーとして A，B，C の3つの条件があります（図表③）。B と C は対象の事故を列記しています。A は一般にオールリスクと呼ばれる広い条件です。貨物の種類によっては，特定の事故を免責にしたり，対象の事故を追加したり，リスクに応じた保険がアレンジされます。主な免責は，図表③のとおりです（A，B，C 条件でほぼ共通。原文は英語）。

図表③　協会貨物約款の基本カバー

条 件	保険事故（以下は，主なもの。原文は英語）
A	保険の目的物の滅失・損傷のいっさいの危険
B	下記 C に加え，地震・噴火・雷，波ざらい，船舶等への海水等の浸入，積降し時の水没・落下による梱包 1 個ごとの全損
C	火災・爆発，船舶の座礁・乗揚げ・沈没・転覆，陸上用具の転覆・脱線，船舶間の衝突，輸送用具の水以外との接触，避難港での貨物荷卸，共同海損犠牲損害，投荷（なげに）

図表④　協会貨物約款における主な免責

一般的免責	被保険者の故意の違法行為，通常の漏損，重量・容積の通常の減少，自然の消耗，梱包不完全，固有の瑕疵（かし）・性質，遅延，船主等の支払不能，原子力・放射能事故，被保険者等が知っていた船舶等の不堪航（ふたんこう），人の故意の損害（B，C のみ）	特殊な保険を除き，復活担保できないもの
戦争免責	戦争，内乱，捕獲，遺棄された魚雷等	特約により一部復活担保可能
ストライキ免責	ストライキ，労働紛争，騒じょう，暴動，テロ	

▶対象となる損害

　貨物保険は，貨物の財産価値上の損害をてん補する保険です。しかし，それに加えて，救助料，共同海損の分担額（9-8 column「海難救助と共同海損」参照），損害防止費用（消火費用など），損害立証費用（サーベイフィー〔survey fee〕など）も支払の対象となります。

　また，外航貨物海上保険では，船舶が航行不能となって中間港で運送が合法的に打ち切りになった場合に，荷主が貨物をそこから最終目的地まで輸送する費用（継搬費用）も支払の対象となります。

▶一部の損害（分損）の算定方法

　貨物の全部が滅失した場合は，保険金額の全額が支払われます。一部の損害の場合は，市況による価格変動が保険金の算定に影響しないように，分損計算という方式を利用して支払額が算出されます。機械などでは，この方式ではなく，修理費の実費を支払う方式が利用されています。

▶各種の条件

　冷凍貨物であれば，所定の温度以下で輸送されることなど，貨物の種類によっては，契約において各種の条件がつけられる場合があります。こうした条件は，ワランティ（warranty）などと呼ばれています。条件設定によるリスクの限定によって，引受けが可能になったり，保険料の軽減が可能になったりします。

船舶保険には，
どのような種類がありますか？

▶船舶保険の種類

　船舶保険は，広義には，漁船やプレジャーボートなど，船（自力で動かないはしけなども含みます）を対象とする保険です。そのうち，一般に船舶保険というのは，商船を対象とするもので，主なものは，図表①のとおりです。

▶船舶保険の約款

　最も基本的な保険は期間保険で，大きくは，内航と外航に分かれます（図表②）。外航では，和文の保険約款と英文の保険約款があります。実質の所有者が日本に所在する会社でも，外国で船舶が登録されている便宜置籍船などの場合は，英文の保険証券・約款が利用されています。ロンドンの標準約款としては，協会期間保険約款（船舶）(Institute Time Clauses-Hulls：ITC) の 1983 年版，同 1995 年改訂版，国際船舶保険約款 (International Hull Clauses) の 2002 年版，同 2003 年改訂版が策定されていますが，世界で広く利用されているのは，ITC1983 年版で，日本の保険会社もそれを利用しています。

図表①　主な船舶保険

期間保険	通常 1 年を単位とする期間の保険。財物の損害に加え，他船との衝突による相手船（その積荷）に対する賠償責任もカバーする
航海保険	特定の航海を単位とする保険。中身は期間保険と同じ
建造保険	船舶を建造中の船舶の財産上の損害に対する保険
船舶不稼働損失保険	事故によって船舶が被った損傷により稼働不能となった場合の収入途絶などの損害をてん補する保険

図表②　内航・外航の約款

内　航			日本法に準拠した和文の保険証券・約款
外　航	和　文		日本法に準拠した和文の保険証券・約款
	英　文	ITC Amended	ロンドンの標準約款を利用しつつ，日本の約款におけるカバーと同様の内容に修正したもの。日本法準拠
		ITC	ロンドンの標準約款を利用しつつ，適法性や契約締結についてのみ日本法準拠，その他はイングランドの法に準拠

<table>
<tr><td>chapter
9</td><td>5</td><td>船舶保険では，どのような事故が
保険の対象となりますか？</td></tr>
</table>

▶和文の船舶保険契約の場合

　保険カバー（保険契約）の内容は，保険会社によって多少の違いはありますが，海上の危険を包括的に対象としたうえで，特定の危険を免責とする方式がとられています。なお，免責の一部（戦争，ストライキ，海賊行為など）は，特約によるカバーがある場合もあります（図表①の記載内容は代表例です）。

▶ロンドンの船舶保険約款の場合

　ロンドンの協会期間保険約款（船舶）（ITC1983 年）では，対象事故を列記したうえで，免責を定めています。和文の内容と似ている部分が多いですが，一部違いがあります。免責の一部は，特約によるカバーが可能です（図表②の記述は代表例です。原文は英語）。なお，被保険者の故意は，免責として記されてはいませんが，もともと担保危険ではなく，かつ英国海上保険法で免責として明示されています。

図表①　和文保険証券における主な保険事故と免責

保険事故	沈没，転覆，座礁，座洲，火災，衝突などの海上危険
免責	被保険者等の故意・重過失，自然の消耗，船舶に存在する欠陥，船舶の不堪航，戦争・内乱，水雷等の爆発，拿捕・捕獲，海賊行為，ストライキや争議行為，テロ，暴動，原子力・放射能事故，差押え等の訴訟手続による処分，必要な検査の不受検，その他

図表②　英文保険証券における主な保険事故と免責

保険事故	(a)　海その他の航行水域に固有の危険，火災・爆発，暴力的窃盗，投荷，海賊行為，航空機その他からの落下物，陸上用具・港湾設備等との接触，地震・噴火，積荷・燃料の荷卸中の事故 (b)　被保険者等が相当の注意を欠いたために生じたものでない次の事故：積荷・燃料降し中の事故，汽缶の破裂，シャフトの折損，船体の潜在瑕疵，船長等の過失，修繕者・用船者の過失，船長等の悪行 (c)　汚染損害・その脅威を防止・軽減するための行為
免責	戦争・内乱，拿捕・捕獲，遺棄された魚雷その他の兵器，ストライキや争議行為，暴動，テロ，悪意行為による爆発物の爆発・兵器，原子力・放射能事故，など

船舶保険では，どのような損害がてん補されますか？

▶船舶保険でてん補される損害

　てん補される損害の種類は，まず，全損で，全損には現実全損と推定全損があります。一部の損害（分損といいます）は，現状に戻すための修繕費が対象となります。救助料分担額，その他の損害も支払の対象となります。対象となる損害は，内航，外航，さらには，てん補範囲の特約によって異なります。図表①は，主要な損害です。

　岸壁などの財物との接触による賠償責任，積載貨物や乗客・乗組員に対する賠償責任，油濁等に対する賠償責任などは，P&I 保険（⇒9-7）の対象となります。事故による収益の損害は，船舶不稼働損失保険の対象となります。

▶船舶保険における条件

　船舶保険では，官庁や船級協会の検査の不受検，船級の変更，保険証券で定める航路範囲を超える航行，法令・条約に違反する航海，所有者・賃借人の変更，用途の変更の場合などには，それ以降に発生した損害は，因果関係があるか否かを問わず，支払の対象となりません。事由の種類によっては，保険会社が承諾した場合に，その後の事故による損害に対する支払が認められます。

図表①　船舶保険でてん補の対象となる主な損害

全損	現実全損	船舶の滅失，著しい損傷を受けて修繕不能の場合
	推定全損	修繕費用が保険価額を超える場合，特定期間を超える行方不明，特定期間を超えて占有を奪われた場合など
修繕費		修繕に必要な合理的な費用（ドックの費用等の扱いなど，詳細は約款による。また，特約によりてん補範囲が異なる）
救助料・共同海損分担額		海難救助や共同海損の場合の船舶が負担する分担額
衝突損害賠償金		他船との衝突における相手船とその積載貨物等に対する賠償責任（ロンドンの約款では 4 分の 3 が対象。日本では，全額を対象）。支払額は保険金額が限度
損害防止費用		損害防止義務を履行するために必要な費用
汚染防止損害		船舶からの油の流出による汚染を防止軽減するために，公権力により命じられた緊急措置により船舶に生じた損害

chapter 9 — 7 　P&I 保険とはどのような保険ですか？

▶P&I 保険の意味

　P&I の P は protection，I は indemnity の略で，<u>P&I 保険</u>は，船舶の運航によって船主が負担する賠償責任や各種の費用損害を補償する保険です。対象となる主な損害としては，他船との衝突による賠償責任，岸壁等に対する賠償責任，積載貨物に対する賠償責任，乗客や乗組員に対する賠償責任，油濁等による被害者に対する賠償責任などがあります。

▶P&I 保険の引受け

　保険会社でも，一部は，引き受けていますが，中心は<u>船主相互保険組合</u><u>（P&I クラブ）</u>で，日本では日本船主責任相互保険組合があります。

　世界の P&I クラブの歴史は古く，18 世紀初頭にさかのぼります。各種の賠償責任は，海上保険会社では引受けが困難であったため，船主が集まって組合を作り，相互に保険をかける方式が生まれました。P&I クラブは，船舶保険では対象とならない各種の損害賠償責任を負担します。日本では，他船衝突による損害賠償は，船舶保険で支払われます。ただし，船舶保険金額と同一額までが限度で，それを超える部分は，P&I 保険の対象となります。

▶P&I 保険の掛金，支払の対象

　P&I クラブは，保険会社ではなく組合です。保険料は，前払と追加の組合せ方式となっています。組合の保険成績の状況に応じて調整がなされます。予定より支払が多くなれば追加が求められます。支払が少なければ一部が返戻されます。また，対象事故と免責は，保険条項で定められていますが，対象事故となっていなくても理事会の決議によって対象となる場合もあります。

▶世界的な P&I クラブの連携

　油濁責任など，船舶による賠償責任は巨額になる場合があります。そこで，世界の主要 P&I クラブは，国際 P&I クラブグループという組織を作り，リスクの分散を図っています。さらに，民間の保険市場への再保険なども利用しています。

海上保険には，どのような特徴がありますか？

▶事業者が利用する保険

一部の例外を除いて，海上保険は，事業者のリスクに対する保険です。対象の財産やリスクの状況もさまざまで個別性が高いことから，保険の引受内容や保険料率の自由度も高くなっています。基本的な商品をもとにして，企業のニーズに応じた特約を付加して保険設計する方式がとられています。

▶多 様 性

貨物については，合法的な財物であれば，理論上は，ありとあらゆるものが保険の対象となります。実際に，自動車，機械，原油，鉱石，材木，肉・魚，生花，冷凍食品，美術品，生きた動物など，さまざまな財物が貨物保険の対象として引き受けられています。輸送のルートもさまざまです。船舶としては，貨物船，タンカー，LNG（液化天然ガス）タンカー，客船などがあります。また，洋上風力発電装置や石油掘削装置，海底ケーブルなどに対する保険もあります。保険の内容は，とても多様です。加えて，対象とするリスクも多様で，海賊，戦争などの危険も対象にする場合があります。

▶柔軟性と合理性

海上保険は円滑なビジネスを支える制度ですので，ビジネスの実情に応じた柔軟な対応が可能な保険となっています。合理性を高めるために，個人分野の保険には存在しない仕組みもあります。たとえば，貿易貨物では，予定保険や包括予定保険という枠組みが利用されています。それにより，保険の手配が遅れたり，個別の保険手配を失念した場合でも，保険保護が受けられます。また，海上保険では保険の価額はほぼすべて協定（約定）されており，価額評価をめぐる争いを回避しています。保険金を全部支払う全損の制度にも，全損処理が合理的な場合に直ちに保険金額の全部を支払う推定全損という制度があります。

▶巨大で予想が難しいリスク

海上での損害は，しばしば巨額となります。自動車専用船には，数千台の完成車が積載されます。豪華客船や巨大タンカーの価値は，数百億円にもなります。油濁は巨額の賠償責任を発生させます。科学技術の進歩にもかかわらず，

海上には，荒天，戦争，ストライキなどさまざまな危険が存在しています。

　海上保険は，予想が難しいリスクも対象としていて，また同種の対象に対する引受件数も多くはないために，大数の法則が効きにくく，生命保険や自動車保険などとは異なる工夫が必要となります。再保険の手配は不可欠で，国際的に手配されます。

▶国 際 性

　貿易貨物や外航船は，国をまたがって移動し，事故はどこで生じるかわかりません。また，複数国の当事者が関係する場合もあります。このため，外航の貨物，船舶の保険では，前述のとおり，ロンドンの英文約款をベースにしています。内航の海上保険は，日本の法律に基づく日本語の約款が利用されますが，外航分野の内容も参考にして作られています。

　また，海上保険は，国際的な競争にさらされている保険でもあります。保険業法上，日本所在の財産について保険をかける場合は，日本に所在する保険会社を選ばなければならない義務があります。しかし，外航船舶や外航貨物はその例外で，直接外国の保険会社に保険をかけることが認められています。

　海上保険は，国際的な競争の一方で，国際的な取組みも進んでいる分野です。国際海上保険連合（IUMI）は，世界各国の保険協会から構成される国際組織で，各種統計や事故防止のためのノウハウの共有化などを図っています。

▶最も長い歴史を有する保険

　海上保険は，商業的保険制度の中で最も歴史のある保険です。1-7 で見たように，海上保険は，14 世紀後半にイタリアの商業都市で生まれ，17 世紀に火災保険が誕生するまでは，保険といえば海上保険の時代でした。海上保険に関する契約法は，14 世紀後半までさかのぼり，現在の各国の保険法のベースになっています。海上保険は，700 年間に蓄積された膨大な判例や契約理論をもとにしており，今日のさまざまな保険の基礎となっています。

▶海事関係の独自の制度

　海上保険は，海事に特有な制度にも関係します。海上には多くのリスクがあり，それに対処するための種々の制度が存在します。海難救助（maritime salvage）や共同海損（general average）は，海に独自の制度です（column「海難救助と共同海損」参照）。海上保険は，海事関係の制度や法律を踏まえたものになっています。

　海上の事故に対する制度では，陸上には存在しない独自の制度が存在します。その例が，海難救助と共同海損です。

　住宅に火災が生じた場合には消防署が消火してくれ，そのための費用を支払う必要もありません。一方，海上で船舶が海難に遭遇した場合，自らの力と費用で，財産を救うしかありません。海難の発生場所は，沿岸国の海域もあれば公海上もあります。

　救助にあたっては，救助船を探し，契約条件・報酬の交渉が必要ですが，時間との闘いとなる事態も多くあります。世界の多くの国では，付近の船舶が任意で救助したような場合に，その成功に対する多額の報酬を法律上認めています。このようにして，救助をエンカレッジしています。しかし，現代では，船も大型化し，付近の航行船舶が救助することは技術的にも難しくなっています。そこで，海難救助を専門とする業者と契約して救助してもらう契約救助方式が通常となっています。

　刻一刻と迫る危機のなかで，契約条件を現地業者と交渉することは容易でありません。そこで，世界的に利用されているのが，ロイズ海難救助契約標準書式（Lloyd's Open Form：LOF）です。船長はこの書式にサインするだけで，契約条件や報酬などを事前に交渉する必要はありません。報酬額は，救助作業が完了後にロイズの仲裁で決めます。救助業者には，救助成功に向けた最善の努力を払うことが義務づけられ，救助に失敗したら報酬はもらえません（環境損害防止費用の一部例外はあります）。この原則を，No Cure, No Pay（不成功無報酬）といいます。その代わり，救助に成功すれば，難易度や助かった財産の価値などを踏まえ，作業実費をはるかに超える高い報酬が認められます。日本の近海での救助では，日本海運集会所策定の海難救助契約書が多く利用されますが，その場合も，不成功無報酬の原則は同じです。ただし，報酬の算定方法はLOFと少し異なります。海上での救助は難易度も高く，高い成功報酬を認めることで，救助しようとする者にインセンティブを与えているのです。海難救助の報酬は，助かった財産（船舶，その積載貨物）がそれぞれの財産の額に応じて負担するのが原則です。

　共同海損は，海難などの状況になったときに，船舶・貨物の安全のために，故意に財産を処分したり費用を支出した場合に，その損害や費用を助かった財産で分担する制度です。たとえば，船舶が座礁してしまい，荷物の一部を海上に投棄して（投荷といいます），離礁に成功した場合，投棄された貨物の損害を助かった財産（船や貨物）が助かった額に応じて分担します。

　航海は，船舶と貨物の共同のアドベンチャーです。安全が脅かされる事態となったときは，船長が共同の安全と利益のために迅速に対応します。そして，その意図的な行為の結果生じる異常な損害は皆で分担するのです。共同海損は，紀元前のギリシャの島の商人の慣習までさかのぼる制度です。

9 海上保険は，これから どのように進化していくのでしょうか？

▶海上保険は古くて新しい保険

　海上保険は，長い歴史を経て進化してきた保険ですが，その誕生の頃から海上輸送や貿易のさまざまなリスクを対象としていました。たとえば，古くは，船舶や貨物だけでなく，船長，乗組員，奴隷の人のリスクも引き受けられていました。また，財物上の損害に加えて，航海の失敗による利益損失を対象とする補償も存在し，現在でも一定程度支払対象に含められています。こうした海上保険の柔軟性を鑑みると，貿易や輸送技術の進化に伴い，また新たなリスクの出現に合わせて，海上保険はさらに進化していくことが期待されます。

▶船舶の自動運転

　近年，研究が進められて実装が始まっているのは，船舶の自動運転です。自動運転のレベルはいくつかありますが，新技術に伴い，伝統的な船舶保険の内容も進化し，通信関係の事故やサイバーリスク等に対する保険も進化することが期待されます。

▶洋上風力発電に関する保険

　洋上のエネルギー開発は，重要な海上保険の領域で，すでに全世界の海上保険料の約15％を占めています。中心は，石油掘削，洋上風力発電の保険です。日本では，洋上風力発電の開発に力を入れており，今後，その成長が期待されています。洋上風力発電は，多額の資金の融資を必要とし，リスクが高いため，保険がなければ開発・実施は難しいプロジェクトです。洋上風力発電の保険は，設備やリスクの実態を踏まえた総合的な保険となっています。プロジェクトの開始から運行，装置の交換までの全期間に対してリスクに対応した保険が手配され，財物の物的損害，収益上の損害，賠償責任などが補償対象となっています。洋上の風力発電は，保険料の額においても，海上保険の重要な柱の1つになっていくことが期待されています（column「洋上の風力発電と海上保険」参照）。

▶物流中断による利益損失の補償

　外航貨物海上保険では，物自体に損害がなくても途中で輸送が中断した場合の継送費用の補償なども組み込まれていますが，将来はさらに，物流が中断し

た場合の利益損失を補償するような保険も期待されます。貨物自体に損害がなくても，輸送ができなくなってしまえば，企業には大きな損害が発生しますので，こうしたリスクに対する保険も期待されます。

▶損害てん補から事前の事故回避へ

　海上保険は，事故の発生によって生じた損害をてん補する制度として誕生し，進化してきました。海上保険における事故は巨大となる場合も多く，保険で対象となっていない各種の損害が発生する場合が多くあります。事故の発生の可能性がきわめて大きくなったような事態に，貨物を安全な場所に避難させることは，当該企業だけでなく，公益にも合致し，保険会社の利益にもなります。こうした合理的な措置に要する費用を対象とする保険の開発も期待されます（こうした費用の一部を補償する特約はすでに存在しています）。今後，AIの開発などによって予想精度が高まり，損害を回避・軽減することを支援する保険が誕生してくることが期待されます。

| column | 洋上の風力発電と海上保険

　環境保護の高まりのなかで，風力発電はクリーンなエネルギーとして注目されています。すでに欧州では，風力発電の利用が広がっています。陸上の風力発電の場合は，近隣の住民や生態系への影響という問題点があり，多くの場所に広げることは難しく，洋上でできれば，発電量を大きく増やせます。
　欧州の洋上の風力発電では，海底面に設備を設置する着床式が一般的ですが，日本の場合，浅瀬が少ないという問題があります。そのために，洋上に施設を浮かべてその上に風車を設置する浮体式が研究開発されています。しかし，浮体式は，土台が揺れるので事故が生じやすいという難点があります。加えて，日本では，毎年，多くの台風・暴風が近海を襲いますので，それをどう克服するかも難しい課題です。
　洋上風力発電では，風車や台船のほか，電気を陸上まで送る送電ケーブルも必要で，ケーブルの事故は，実際に多く発生しています。何十キロもある長いケーブルを海底に敷設する際には，ケーブルが折れ曲がってしまうことがあり，修復に多額の費用を必要とします。そうした費用の補償においても保険が必要です。いろいろな形態のリスクに対して，保険で十分な補償が与えられることが期待されます。

図表①　風力発電の設置方式

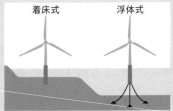

chapter 10

再保険とその他のリスク分散手段

スイス再保険会社の本社（提供：ロイター/アフロ）

Introduction

保 険会社は自社が引き受けた保険責任の一部または全部を，他の保険会社
に転嫁することができます。自社が引き受けた保険契約を対象として再
び保険契約を結ぶことから，このような契約のことを「再保険」と呼びます。

　経済成長に伴い，リスクは巨大化する傾向にありますし，新たなテクノロジ
ーなどの発展に伴って，個人や企業が抱えるリスクはますます複雑化していま
す。保険会社にとっても引き受けるリスクは，巨大化や複雑化してきているた
め，リスク管理手法や再保険戦略を高度化することで，事業成績を安定化させ
たり，巨大災害に対する的確な備えを講じたりすることが従来にも増して重要
となっています。

　再保険の仕組みは複雑なため，理解が難しいかもしれませんが，再保険の基
本的な考え方や機能，そして，さまざまなリスクヘッジ手法に関する理解を深
めることで，損害保険業界における最新の動きを学ぶことができます。本章で
は，再保険の仕組みや機能，そして再保険が取引されている市場の特性などに
ついて説明します。

どうして再保険が必要なのですか？

▶再保険の仕組み

　再保険（reinsurance）とは，保険者が引き受けた保険契約の一部または全部を，他の保険者に転嫁する経済行為です。

　再保険によってリスクを転嫁することを<u>出再</u>（reinsurance ceded），再保険を引き受けることを<u>受再</u>（reinsurance assumed）といいます。また，出再する側を<u>出再者</u>，受再する側を<u>受再者</u>といいます。出再者と受再者は，再保険契約を締結したうえで，出再者が受再者に再保険料を支払い，同契約に基づく再保険事故が発生した場合は受再者が出再者に対して再保険金の支払を行います。

▶再保険の意義・目的

　保険者は，保険契約の引受けにあたり，リスクの度合いを定量的・定性的に評価したうえで，リスクに見合った保険料を設定して引受けを行います。保険事業成績を安定させるためには，均質かつ規模も均一なリスクをできるだけ多く集めることが重要で，大数の法則（⇒1-2）を働かせることが理想的です。

　しかし，現実の世界においては必ずしもこのような理想の姿が達成できるわけではありません。保険者の引受能力を上回るような巨額物件が多く存在しますし，十分な引受実績がない新たなリスクや特殊リスクも存在します。これらを自己の責任のみで引き受けると，事業成績の安定化を損ねることになります。

　さらに，巨大自然災害などによって複数の保険契約において同時多発的に保険損害が発生する可能性もあります。このようなケースにおいては，単年度の事業成績が大幅に悪化したり，支払不能に陥ったりすることも考えられます。

　さまざまな再保険形態を効果的に活用することで，こうした不安定な引受契約群を疑似的に大数の法則が効いた理想の契約群に近づけたり，自然災害などによる集積損害から生じる事業成績のブレを最小限にとどめたり，保険事業経営の安定化を図ったりすることが可能となります。

▶再保険の機能

　(1)　**引受能力の補完**　とくに企業保険分野においては，数百億円，数千億円といった巨額なリスクが存在します。これらのリスクを保険会社1社が全額

負担することは容易ではありませんが，こうしたリスクに対する保険の申込みを受けた場合に，引受けを断ることは保険会社の社会的使命に反します。

　他の保険会社と責任を分担して共同保険という形で引き受ける方法もありますが，保険会社の営業戦略の観点からは，再保険によって自社の引受能力を補完することで全額引き受けることが好ましい選択となります。この場合，自社の引受能力を超過する責任額を受再者に転嫁するような再保険形態，または一定金額を超える保険金支払が発生した際に受再者に転嫁できるような再保険形態が有効となります。

　(2)　**リスクの平準化**　前述のとおり，保険事業成績の安定化のためには，均質かつ規模も均一なリスクをできるだけ多く集めることが理想的ですが，実際のリスクは個別性が強く，また規模的にも大小まちまちです。保険者は通常，リスク区分ごとに自己の勘定で負担する責任額の上限（保有限度額という）を設けており，再保険を活用して当該リスク区分内の契約群の責任額を保有限度額内に揃えることで，大数の法則の効いた理想のポートフォリオに近づけることを狙います。この場合，保有限度額を超過する責任額を受再者に転嫁するような再保険形態が有効となります。

　また，引受実績が十分でない新たなリスク区分の引受けを開始する際に，事前に想定していたリスク度合いよりも実態が悪かった場合には，保険事業成績に悪影響を与えてしまいます。こうした場合，保険事業成績への影響を抑えるために，引き受けるリスク区分の一定割合を受再者に転嫁するような再保険形態を活用することが有効となります。

　(3)　**巨大災害に対する備え**　日本は地震や台風など多くの自然災害リスクにさらされていますので，大規模自然災害がひとたび発生すると，個々の契約ではリスクの平準化ができていたとしても，同時に多くの保険契約において保険金支払が発生することで，保険者にとって巨額の負担となります。こうした事態に対する適切な備えが，保険事業経営の安定化にとって不可欠です。

　近年は，ERM（⇒2-6）の定着に伴い，各保険会社とも自然災害リスクの発生頻度や規模を定量分析し，自社のリスク選好度（どのリスクをどの程度抱えるか）を定めたうえで，自社の資本に比して適正なリスク量に抑えるマネジメントが一般的になっています。この場合，集積した保険金支払が一定金額を超過した場合に受再者に転嫁できるような再保険形態が有効となります。

▶再保険の分類

再保険は,個別の保険契約ごとに再保険契約を締結する場合と,一定の条件を満たす保険契約群を対象として再保険契約を締結する場合があります(契約手続からの分類)。また,責任分担についても,あらかじめ出再者と受再者の責任割合を定めておく形態と,保険金支払が発生した際にあらかじめ取り決めた金額を超過する部分を受再者が負担する形態があります(責任分担方法による分類)。それぞれの概要は以下のとおりとなります。

▶契約手続による分類方法

図表①のとおり,出再者が,個別の保険契約ごとに受再者と再保険契約を締結する再保険形態を任意再保険(以下,「任再」)といいます。言葉のとおり,出再者がどの保険契約を対象にし,どの受再者に出再するのかの判断は任意ですし,逆に受再者も引受けを打診された再保険契約を引き受けるか否かの判断を任意で行えます。

これに対し,出再者が一定の条件を満たす元受契約に対して包括的に締結する再保険契約を,特約再保険といいます。この契約形態は,契約期間,対象種目,責任分担方法,契約条件などをあらかじめ定めたうえで,受再者が包括的かつ自動的に引き受ける形態となります。原則として,特約再保険の出再者は契約条件に合致する保険契約はすべて出再する義務を負い,受再者は条件に基づき出再された保険契約をすべて引き受ける義務を負います。

▶責任分担方法による分類方法

図表②のとおり,出再者が引き受けた保険契約の保険金額に基づいて,出再者と受再者の責任割合をあらかじめ定める再保険形態を比例再保険といいます。

比例再保険の代表的な再保険形態が,特約再保険の一種であるクォータ・シェア特約(quota share treaty:Q/S 特約)です。Q/S 特約では,あらかじめ定められた再保険条件に合致する保険契約についてすべて同じ割合で出再されます。この割合のことを出再率と呼び,契約締結に先立って出再者と受再者の間で取り決められます。再保険契約の再保険料や再保険金は,出再対象となる保険契

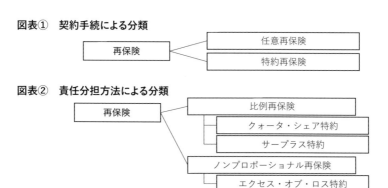

図表①　契約手続による分類

```
              ┌──── 任意再保険
    再保険 ────┤
              └──── 特約再保険
```

図表②　責任分担方法による分類

```
              ┌──── 比例再保険
              │         ┌── クォータ・シェア特約
              │         └── サープラス特約
    再保険 ────┤
              └──── ノンプロポーショナル再保険
                        └── エクセス・オブ・ロス特約
```

約の保険料・保険金に出再率を乗じて計算され出再されることになります。

　比例再保険のもう１つの代表格が<u>サープラス特約</u>（surplus treaty）です。サープラス特約では，保険契約の保険金額ごとに，事前に定められた金額（保有金額）を超過する割合に応じて出再率が決定されます。たとえば，保有金額１億円のサープラス特約に保険金額４億円の保険契約を出再する場合の出再額は３億円となり，出再率は 75％ となります。出再率は個別の保険契約ごとに異なりますが，出再率が決まると，再保険料や再保険金は，出再対象となる保険契約の保険料・保険金に出再率を乗じることで同じ割合で計算され出再されます。

　このように，保険契約の保険金額に応じて出再率が決定され，その按分割合に応じて出再者と受再者が比例的に保険責任を負担する比例再保険に対して，保険事故発生後の保険金に注目し，その保険金の額に応じて出再者と受再者が保険責任を負う形態を<u>ノンプロポーショナル再保険</u>（non-proportional reinsurance）といいます。

　ノンプロポーショナル再保険の代表格が<u>エクセス・オブ・ロス特約</u>（excess of loss reinsurance：<u>XL 特約</u>）（ELC 特約などともいいます）となります。XL 特約においては，出再者はあらかじめ合意された一定の保険金までは全額自己負担します。この金額を<u>エクセス・ポイント</u>（excess point）といい，その金額を超過する保険金が発生した場合は，受再者が超過額についててん補限度額（⇒3-9）の範囲内で負担します。XL 特約の再保険料は，エクセス・ポイントを超過する保険金の発生確率（＝再保険金の回収確率）などを出再者，受再者がそれぞれ分析したうえで両者の事前合意によって決定されます。

　ここでは, 10-2 で簡単に紹介した特約再保険の代表的な形態について, 再保険料や再保険金がどのように計算されるか説明します。下記のような引受ポートフォリオ（図表①）に Per Risk（一危険）ベースの再保険を手配するケースを考えてみましょう。Risk A というカテゴリーには 100 万ドルのリスクが 5500 件あり, 合計の保険料が 1375 万ドル, 保険金が 982 ドルであることを示します（簡単化のために保険金については各カテゴリー記載の金額のロスが 1 件だけ起きていることとします）。

▶クォータ・シェア特約（Q/S 特約）

　保険金額で考えた保有金額を 300 万ドルまでとし, 出再率 90％ の Q/S 特約を設定すると考えます。図表①の引受ポートフォリオで, 保険金額, 保険料, 保険金のすべてを 90％ 出再し, 10％ 保有する例を考えてみましょう（図表②）。一定の出再率で出再するので複数の保険会社で引受けを行う共同保険と同じです（保有 10％ は共同保険の引受シェア 10％ と同じ）。図表②の損害率が 90％ Q/S と保有で同じ率となっていることを確認してみてください。

　保有額 300 万ドルを実現するためにすべてのリスクにつき 90％ 出再すると, 保有できるリスクまで出再されてしまい, 出再保険料が大きくなるのがクォータ・シェア特約の特徴です。再保険手数料を設定できるのが通例で, 経費の一部を再保険者に転嫁できます。

　Q/S 特約は, 再保険者に安定的な利益を提供する必要がある小規模な引受ポートフォリオや損害の内容や規模が予測しづらい新商品などに向いている再保険方式です。

▶サープラス特約

　保険金額で考えた保有金額を 300 万ドルまでとし, それを超えた部分を 2700 万ドルの上限額までカバーするサープラス特約を設定すると考えます。

　各リスクの保険金額が 300 万ドルを超えた部分を出再することとし, 出再割合と保有割合を算出し, 保険料, 保険金ともその割合で按分していきます（図表③）。Q/S 特約と同様に, 再保険手数料により経費の一部を再保険者に転

図表①　出再前の状態（単位：ドル）

Risk	保険金額	件　数	保険料	保険金
A	1,000,000	5,500	13,750,000	982
B	1,200,000	4,500	9,000,000	487
C	1,500,000	1,000	3,900,000	0
D	2,000,000	150	810,000	0
E	5,000,000	1	14,000	3,002,294
F	10,000,000	25	750,000	60,971
G	12,500,000	12	412,500	0
H	15,000,000	6	360,000	0
I	30,000,000	1	90,000	6,470,780
合　計		11,195	29,086,500	9,535,514

損害率　32.8%

図表②　クォータ・シェア特約（出再率 90%，単位：ドル）

90% Q/S：一律 90% を出再

Risk	保険金額	件　数	再保険料	再保険金
A	900,000	5,500	12,375,000	884
B	1,080,000	4,500	8,100,000	438
C	1,350,000	1,000	3,510,000	0
D	1,800,000	150	729,000	0
E	4,500,000	1	12,600	2,702,065
F	9,000,000	25	675,000	54,874
G	11,250,000	12	371,250	0
H	13,500,000	6	324,000	0
I	27,000,000	1	81,000	5,823,702
合計		11,195	26,177,850	8,581,962

損害率　32.8%

保有：一律 10% を保有

Risk	保険金額	件　数	保険料	保険金
A	100,000	5,500	1,375,000	98
B	120,000	4,500	900,000	49
C	150,000	1,000	390,000	0
D	200,000	150	81,000	0
E	500,000	1	1,400	300,229
F	1,000,000	25	75,000	6,097
G	1,250,000	12	41,250	0
H	1,500,000	6	36,000	0
I	3,000,000	1	9,000	647,078
合計		11,195	2,908,650	953,551

損害率　32.8%

図表③　サープラス特約（保有額 300 万ドル，単位：ドル）

サープラス(保有額 300 万ドル)：300 万ドル超過分を出再

Risk	保険金額	件　数	再保険料	再保険金
A	0		0	0
B	0		0	0
C	0		0	0
D	0		0	0
E	2,000,000	1	5,600	1,200,918
F	7,000,000	25	525,000	42,680
G	9,500,000	12	313,500	0
H	12,000,000	6	288,000	0
I	27,000,000	1	81,000	5,823,702
合　計		45	1,213,100	7,067,299

損害率　582.6%

保有

Risk	保険金額	件　数	保険料	保険金
A	1,000,000	5,500	13,750,000	982
B	1,200,000	4,500	9,000,000	487
C	1,500,000	1,000	3,900,000	0
D	2,000,000	150	810,000	0
E	3,000,000	1	8,400	1,801,376
F	3,000,000	25	225,000	18,291
G	3,000,000	12	99,000	0
H	3,000,000	6	72,000	0
I	3,000,000	1	9,000	647,078
合　計		11,195	27,873,400	2,468,215

損害率　8.9%

X/L（損害保有額 300 万ドル）

Risk			再保険料	再保険金
A				
B				
C				
D				
E				2,294
F				
G				
H				0
I				3,470,780
合 計			550,000	3,473,074
				損害率 631.5%

保有

Risk	保険金額	件 数	保険料	保険金
A	1,000,000	5,500		982
B	1,200,000	4,500		487
C	1,500,000	1,000		0
D	2,000,000	150		0
E	5,000,000	1		3,000,000
F	10,000,000	25		60,971
G	12,500,000	12		0
H	15,000,000	6		0
I	30,000,000	1		3,000,000
合 計		11,195	28,536,500	6,062,440
				損害率 21.2%

嫁できます。

　大数の法則の働きやすい少額のリスクは保有し，高額なリスクのみ出再できるのが特徴で，QS より再保険料を節約でき，保有成績の安定化には絶大な効果があります（再保険者にとっては不利です）。高額なリスクが散見される一定以上の保険料規模のあるポートフォリオ（たとえば工場や企業に提供している火災保険）に向いています。

▶エクセス・オブ・ロス特約（XL 特約）

　1 リスク（たとえば 1 工場）ごとの事故について一定の金額を超える損害が発生したときに，超過する損害について再保険会社から回収を行います。

　損害保有額を 300 万ドルとし，それを超過した損害を回収する XL 特約を設定することを考えます。

　損害額ベースで保有を超過した部分を再保険回収できる狙い撃ち方式です。保有できる小さな損害額では再保険金の回収は行われません。

　再保険料実額（図表④の再保険料 55 万ドル）としては 3 つの契約形態の中で最も小さくなることが期待できます。再保険料が元受保険料と独立して決まることから元受保険料より高い再保険料となることもあり，再保険金回収を行った翌年に大きく値上がりすることもあります。また再保険手数料の設定はないことも特徴です。

chapter 10 — 4 再保険は どのように発展してきたのですか？

▶再保険の発展

今日の保険契約と本質的に同じような仕組みは，13世紀から14世紀にかけて海上交易のなかで発展し，イタリアからヨーロッパの各地に広まっていったと考えられています（⇒1-7）。

保険誕生の初期においては，保険の引受手は主に金融業者，貿易商人，保険専門商人などが中心でした。引受けは彼らによる単独引受けまたは共同保険によって行われていましたが，経済発展に伴い保険の対象が高額化するなかで，再保険の必要性が高まっていきました。現在，判明している最古の再保険契約は14世紀後半にイタリアで締結された船舶保険に関わる契約といわれています。

また，火災保険の発展については，1666年のロンドン大火が重要な契機になったとされていますが（⇒1-7），火災保険の場合は大火による集積リスクにさらされていたこともあって，比較的早い段階から再保険の必要性が認識されていました。

20世紀に入り世界経済全体が急速に成長していくにつれ，再保険の役割もいっそう重要なものとなっていきました。近年では，ERM（⇒2-6）の高度化に伴い，自社のリスクポートフォリオや経営戦略を反映した適正な再保険戦略の立案，および安定的な再保険手配の重要性がますます増大してきています。

▶再保険専門会社

当初は，保険会社による再保険の引受けが主流でした。世界最初の再保険専門会社は1843年にドイツで設立されたヴェーゼル再保険協会ですが，同社は海上保険会社の子会社として親会社のリスクを引き受けることを主な目的に設立されました。世界最初の独立した再保険専門会社は，1846年にドイツで設立されたケルン再保険会社です。日本で最初の再保険専門会社は1907年に設立された東明火災海上保険株式会社ですが，同社は戦時統制経済のもとでの損害保険会社の整理統合により42年に姿を消しました。

現在，経済発展に伴う企業分野の各種保険の安定供給を目的に，再保険プー

ルや政府による再保険スキームが構築されていますが，民間会社としては1940年に設立された東亜火災海上再保険株式会社（現・トーア再保険株式会社）が国内で唯一の総合再保険専門会社です。

▶再保険プール

再保険プール（reinsurance pool）とは，複数の保険会社が組織体（プール）を形成し，各社の引受能力を合算したうえで，共同で契約の引受けを行う仕組みです。特定の保険種目について，料率や条件を協定し，それぞれが引き受けた保険契約の一部または全部を集めたうえで，事前に決定している配分割合に応じて再配分します。

日本にある代表的な再保険プールとしては日本原子力保険プール，日本航空保険プールなどがありますが，国内の保険会社の引受能力を最大限活用することで，海外再保険市場に過度に依存することなく国内顧客への安定的な保険カバーの供給に貢献しています。

▶再保険形態の進化

再保険が海上保険の分野から発展していったことはすでに述べましたが，初期の再保険は個別航海ごとに手配された任意再保険（任再）が中心でした。任再は，個別契約ごとに条件設定を行ったり，出再率を決められたりするため，出再者のニーズに合致した手配が可能である反面，個別契約ごとに各種条件の交渉を行う必要があるため，手配にあたっての負担が大きいことが短所としてあげられます。

この短所を補い，個別契約ごとに交渉を行う手間を省くために特約再保険が開発され，初期はQ/S特約が一般的でした。Q/S特約はすべての契約を同じ出再率でまとめて出再できるため便利ですが，逆に出再者が保有できるような少額の契約までも同じ割合で出再しなければならない点が短所です。

その短所を補うべく開発されたのがサープラス特約で，一定規模までの少額リスクは出再者が保有し，保有限度額を超過する契約のみを出再することが可能となりました。しかし，元受契約の一部をあらかじめ決定された条件により出再するという基本概念は同じであるため，結果的に事故が発生していない契約については必要以上に収益を流出しているという考え方もできます。

こうした課題認識および事務合理化の観点から開発されたのがXL特約で，出再者が保有できる水準を超える保険事故が発生した場合にのみ受再者から再

保険金を回収できるうえ，複数の保険契約にまたがる集積リスクに対するリスクヘッジ手段としても活用できるため，徐々に XL 特約の活用が拡大しました。

日本は世界でも有数の地震国です。ひとたび大きな地震が発生すれば，多くの建物が倒壊し，人命が失われ，社会経済に大きな損害を与えます。そのため，地震からの早期の復旧に向けて地震保険は社会にとって必要不可欠な経済インフラです。一方，地震に伴う損害は，民間の損害保険会社の財務体力ではカバーしきれないほど巨額なものとなる可能性があるため，個人の住まい（建物および家財）に対しての地震保険は，政府からバックアップを受ける制度となっており，これを家計地震保険制度と呼んでいます。

家計地震保険制度は，1964 年の新潟地震をきっかけとして政府と損害保険業界が導入を検討，1966 年に地震保険に関する法律が制定されました。この法律に基づき，損害保険会社各社の出資で同制度の運営を担う日本地震再保険株式会社（地再社）が発足，現在に至っています（7-10 も参照）。

具体的な制度概要は図表①のとおりです。まず，地震保険に加入したい個人の契約者は，民間の損害保険会社と地震保険契約を締結します。損害保険会社は，引き受けたリスクをいったん全額地再社に出再，地再社は一部のリスクを保有しつつ，損害保険会社と政府にリスクを再分配します。お気づきのとおり，これも前頁の再保険プールの一種です。この再保険プールの仕組みを活用し，地震リスクを民間と政府で分け合って負担してるわけです。

なお，オフィスビルや工場などのいわゆる企業分野の地震保険は政府のバックアップの対象外です。そのため，損害保険会社は民間の再保険会社と再保険契約を締結することで，自社で保有するリスクをコントロールしています。

図表①　家計地震保険制度の概要

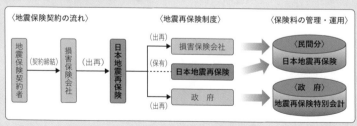

（出所）　日本地震再保険株式会社「2023　日本地震再保険の現状」。

▶**再保険市場の規模**

A. M. Best 社の *Global Reinsurance Report 2023* によると，2022 年度の世界の再保険料は生損保合計で約 3636 億ドル（約 54 兆円）でした（再保険会社から引き受けた再々保険を含む）。

▶**再保険の引受けを行う会社**

再保険の引受けを行う主体としては，再保険専門会社，元受保険会社の再保険部門，ロイズ，保険リンク証券（⇒10-7）の投資家などがあげられます。それぞれの特徴は以下のとおりです。

(1) **再保険専門会社** 文字どおり再保険の引受けを目的に設立された会社ですが，規模や特徴などはさまざまです。特定の種目や地域からの引受けに特化した会社もありますが，近年はリスク分散，地域分散の観点から大規模化，グローバル化する傾向にあります。また，再保険専門会社の中には，事業分野多角化の一環として，元受保険事業への展開を図る会社も多く見受けられます。

(2) **元受保険会社の再保険部門** 元受保険会社が自社内の再保険部門や再保険子会社を通じて再保険の引受けを行うことがあり，再保険専門会社に匹敵する規模の再保険引受けを行っている会社も見られます。

(3) **ロイズ** ロイズとは，イギリス・ロンドンにおいて 17 世紀末頃から独自の監督・ルールのもとで発展していった保険・再保険の取引を行う市場です。近年，統廃合等によって引受手の数は縮小傾向にありますが，特殊リスクなどの分野を中心に依然として再保険市場において重要な地位を占めます（⇒4-7 column）。

(4) **保険リンク証券** 保険リンク証券とは，機関投資家が投資リスクの分散などを目的に再保険の引受けを行うもので，再保険専門会社が引き受けた契約を再々保険として引き受ける場合と，担保の差入れによって信用力を確保したうえで直接引受けを行う場合があります。

▶**再保険が取引される市場**

再保険市場に明確な定義はありませんが，現在多くの受再者が集まっている

図表①　世界の再保険グループ上位5社（2022年，生損保合計，単位：100万ドル）

順　位	企業名	収入再保険料	国・地域
1	ミュンヘン再保険	51,331	ドイツ
2	スイス再保険	39,749	スイス
3	ハノーバー再保険	35,528	ドイツ
4	カナダ ライフ再保険	23,414	カナダ
5	バークシャー・ハサウェイ	16,962	米国

（出所）A. M. Best, *Global Reinsurance Report 2023*.

国・地域としてロンドン，欧州大陸，米国，バミューダ諸島，シンガポールがあげられます。それぞれの特徴は以下のとおりです（図表①参照）。

　(1)　**ロンドン**　世界の金融業の中心地としての地位を確立したロンドンには，前述のロイズに加え，多くの再保険専門会社や保険会社が支店や子会社を設立し，再保険の引受けを行っています。とくに，高度な専門性が必要となる特殊リスクにおいてはロンドンが中心的な存在となっています。

　(2)　**欧州大陸**　ミュンヘン再保険会社，ハノーバー再保険会社やスイス再保険会社はじめ大手再保険会社の多くが欧州に本拠を置いています。これらの会社は，日頃から保険業界を取り巻くあらゆるリスクに関する分析・研究に対して人的資源を投入しており，再保険における条件設定を通じて元受保険の条件にまで影響を及ぼしています。

　(3)　**米国**　米国は全世界の損害保険料の約4割を占める世界最大の保険市場であり，同国内リスクの引受けを主な目的とする再保険会社が多く存在します。また，バークシャー・ハサウェイ・グループを筆頭に国際マーケットにおいて大きなシェアを誇る会社も複数存在します。

　(4)　**バミューダ**　バミューダは1970年代にキャプティブ（⇒10-8）の設立地として活用され始めました。1980年代以降，フレキシブルな監督や税制面の優位性によって再保険会社の誘致に成功し，賠償責任リスクや自然災害リスクなどに特化した再保険会社の市場として発展してきました。

　(5)　**シンガポール**　欧米市場に比べれば歴史は浅いものの，中国やインドを筆頭に経済成長著しいアジア保険市場からの再保険引受けを狙い，現在ではロイズや大手再保険会社の多くがアジア地域の再保険引受けのハブとして，シンガポールに支店または子会社を構えています。

| column | 再保険マーケット・サイクルのメカニズム

再保険マーケットは歴史的にハード・マーケットとソフト・マーケットを繰り返してきました。これは再保険マーケット・サイクルと呼ばれていますが，このサイクルが発生するメカニズムについて解説します。

再保険料率や条件は，再保険契約の対象となるリスクに応じたテクニカルな分析だけでなく，再保険の出し手（出再者）と受け手（受再者）の需給バランスの影響を強く受けます。すなわち，受再者が少ない状況では，出再者は交渉上弱い立場になるため，再保険料率や条件が受再者にとって有利なハード・マーケットとなり，逆に受再者が潤沢にいる状況では，出再者は交渉上強い立場になるため，ソフト・マーケットとなります。

一定期間ソフト・マーケットが継続すると，受再者の収益性は徐々に圧迫されていきます。そうした状況下で巨大事故が発生すると，引受停止または引受額を縮小する受再者が出ることもあり，マーケットはハード化に転じます。

一方，ハード・マーケットによって受再者の収益性が高まると，受再者同士の競争が激化したり，新規参入社が現れたりすることで需給バランスが出再者有利となり，ソフト・マーケットに転じます。

下図にあるとおり，2022～23年にかけ，再保険マーケットは過去にないレベルのハード化の状況にあります。近年，再保険マーケットに影響を与えた多くの自然災害が頻発したことにより，再保険会社の収支がかなり悪化していること，大手再保険会社のROE（自己資本利益率）は直近5年間で平均約6％程度と大手元受保険会社のROEの10％超と比較して相対的に低く，投資家が期待するリターンを上げられていないことなどが要因となっています。これらに加え，金利の上昇によって再保険会社の資産が毀損しており，再保険マーケットにおける再保険資本，すなわち再保険会社の正味資産が対前年で15％以上減っている状況になっています。一方で，世界的なインフレや経済成長により保険の対象となる財物の額が増えており，需要は増えている状況となっています。供給が絞られているなかで需要が増えているため，一気にハード・マーケットになったといえます。

図表② 世界の再保険マーケット・サイクルのイメージ

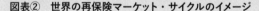
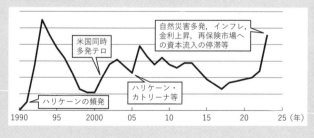

6 どの再保険会社に，どのくらい出再するのが適切ですか？

<u>出再セキュリティ</u>とは，出再会社がどの再保険会社に対して出再するのか，その再保険会社に対してどのくらい出再するかをコントロールすることです。出再会社は引受能力の補完，リスクの平準化や巨大災害に対する備えとして再保険を手配しますが，いざ再保険金を回収しようという段階で再保険会社が支払不能状態に陥っていたとしたらその再保険は絵に描いた餅になってしまいます。そうならないために，どの再保険会社が出再先として信頼に値するかを選別し，どのくらい出再するかを判断するのが出再セキュリティです。

▶そもそもどの再保険会社に出再するか

相手先選別にあたり最も重要視されるのは再保険会社の財務の健全性です。そのためには相手先候補の財務諸表を分析することが必要になりますが，S&P，A. M. Best や Moody's などの格付会社が付与する保険金支払能力に関する格付を参照することが広く行われています。格付会社は対象の再保険会社の財務情報，引受方針や引受内容，マーケット内での競争力，リスク管理方針やその実施状況などの情報を総合的にレビューして格付を行っており，多数の再保険会社をタイムリーに評価する際に便利です。

具体的な基準は出再会社によって異なりますが，たとえば図表①の S&P の

図表① S&P 保険財務力格付定義（2023 年 6 月 9 日〔抜粋〕）

カテゴリ	定義
AAA	保険会社が保険契約債務を履行する能力は極めて高い。S&P の最上位の保険財務力格付。
AA	保険会社が保険契約債務を履行する能力は非常に高い。最上位の格付（「AAA」）との差は小さい。
A	保険会社が保険契約債務を履行する能力は高いが，上位 2 つの格付に比べ，事業環境が悪化した場合，その影響をやや受けやすい。
BBB	保険会社が保険契約債務を履行する能力は良好だが，より上位の格付に比べ，事業環境が悪化した場合，その影響を受けやすい。
BB, B, CCC, CC	「BB」以下に格付される保険会社には不安定要因があり，それが強みを上回る可能性があるとみなされる。「BB」はこのグループで不安定性が最も低いことを示し，「CC」は最も高いことを示す。

格付でいえば BBB より上ならば出再先として適格，それよりも低い格付であれば不適格という基準で判断します。出再会社は格付に加えてブローカーや直接に再保険会社から入手する情報も勘案して出再先の選別を行っています。

▶どのくらい出再するか

再保険会社がいくら健全であってもあまりに多額の出再を集中して行うことは，万一の際に危険です。このため出再会社は取引先再保険会社 1 社に対してどのくらいまで出再するか，出再限度額と実際に出再した金額を把握する手法を定めてコントロールします。

出再限度額については再保険会社の財務健全性と財務的な「大きさ」を勘案して決定します。財務健全性の指標としては，たとえば前述の格付を使用し，また財務的な「大きさ」については，たとえば米国保険法定会計（Statutory Accounting Principles）の貸借対照表上の純資産に相当する契約者剰余金（Policy-holder's Surplus）の金額などを指標とし，これらの指標を 2 軸としたマトリクスの手法を使用して決定します。

出再金額の集中度合いの把握には出再契約の責任額を使用することなどが考えられます。

▶再保険会社からの未収債権

上記の 2 点は再保険会社への出再を行うにあたっての判断（相手先の選別と出再金額の大きさのコントロール）でしたが，これに加えて，出再取引の結果，発生することが予測される，再保険会社から現時点もしくは将来的に受け取るべき未収債権額（reinsurance receivable）についても把握し，コントロールすることがあります。

具体的には出再会社から再保険会社に請求した再保険金でまだ支払を受けていないもの（現時点での未収債権額），出再契約に関する支払備金（将来受け取る可能性のある債権額）などが対象になります。この結果を相手先の選別や出再金額の大きさのコントロールに反映させます。

chapter 10 — 7 保険リンク証券とはどのような仕組みですか？

保険リンク証券（insurance linked securities：ILS）とは，保険リスクを資本市場へ移転するための金融技術の総称で，代表的なものにキャットボンドがあります。

▶キャットボンドの仕組み

キャットボンドは大災害債券（catastrophe bond）を略した呼び名で，自己のリスクを移転したい保険会社，再保険会社，共済，公共機関，事業体等がスポンサー（債券の発行体）となり，そのリスクを資本市場の投資家に移転する仕組みです。

スポンサーが設立する特別目的事業体（企業が資金を調達する目的などで設立する事業体，special purpose vehicle：SPV）が債券を発行し，あらかじめ定められた条件を満たす地震やハリケーン等の自然災害リスクを支払のトリガー（支払要因）とする債券やデリバティブ等があり，災害が発生すれば，スポンサーが元本全額か一定割合を受け取ることができます。一方，投資家は定期的（通常は四半期ごと）に利払いを受け，満期までに災害が発生しなければ投資元本全額の償還を受けることができます。

基本的な仕組みは図表①のとおりです。スポンサーは特定の災害発生時に発動する再保険契約をSPVに出再します。一方で，SPVは，キャットボンドを発行し，機関投資家（ヘッジファンド，債券投資信託，年金基金，一般事業会社等）に販売することで資金調達を行います。キャットボンド発行によって投資家から集められた資金はSPVの信託口座で運用され，災害発生時のスポンサーへ

図表①　キャットボンドの仕組み

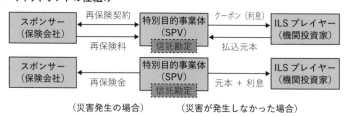

の支払原資となります。キャットボンドの金利は一般債券よりも高めに設定され，期間は 3〜5 年が一般的です。

▶トリガーの種類

キャットボンドのトリガー（trigger）には複数の種類があり，多く使われているものは実損型（indemnity），パラメトリック型（parametric），業界損失型（industry loss）と呼ばれている 3 つです。実損型は実際の保険金支払額を基準にするもので，保険会社が主に採用しています。パラメトリック型はスポンサーの実際の損失ではなく，大災害に関する観測数値を使います。たとえば地震であれば，特定の範囲でマグニチュード 8.0 以上の地震が発生した場合に支払うといった決め方をします。業界損失指数型はスポンサーの損失ではなく，保険業界全体の実際の保険金支払額をトリガーとして用いるものです。パラメトリック型ないし業界損失型をトリガーとして採用する場合，スポンサーが実際に被った損失とキャットボンドから受け取る金額が一致しないリスクが生じ，これをベーシスリスク（basis risk）と呼びます。スポンサーにとってベーシスリスクがある一方，支払の迅速さや回収手続が容易であることに加え，投資家にとっての透明性が高いことから，一般的に実損型に比べて競争力のある金利での発行が可能になるという利点があります。

▶キャットボンドのメリット

キャットボンドにはさまざまなメリットがあります。1 つ目は，（再）保険会社を含むスポンサーが資本市場に直接リスクを移転できることです。これにより，（再）保険会社は引受能力の向上を図ることが可能になります。2 つ目は，投資家にとって自然災害は他の金融商品との相関が小さく，分散投資効果が期待できることです。3 つ目はスポンサー，投資家双方にとってトリガーが明確であり，迅速な支払がなされることです。

▶キャットボンド市場と今後の可能性

キャットボンド市場は拡大を続けており，発行金額は 2015 年に約 60 億ドルでしたが，2023 年は上半期だけで 100 億ドル超と過去最大になっています。キャットボンドのスポンサーは依然として（再）保険会社が主流ですが，近年，世界銀行グループの国際復興開発銀行（IBRD）が途上国の災害リスクを債券として発行するスキームを展開しており，2023 年にチリの地震を対象としたキャットボンドが発行されました。

8 キャプティブとは どのような仕組みですか？

▶キャプティブとは

キャプティブとは，保険業を営んでいない企業または企業グループが，自社や自社グループのリスクのみを専属的に引き受けさせることを目的に同グループ内に設立する特殊な保険子会社です。格付を取得し，一般の保険会社のように自社以外のリスクも引き受けられる機能を持つキャプティブもありますが，大半は自社もしくは自社グループのリスクのみの引受けに専念するため，対外的には公表されず，自社グループのリスクマネジメントの強化・向上や保険料コストの削減のために利用されることがほとんどです。

通常は，キャプティブの特殊性に応じた柔軟な法制度や優遇措置を整えており，その運営を支援する運営管理会社（キャプティブマネジメント会社），弁護士，会計士，アクチュアリー，投資顧問，金融機関，その他の各種インフラが完備され，キャプティブを積極的に誘致している国・地域（「ドミサイル」と呼ばれます）に設立されることが一般的です。その性格上，英領バミューダや英領ケイマン諸島などのオフショア金融センターやタックスヘイブンと呼ばれる国・地域が有名です。アメリカ国内では，州の大半がキャプティブに関する法制度を整備していますが，バーモント州やハワイ州などが先駆者としてあげられます。とくにハワイ州は日系企業のキャプティブを積極的に誘致していることもあり，人気ドミサイルとして選択される事例が増加傾向にあります。

▶キャプティブが活用される理由

通常，企業が保険会社に支払う保険料は純保険料（risk premium）と付加保険料（loading premium）によって構成されています。純保険料は，損害保険金の期待値に相当する額で損害保険金の支払原資となります。一方，付加保険料は，保険会社が保険契約を引き受けることで発生する諸経費（保険募集費用，一般事業費など）および利潤が含まれています。したがって，通常，企業が保険を手配する場合，保険会社の受け取る付加保険料分だけを企業側が負担していると考えることができます。

キャプティブを設立し，保険契約の一部または全部を自社グループ内のキャ

図表①　キャプティブ契約の流れ

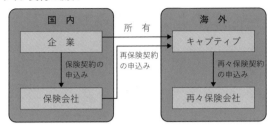

プティブで引き受けることは，リスクを自己保有するということです。自己保有とは，リスクを第三者（保険会社）に移転しないことをいいますが，予見可能なリスクや相対的に少額の損害については，社外の保険会社にリスクを移転せずに自己保有する方が合理的と考えることができます。

　自己保有したリスクを保険会社に移転せず，社内で自己資本を使って引当金として積み立てる方法を自家保険（⇒1-5）といいますが，キャプティブは自家保険をさらに発展させ，親会社から独立させた特殊な保険子会社として設立するものです。親会社またはグループ会社のリスクをキャプティブに保有させることによって，自社またはグループ内のリスクを顕在化させ，客観的な目でリスクを分析することができ，それによって保険事故を未然に防ぎ，企業のリスクマネジメントの強化・向上を促進させることにつながります。

▶キャプティブ運営にあたっての留意点

　キャプティブを活用し，リスクを自己保有することで保険料コストを削減することができますが，保険事故の発生は年度によって一定ではありません。実際に保険事故が発生し，それが純保険料を上回る場合には，キャプティブの資本で差額を埋め合わせる必要があります。

　キャプティブを受け入れる国・地域（ドミサイル）にはそれぞれ最低資本金に関する定めがあり，キャプティブが引き受けるリスクの規模や特性に応じて適正な資本を確保することが重要となります。また，保険損害が発生しない場合でも資本に対する資本コスト（借入に対する利息や株式に対する配当の支払など，企業の資金調達に伴うコスト）が発生することに留意する必要があります。キャプティブを効率よく機能させるためには，キャプティブを専門に取り扱う各種の専門サービス業者（キャプティブマネジメント会社，弁護士，会計士，アクチュアリーなど）を有効に活用することが肝要です。

リスクの多様化と新しい損害保険

年	保険商品	年	保険商品
1904	信用保険（割賦販売代金保険）	1960	原子力保険
1908	ボイラー・ターボセット保険	1960	建設工事保険
1911	傷害保険	1961	動産総合保険
1916	盗難保険	1969	傷害相互保険
1926	硝子保険	1982	費用・利益保険
1936	航空保険	1989	会社役員賠償責任保険（D&O保険）
1938	風水害保険		
1947	動物保険（ミンク保険）	1995	中小企業向け生産物賠償責任保険（PL保険）
1949	労働者災害補償責任保険		
1951	保証保険	1995	ペット保険
1953	賠償責任保険	1997	保険仲立人賠償責任保険
1956	機械保険	⋮	⋮
1958	船客傷害賠償責任保険		

日本における主な新種保険の販売開始時期（出所：東京海上火災保険編［1989］2頁，日本損害保険協会『ファクトブック　日本の損害保険』〔各年度〕をもとに作成）。

Introduction

　　社会の進展に伴いさまざまな新たなリスクの出現が加速し，損害保険会社はそれに対処するための商品開発の速度を速め，商品内容も多様化させています。そして同時に，損害保険会社は保険商品を提供することに加え，リスクコンサルティングなどを含む包括的なリスクマネジメント・サービスを提供することでその存在意義を示しています。また，グローバル化が加速すると同時に多様性が重視されており，地域の文化や宗教にあった固有の保険制度に注目することも重要です。また，保険が活躍するフィールドは宇宙にまで広がり，ヒトだけでなくペットの補償対象としての重要性が増しています。

　　本章ではこのような現状を踏まえ，まずは傷害保険・新種保険の概要を確認したうえで，近年注目を集めている新種保険やリスクマネジメント・サービスについて紹介していきます。

chapter 11 — 1 傷害保険には, どのような特徴がありますか?

▶傷害保険とは

　傷害保険（personal accident insurance）の発祥はイギリスで, 1840 年代に鉄道が実用化された当初に鉄道事故が多発したことで, 1894 年に鉄道による傷害保険の販売が始まったとされています。日本でも同様に鉄道の駅構内で 1911 年から旅行傷害保険の販売が始まりました。

　傷害保険契約とは「急激かつ偶然な外来の事故によって身体に被った傷害について死亡保険金, 後遺障害保険金または入院・通院保険金を支払う保険契約」と定義づけることができ, 急激, 偶然, 外来の 3 要素を満たしている事故が対象となります。つまり, 原因となった事故からその結果としての傷害に至るまでの過程が直接的で, 時間的間隔がないこと, 事故の発生が被保険者にとって予測・回避できないものであることを意味します。

　伝統的には定額給付方式がとられてきましたが, 商品が多様化するなかで損害てん補方式のものが登場し, 傷害だけなく疾病も担保したり, 特約でより広く損害賠償等も担保されるようになりました。

▶第三分野の保険としての傷害疾病保険

　日常生活を送るうえで, どれだけ注意を払って慎重に行動しても不慮の事故によってケガをすることはありますし, どれだけ健康に留意しても病気になることもあります。このような日常生活を取り巻く傷害や病気のリスクに対処するため, 保険会社により提供される保険としては, 傷害保険, 医療保険, 介護保険などの傷害疾病保険が存在します。これらは従来から第三分野の保険と呼ばれており, 生命保険と損害保険との位置づけは図表①のようになります。

　そして保険法では, 傷害疾病損害保険契約は「損害保険契約のうち, 保険者が人の傷害疾病によって生ずることのある損害（当該傷害疾病が生じた者が受けるものに限る。）をてん補することを約するものをいう」（2 条 7 号）, 傷害疾病定額保険契約は「保険契約のうち, 保険者が人の傷害疾病に基づき一定の保険給付を行うことを約するものをいう」（2 条 9 号）と定義されています。

図表①　傷害疾病保険の位置づけ

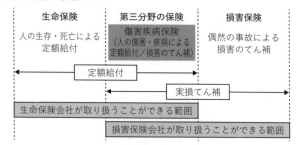

図表②　傷害と病気に関するリスクと傷害疾病保険

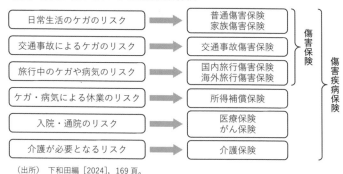

（出所）下和田編 [2024]，169 頁。

▶傷害保険の種類

　傷害と病気に関わるリスクと傷害疾病保険，さらにそのうちの傷害保険の関係をまとめたものが図表②です。傷害疾病保険のうち，普通傷害保険と家族傷害保険，交通事故傷害保険，国内・海外旅行傷害保険などが傷害保険となります。このうち海外旅行傷害保険については 11-2 の column で説明します。

　ところで，1985 年から傷害保険のシェアが急激に高まりましたが，これは積立型傷害保険の販売に伴うものです。積立型傷害保険は日本独特のもので，バブル経済期の高金利を背景にシェアが拡大しました。その後，金利の低下とともに販売が休止され，2000 年以降は傷害保険はシェアを下げることとなりました。しかし，少子高齢化が進み社会保障財源が厳しくなり，個人の自助努力が求められるなかで，社会保険の補完となりうる傷害保険の重要性が強く認識されるようになってきました。

新種保険には,
どのような保険が含まれますか?

▶新種保険とは

　新種保険は,保険が商品として成立した歴史的経緯において古い歴史を持つ種目に対して比較的歴史の新しい保険の総称です。一般的には海上(船舶,貨物)保険,運送保険,火災保険,自動車保険,自賠責保険以外の損害保険を指しています。このうち自動車保険と自賠責保険についてはモータリゼーションの進展により1965年頃を境として新種保険から分離して独立した保険種目として扱われるようになりました。新種保険は「その他すべての保険」であり,その補償内容と種目が多彩であることが特徴です。大きく分けると,①人身に関する保険,②財物に関する保険,③賠償責任に関する保険,④信用補完,債権の保全等に関する保険,⑤費用損害に関する保険が含まれます。

　18世紀末の産業革命による技術革新で機械化が進んで生産方式が大きく変化し,さらに交通機関の発展が新たなリスクを生み出し,これに対処するための保険の必要性が飛躍的に高まりました。この結果19世紀半ば以降に信用保険,傷害保険をはじめとしたさまざまな新種保険が現れ,欧州全土さらに米国に波及し発展していきました。新種保険は,社会が発展すればそれに合わせて発展の余地がある分野といえます。

▶日本における新種保険開発の変遷と新種保険の位置づけ

　日本では,1904年に信用保険,1908年にボイラー・ターボセット保険,1911年には傷害保険が誕生しています。その後もさまざまな新種保険が開発されています。

　日本損害保険協会発行の「ファクトブック」で示される正味収入保険料の保険種目別構成比では,2022年度には傷害保険が7.3%,新種保険が16.0%を占めており,社会の発展に応じてそのシェアは高まっています。

| column | 海外旅行保険の有用性

　海外旅行保険は海外旅行傷害保険がベースとなり，さまざまな特約が加わり，傷害を含めて海外旅行中に遭遇する可能性が高いリスクを包括的に担保しています。海外旅行傷害保険は，元は普通傷害保険の特約でしたが，1964 年の，日本人の海外旅行解禁後，74 年 8 月に全面改正され，独立した普通保険約款をもとに，より利便性の高いものになりました。

　海外と国内では医療保険などの社会制度や治安状態などが大きく異なるため，リスクを測定する際の前提条件を国内と同一にすることができません。また，国内での事故のみを保険保護の対象とし，海外のリスクは担保されない保険も多く存在します。そのため，海外で生じるさまざまな事故に対して総合的な補償を与える海外旅行傷害保険が誕生することになりました。そして，特約を付帯することで疾病に対しても補償が拡大され，さらにそのほかの関連するサービスを含めた総合的な海外旅行保険が現在では販売されています。

　海外旅行を目的として自宅を出発してから帰着するまでの旅行行程中の損害が補償対象となり，普通保険約款と特約でその詳細な補償内容が明記されています。主な補償としては，①傷害による死亡・後遺障害，②傷害による治療費用，③病気による死亡，④病気による治療費用，⑤賠償責任による損害，⑥携行品の損害，⑦事故の際に家族が現地に行く際の交通費や滞在費などが含まれます。これらの補償項目をすべてセットした商品のほか，必要な補償項目を選んで契約することもできます。詳細な補償内容は会社により異なりますので，海外旅行保険に加入する際には確認が必要です。

　このほか，海外旅行保険をより利便性の高いものにするために，24 時間日本語による事故対応への助言サービスが受けられるなど，保険会社各社は独自の付帯サービスを提供しています。また，多くのクレジットカードでは海外旅行保険が付帯されています。このようなカード付帯保険を活用すれば，改めて海外旅行保険に加入する必要がなくなったり，加入するにしても少額で済み，旅行費用の節約につながります。しかし，旅行代金などを決済して初めて適用される「利用付帯」と，そうした条件のない「自動付帯」があるなど，利用条件にしっかり注意する必要があります。

　また，海外旅行をめぐっては，海外旅行キャンセル保険や，インバウンド型海外旅行保険など，新たなニーズを満たすための多様なサービスが生み出されています。

海外旅行保険イメージ（写真：Graphs / PIXTA（ピクスタ））

▶ペット保険が注目される理由

　近年，日本の 15 歳未満人口が約 1435 万人（総務省［2023］）を下回る一方で，犬猫の飼育総数は約 1600 万頭（ペットフード協会［2022］）とされ，子どもの数を上回ると推計されています。少子高齢化が進むなかで，ペットはまさに家族として受け入れられ，ペット市場は 2021 年には約 1 兆 7000 億円（矢野経済研究所［2022］）の市場規模へと伸長しています。

　また，産業発展に伴うさまざまな技術進歩により，人間は便利で自由な暮らしを享受できるようになった一方で，従来のような人間同士の直接的な接触が減少し，「孤独」や「不安」といった社会課題が生じるようになりました。そうした課題の解消に寄与するペットの存在価値は，近年ますます高まるとともに，世界中でペット保険が注目されるようになりました。

▶他の損害保険との比較から見たペット保険の特殊性

　他の保険種目と比較したペット保険の特殊性として，「損害の頻度と規模」と「リスク要因」の 2 点があげられます。

　⑴　**損害の頻度と規模**　きわめて高頻度な保険利用と，1 件あたりの保険金支払の少額性，つまり「高頻度・小損害」であることがあげられます。

　通常の保険の場合，「滅多に起こらない，かつ起こった場合は高額な損害」を補償します。ペット保険の場合，ペットのケガや疾病の診療という，頻繁に起こる比較的小さい損害を補償します。ペット保険国内最大手のアニコム損害保険によると，1 年間で保険金支払を受ける確率は全契約の 60％ にもなっており，加齢によりその確率はさらに上昇します。

　⑵　**リスク要因**　人間を対象とする傷害保険は通常「急激・偶然・外来」の事故を対象としますが（⇒11-1），ペット保険の場合，ペット自体が疾病のリスク要因を内包していることが特徴としてあげられます。

　ペットの疾病のリスク要因として，「遺伝子や，初乳の有無等の先天的要因」と，「バランスの良い食事や適度な運動等の後天的要因」があります。

　さらに後天的要因には，「個々の体調に合わせた食事や，口腔内ケア等の直

図表①　運命（遺伝的多様性）と努力（腸内健康度）による損害率への影響

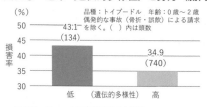
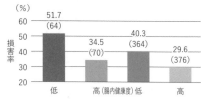

（出所）　アニコム損害保険株式会社調べ。

接的要因」と，「環境や経済状況，周囲との交友関係等からくるストレスを起因とした間接的要因」があります。しかし一般的にペットの行動範囲は飼い主に決められ，人間ほどさまざまな環境や関係性に接することが少ないため「後天的かつ直接的な要因」が健康に与える影響が大きくなります。

▶ペット保険におけるリスクコントロール

　ペット保険の役割は，損害が生じた際の補償はもちろんのこと，前述のようなリスクをコントロールし，ペットを健康にすることも求められています。

　⑴　**先天的要因である遺伝子のコントロール**　「運命」ともいえる遺伝子を，健康に配慮してコントロールし，可愛さという形質のみならず，健康にも配慮した科学に基づく適切なブリーディングを行うことで，疾病リスクをマネジメントすることが可能であると考えられます。

　⑵　**後天的要因である食事のコントロール**　多くのペットは室内で常時同じような環境下で暮らしており，また，ペットは一般的に自らの意思で食事を選択することができないため，飼い主がどのような食事を与えるかが，ペットの健康状態にとくに大きな影響を与えます。

　食事の善し悪しを測る客観的指標として，近年人間でも着目されている腸内細菌叢検査があげられており，人間同様，ペットにおける腸内細菌叢と疾病の関連性が明らかになってきています。万が一生まれ持った遺伝子にリスクを抱えていたとしても，食事によって腸内細菌叢をコントロールし補完する，つまり食事による努力を通じて，「運命は変えられる」と考えられます。

　このようなリスクのコントロールを通じ，ペット健康状態の維持・向上，ひいては日本におけるペット保険の健全運営を目指すことが可能となります。

企業を取り巻くリスクが
多様化するなかで，損害保険会社には，
どのような保険の開発が
求められていますか？

▶社会環境の変化と損害保険

　近年，社会環境の変化に伴い，企業を取り巻くリスクは多様化・複雑化しており，サイバー攻撃の増加・巧妙化や，企業におけるハラスメント，感染症の流行など，従来はなかった新たなリスクが，ここ数年間で顕在化しています。

　こうしたなかで，企業におけるリスク対策の手段として，損害保険の役割はますます大きくなっており，社会環境の変化を捉えた新たな保険商品の開発が期待されています。

　損害保険会社においても，環境変化に伴い生じる新たな社会課題の解決や企業のニーズに対応するための商品の開発・販売に力を入れています。たとえば，最近では，図表①のような保険が販売されています。

　これらのうち，新たな保険の一例として国内 M&A 保険について紹介します。

▶新たな保険開発の事例──国内 M&A 保険

　日本企業の M&A（企業の合併・買収，Mergers & Acquisitions）は増加傾向にあり，2022 年には過去最多の 4304 件の M&A 取引が行われました。経営者の高齢化や後継者不足を背景とした事業承継の手段として M&A が積極的に活用されており，企業規模の拡大や事業多角化などの成長戦略の一環としても活用されるケースが増えています。中小企業庁においても，2021 年に中小 M&A 促進のための「中小 M&A 推進計画」を策定し，中小企業の円滑な M&A 取引を後押ししている状況にあります。

　こうしたなか，中小企業が安心して M&A 取引をできる環境づくりを支援するため，2020 年 1 月に，国内企業同士の M&A 案件を対象とした表明保証保険（Representations and Warranties Insurance）（以下「国内 M&A 保険」）が東京海上日動より初めて発売され，その後，国内大手保険会社でも同様の商品が販売されるようになりました。

　国内 M&A 保険は，M&A 取引の買主を被保険者として，M&A において取り交わされる株式譲渡契約等に規定された表明保証条項（特定の時点において，売

図表① 新たに開発された保険商品の例

社会の環境変化	新たに開発された保険商品
技術革新，サイバー攻撃の増加・巧妙化	・サイバー保険 ・ドローン保険，ロボット保険 ・知的財産権賠償責任保険
脱炭素への移行	・再生可能エネルギーに関する各種損害保険（洋上風力発電に関する保険等）
少子高齢化	・従業員の介護休業時等の企業向けの費用補償保険
グローバル化	・海外知財訴訟費用保険
ハラスメント・人権問題	・雇用慣行賠償責任保険
中小企業における事業承継	・国内 M&A 保険
感染症の流行	・感染症等に係る企業向けの休業補償保険

図表② 国内 M&A 保険の補償イメージ

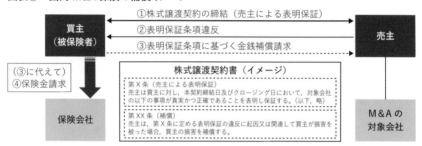

主が買主に対して，M&A の対象会社等に関する一定の事項が真実かつ正確であることを表明し，保証するもの）において売主による違反があった場合に，その違反について買主が被る経済的損失を補償する保険です（図表②）。M&A の交渉時には，表明保証の範囲，違反時の補償の金額・請求期間等について当事者間で条件が折り合わず，交渉が長期化したり，最悪の場合は M&A 取引が成立しない場合がありますが，国内 M&A 保険を活用することで，M&A の交渉を円滑に進めることが可能となります。

　従来，表明保証保険は，欧米における大規模 M&A 案件を中心に活用されてきましたが，国内企業同士の M&A が活発化するなかで，こうした新しい国内向けの保険商品が発売され，保険を活用した M&A の事例が増えてきています。

　近年,「働き方改革」をキーワードに,多様な働き方を促進する企業が増えています。2020年以降は,新型コロナウイルス感染症の流行に伴い,リモートワークや時差出勤といった制度も普及しました。2023年3月からは,大手企業が従業員に関する情報（人的資本の情報）を株主や投資家等のステークホルダーに開示することが義務づけられるなど,働き方に対する社会の関心は,かつてなく高まっています。

　こうした働き方の変化・多様化の動きは,企業にとって生産性の向上や人材の獲得・定着といったメリットがあるほか,ライフスタイルに合わせた柔軟な働き方の促進を通じて,従業員の働きがいや満足度の向上にもつながるものです。一方で,どんなに企業として労働環境の改善・向上に努めたとしても,職場がさまざまな価値観を持った人のつながりによって成り立つものである以上,従業員同士のトラブルを完全に防ぐことは難しいのが実態です。業務上必要な範囲を超えた嫌がらせ,部下・同僚への性的な言動などによって労働環境が害される「ハラスメント」も,社会問題として広く耳にするようになりました。

　雇用慣行賠償責任保険（Employment Practice Liability Insurance）は,上記のようなパワハラ・セクハラ等のハラスメントや雇用契約上の権利侵害が発生し,企業が従業員から損害賠償を請求された場合の損害賠償金や弁護士費用等に備える保険です。雇用契約上の権利侵害とは,従業員の採用や配置,昇進,解雇等の労働条件について,企業が差別的・不利益な取扱いをすることをいいます。企業としては正当な扱いであると考えていても,従業員がその扱いに満足できなければトラブルに発展する場合があります。企業には,従業員がモチベーションを維持・向上できる働きやすい職場の整備に努めることが求められる一方で,リスク管理の観点では,万が一のトラブルに備え,雇用慣行賠償責任保険に加入しておくことが望ましいといえます。

　国内における労働紛争のうち,いじめ・嫌がらせに関する相談は最も多く,年間8万件にも及んでいます。従業員の心理的安全性の確保や,多様な働き方の促進によって労働環境の改善・向上に努める企業を支援するために,保険会社の中には,ハラスメント対策のeラーニングサービス等,雇用トラブルを未然に防ぐサービスを併せて提供するところも出てきています。

図表③　民事上の個別労働紛争の件数推移

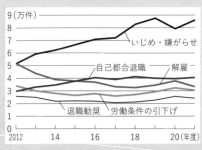

（出所）厚生労働省ホームページ資料より作成 (https://www.mhlw.go.jp/content/11909000/000959370.pdf)。

　権利保護保険（Legal Expense Insurance）は，弁護士費用保険などの商品名で各保険会社から販売されている商品です。

　この保険は，事故等によって被った損害を相手側に賠償請求する行為を弁護士に委任するために生じる費用（弁護士費用）を補償する保険です。権利行使のために弁護士を利用することが多い欧米では一般的な補償でしたが，日本では紛争解決を当事者間で図ることが多く，また，事故による損害の復旧に要する費用は保険の補償で得ることが一般的であったため，個人向けにこのような補償を提供する保険は販売されていませんでした。

　しかし，「国民に身近で，速くて，頼りがいのある司法」実現のための司法制度改革が1999年から実施されたのと相まって，日本においても，徐々に個人が紛争解決を弁護士に依頼することを身近に感じる社会的・政策的気運が高まってきました。このような状況のなか，個人が弁護士に委任する際に最も不安を感じる費用面の課題の解消を目的として，2000年に権利保護保険（弁護士費用保険）が開発されました。この保険の販売件数の増加に伴い，弁護士への委任案件数は増加しています（図表④参照）。

　この保険の発売当初は，自動車の被害事故（被追突事故等）における相手側への賠償請求に利用するケースを想定し，自動車保険に特約として付帯する形態が多く存在していましたが，最近では，日常生活で生じたさまざまなトラブル（いじめや相続等）を広く補償対象とする商品など，多種多様な弁護士費用保険が各保険会社から販売されています。

図表④　弁護士への委任案件数の推移

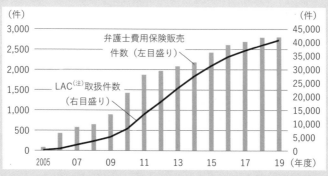

（注）　LACとは，「日弁連リーガル・アクセス・センター」のことを指します。この組織は，日弁連が弁護士費用保険の運営と発展のために設置したもので，各地の弁護士会との連絡調整や，保険会社・共済協同組合との協議等の活動を行っています。

（出所）　日本弁護士連合会ホームページより作成（https://www.nichibenren.or.jp/activity/resolution/lac.html）。

chapter 11 — 5 新技術開発に保険が役立っている例はありますか？

さまざまな社会課題を解決するためには，テクノロジーの進展が欠かせません。一方で，新技術の開発や普及には新しいリスクが伴います。損害保険は本来，大数の法則が働くために，均質で十分な事故データが揃うことが必要ですが，新技術開発をサポートし社会に貢献するために，積極的に保険の提供を行っています。ここでは，再生可能エネルギーの普及と宇宙開発に関する事例を紹介します。

▶再生可能エネルギー施設の建設に関わる工事保険

近年，地球温暖化が世界的な課題となるなか，太陽光発電・風力発電・水力発電・バイオマス発電のような再生可能エネルギーは温室効果ガスを排出せずに生産できるため，従来の火力発電に取って代わる重要なエネルギー源となり，世界規模で新技術の開発が進み，投資額の増加が続いています。日本においても地球温暖化対策への貢献として，2050年カーボンニュートラルを目指すことを宣言し，現在の温室効果ガスの排出の8割以上を占めるエネルギー分野の取組みを重要課題として，太陽光発電を中心とした新技術開発による複数のエネルギー種別で今後新規導入量の増加を目指しています。（図表①）

再生可能エネルギー施設の建設は規模が大きければ工事が長期間にわたることも多く，工事期間全体を通してさまざまなリスクが想定されます。このリスクへの備えとして，工事全体を対象に工事保険をつけることにより，工事期間中の火災，落雷，風水害，設備組立作業の欠陥等による不測の事故に備えることができ，事故時のスムーズな復旧を後押しすることで建設計画を維持することに貢献しています。また，再生可能エネルギーを有効活用するための大型蓄電池設備施設や電気自動車（EV）に必要なバッテリー生産工場の新規建設も増加しており，工事保険もこれら新技術のリスクに対応し，建設工事中の不測の事故に備える役割を果たしています。

工事保険は主に，建設工事保険，組立保険および土木工事保険の3種類があり，工事内容に応じて保険の種類が決定され（図表②），工事請負契約に基づいて工事の開始から完成・引渡しまでの工事期間中に発生する事故が補償の対

保険種目	対象とする工事の種類
建設工事保険	ビル，工場建屋，住宅等の建物の建築工事（増築・改築・改修工事を含む）を主体とする工事
組立保険	空調設備，電気設備等の据付工事や各種機械，プラントおよび構造物などの組立工事を主体とする工事 建設工事保険，土木工事保険で対象とならない工事
土木工事保険	上下水道工事，トンネル工事，道路工事，埋立工事，土地造成工事，ダム工事等の土木工事を主体とする工事

図表② 工事保険の種目と対象工事の種類

象となります。

　一般的な再生可能エネルギー施設の新規建設は，設計や事前調査を経て土地造成工事から始まり，建物・付属設備の建設，設備の組立・設置を行った後，施設が正常に稼働するかを確認する試運転を行ったうえで引渡しとなり，工事保険ではプラント設備を工事完成物の主体として組立保険で工事全体をカバーします。

　また，再生可能エネルギー施設の工事では，完成・引渡し後の一定期間をメンテナンス期間として請負業者の保証責任が継続することがあります。この期間の補償は工事保険のメンテナンス特約を付帯することで，引渡し後の補修作業中や引渡し前の工事期間中に発生した作業の欠陥を原因として引渡し後に発生した事故も補償対象とすることができます。

▶宇宙開発と保険の後押し

　日本における宇宙保険は，1970年代，宇宙開発事業団（現・宇宙航空研究開発機構）の保険手配から始まり，それ以降，通信・放送衛星事業者，衛星・ロ

人工衛星イメージ（写真：スターウォーカー / PIXTA（ピクスタ））

ケットメーカー等限られたなかで保険が手配されてきました。人工衛星やロケットは高度な技術で成り立ち日々進化しているものの，ロケット打ち上げの失敗や軌道上での人工衛星の不具合が散見されます。一度発生すると全損となるリスクが高く，事業者は一瞬で高価な財産およびビジネスを失い事業継続が困難となるため，宇宙保険はこのようなハイリスクな産業を裏で支えています。昨今「ニュースペース」「スペース 2.0」という言葉にあるように，技術進展により，人工衛星，ロケットの小型化・低廉化が進み，スタートアップ，異業種大企業等が宇宙ビジネスへ参画し，宇宙産業を盛り立てています。また，米国の「アルテミス計画」に見られるような月面探査，その先の火星探査，宇宙旅行などの新たな宇宙利用産業が拡大しており，宇宙保険もこのような新技術に備えた内容とする必要があり，新たな事業に進出する事業者とともに保険会社も新たな宇宙ビジネス領域に挑んでいく必要があります。

│ column │ 興行中止保険とは

　新型コロナウイルス感染症の蔓延により，2020 年は人が集まるイベント（興行）が大きな影響を受けました。東京オリンピックの延期をはじめ，さまざまな興行が中止・延期となりました。また近年は，台風などの自然災害を原因とした中止・延期も発生しています

　大きなイベントを裏から支え，興行主が興行の中止・延期に備える保険として，興行中止保険（event cancellation insurance）があり，準備にかかった費用や収益減を補償することができます。2020 年のグローバルな市場規模は，保険料ベースで約 5 億ドルとなっています。

　興行中止保険は，一定の外的要因が発生した場合に，興行主は，興行を中止するか延期するかを選択し，それに対応する費用や逸失利益（⇒6-5）を保険金として支払うものです（図表③）。

　興行中止保険の保険設計にあたって考慮すべき事項は，大きく 2 つに分けられます。1 つ目はリスクの選択，2 つ目は保険料の算出に必要な要素の確認です（図表④）。

　発生の確率が高いリスクは，興行主にとっては補償の提供を受けたいリスクですが，保険会社にとっては補償の提供が困難，もしくは高い保険料での提供となります。そのため，対象とするリスクを限定するなどの工夫が必要

です。たとえば，降雨を心配するのであれば，「1時間に10mm以上の降雨」等と限定的にすることで，発生確率を抑制し，低廉な保険料を提供できる可能性があります。

同時に用語の定義も興行中止保険には重要となります。「中止」についても「まったく開催されないこと」ではなく，プロ野球においては「試合の途中で雨天中止となったこと」などの別の定義とするのが適切なケースもあります。定義の違いによって，発生確率が相違します。

図表③　外的要因に対する興行主の選択と対象とする費用

外的要因	興行主の選択	対象とする費用
・自然災害の発生（台風・地震など） ・出演者の体調不良（ケガ・病気など） ・その他の事由（近隣の火事，デモ，ストライキ，サイバー攻撃など） ・今まで想定していない事由（コロナなど）	・中止 ・延期	・イベントの準備にかかった費用 ・逸失利益

図表④　リスクの選択と要素の確認

リスクの選択（何を補償するのか）	要素の確認（発生確率）
①イベントの中止・延期 ②自然災害の発生 ③出演者の体調不良 ④過去に想定していない事由	①中止・延期になる理由 ②各自然災害の発生の傾向 ③体調不良の理由，既往症の有無など ④コロナなどの想定外の事由の可能性

取引先企業の倒産リスクに備える保険はありますか？

▶企業の倒産リスクと信用保険・保証保険

　日本企業の倒産件数は，2008年のリーマンショック以降は減少傾向が続いているものの，毎年6000件程度の倒産が発生しています（図表①）。企業倒産の要因は，事業の不振や放漫経営，不祥事による顧客からの信用失墜など当該企業固有の「ミクロ要因」と，業界全体の不振やニーズ低下，物価高，新型コロナウイルス流行等の「マクロ要因」が複合的に絡んでおり，多岐にわたります。

　企業間の取引において取引相手が倒産した場合，「販売した商品の代金（売掛金）が回収できない」，「融資した貸付金が返済されない」等のリスクがあります。とくに大口の取引先が倒産して回収不能額が大きくなる場合，自社の資金繰りに影響を与え，「連鎖倒産」を招くリスクもあります。

　上記のリスクに備えるための保険が「信用保険」と「保証保険」です。

▶取引信用保険

　信用保険（Credit Insurance）は，保険契約者である債権者（例：商品の売主）が自らの損害を補償するための保険の総称であり，その代表的な商品が取引信用保険です。取引信用保険は，取引先である債務者（例：商品の買主）の倒産等によって，取引先から代金が支払われない場合に，その損害を補償する保険となります。対象となる事故には，企業の法的倒産のほか，長期にわたる不払い，夜逃げ等の場合も含まれる場合があります。

　この保険により，商品の売主は，安心して取引を行うことができます。保険会社は，保険の引受けにあたり，取引先である債務者の信用力を，財務内容等によって審査のうえ，保険設計を行います。

▶公共工事に関する入札・履行保証保険

　保証保険（Surety）は，保険契約者である債務者（例：工事の受注者）が，自身の倒産等によって債務不履行に陥った（例：受注した工事を履行できない）ことによって，取引先（例：工事の発注者）に与えた金銭的損害を補償するための保険であり，その代表例が公共工事に関する入札・履行保証保険です。建設業

図表① 日本企業の倒産推移

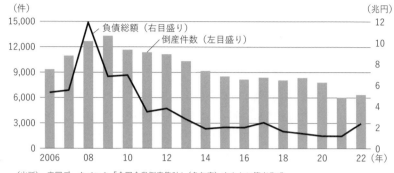

（出所）帝国データバンク「全国企業倒産集計」（各年度）をもとに筆者作成。

図表② 取引信用保険の関係図

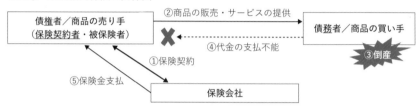

図表③ 公共工事に関する保証保険の関係図

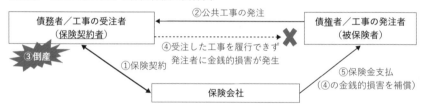

者が公共工事を受注する際は，発注者である官公庁から，契約保証金の納付を要請されますが，その代替として入札・履行保証保険に加入します。

　保険加入にあたって，保険会社は保険契約者（工事受注者）の審査を行い，倒産等の際には契約者に代わって発注者に対して損害を補償することから，保険会社がいわば「連帯保証人」の役割を果たす保険となります。

　信用保険と保証保険は，ともに倒産等による代金回収不能リスクから保全する役割を果たしますが，保険契約の主体が異なります。

▶利益保険の必要性，意義

　事故が発生した場合に企業が被る損害は，罹災した建物や機械等が直接受けた損害だけにとどまりません。罹災した建物や機械等を再建するまでは，営業活動や生産活動を縮小せざるをえず，大きな事故では長期間休業しなければならない場合があります。この場合，企業は事故が生じなければ得られていたであろう営業利益が得られず，同時に，営業活動や生産活動が阻害されても以前と変わらずに発生する費用の支出は余儀なくされるため，企業はこれらにより生じた営業上の損失に備える必要があります。通常の火災保険では，罹災した建物や機械等の損害は補償されますが，営業上の損失は補償されません。保険の対象が事故により損害を被った結果，営業が休止または阻害されたために生じた営業上の損失を補償する必要から誕生し発達してきた保険が利益保険です。欧米では business interruption insurance（事業中断保険）と呼ばれています。

　事故により企業が被る損害・損失を回避するためには火災保険と利益保険の双方が不可欠ですが，日本においては，火災保険と比較して利益保険の普及率は低く，課題となっています。

▶利益保険の補償内容

　利益保険で補償される損失は，喪失利益と収益減少防止費用の2つです。

　(1)　**喪失利益**　喪失利益とは，「事故が生じた結果，営業が休止または阻害されたために生じた損失」であり，具体的には，①営業収益が予定どおりであれば得ることができた営業利益と，②水道光熱費（基本料金部分），社員人件費などの経常費（固定費）です。

　(2)　**収益減少防止費用**　一般的に企業は供給責任を果たすためや顧客・マーケットを失うことを防止するため，可能なかぎり早期に生産・販売を復旧させ，営業収益の減少を防止または軽減する努力をします。この営業収益の減少を最小限に食い止めるために企業が支出した必要かつ有益な費用で通常要する費用を超えるものを収益減少防止費用といいます。収益減少防止費用は，喪失利益の拡大を抑えるためにいわばトレードオフで発生する費用であるため，利益保

険において補償の対象となります。

▶家賃保険（家賃担保特約）

　賃貸住宅建物が火災等によって滅失した場合，所有者すなわち賃貸人（家主）は，建物についての直接損害のほか，建物が復旧する間，家賃収入の減少や中断という間接損害を被ることになります。このような火災等による家賃損失を補償するための補償として，家賃保険（家賃担保特約）があります。

　従来の利益保険は，一般の企業の営業収益に基づく損失を対象とするもので，家賃収入を補償する手段としては複雑で実態に即していないという欠点がありました。家賃保険（家賃担保特約）はこのような点を考慮し，契約方式，保険金の算出方法等を簡素化して 1967 年に発売されました。保険の対象は賃貸契約に基づいて賃貸される専用住宅または併用住宅の建物に限られます。具体的には一戸建住宅，アパート，マンション，独身寮などで賃貸されている建物です。家賃担保特約は，火災保険を主契約とし，これに付帯して引き受けます。

| column | 敷地外物件補償特約

　企業は，多くの企業との相互依存関係のもとで事業を行っています。製品製造を行う企業では，製品の原材料・部品の調達から販売に至るまでの一連の流れをサプライチェーンといいますが，企業活動のグローバル化により，サプライチェーンは世界中に拡大しています。このサプライチェーンの拡大は，一方で万が一におけるサプライチェーンの途絶・寸断が企業の事業継続に大きく影響を与えることを意味しています。たとえば，仕入先の工場が火災事故に遭い，仕入先からの部品供給が途絶えると，企業の製造ラインも減産や休止せざるをえない場合が生じます。2007 年の新潟県中越沖地震の際に，ある自動車部品メーカーの部品が，国内の自動車メーカーのほとんどにおいて使用されていたことから，国内の自動車メーカー全体の生産に大きな影響が出たことがありました。これは地震による事故ですが，1 つの工場で生産されている部品の生産ストップが大きな影響を及ぼすことがある，という認識を新たにする事例となりました。

　利益保険において，サプライチェーンの途絶・寸断により生じる損失を補償するためには，関係取引先の生産設備や販売設備を利益保険の保険の対象にすることが必要となりますが，これを可能とするのが敷地外物件補償特約です。サプライチェーンのリスクマネジメントの一環として，現在，この敷地外物件補償特約は注目されています。

世界各国に存在する特徴的な損害保険には,どのようなものがありますか?

　現在，私たちが直面する社会課題の１つである「プロテクションギャップ」の観点から，世界各国に存在する特徴的な損害保険を説明します。

▶プロテクションギャップとは

　地球温暖化による気候変動は自然災害を甚大化させ，世界各地で自然災害による損害が多発しています。一般的には，このような自然災害に対する補償は，公的保険制度や民間損害保険会社の保険に加入することで補償を受けることができますが，国や地域特有の事情によっては十分な補償を受けられない場合があります。このように自然災害による損害によって生じた経済損失（額）と実際に保険でカバーされた補償（額）との差を<u>プロテクションギャップ</u>（protection gap）といい，近年の自然災害の増加によってその差は年々広がる傾向にあり，重大な社会課題になっています。

▶プロテクションギャップが生じる要因

　プロテクションギャップが生じる主要因は，自然災害の増加による経済損失の拡大に対し，相対的に補償が増加しないことがあげられますが，その理由は国や地域等によりさまざまな特有の事情があります。

　(1)　**先進国**　先進国で指摘される主な理由は，保険設計上の観点があります。先進国では一般的に保険加入率自体は高いものの，自然災害に対する補償が特約化されているケースが多く見られ，自然災害の甚大化の影響で特約保険料水準が非常に高かったり，補償の条件に多くの制限があることで保険契約者は経済合理性の観点から特約を付保しないというのが主な要因にあげられます。

　(2)　**新興国**　新興国は社会インフラが不十分なため，一般的に自然災害の発生時の経済損失額は先進国に比べて大きくなると考えられています。同時に，同地域の所得水準の低さ等の経済的観点や，保険の必要性やリスクに対する意識（リテラシー）が低いことによって保険加入が進まないことが考えられます。

▶課題解決に向けた損害保険会社の取組み／保険商品の開発

　損害保険会社は，プロテクションギャップを解消するために，観測地点の気象情報を専用サイトで確認できる気象情報アラートサービス等のデータ分析や

AI を活用したさまざまな防災・減災対策支援を行うとともに，自然災害による損害から復旧に資する以下のような保険商品の開発・提供も行っています。

(1) **パラメトリック保険**　自然災害で生じる大規模災害では，効率的で敏速な保険金支払が求められます。パラメトリック保険 (parametric insurance) は災害時の復旧費用として早期に保険金を支払うことが可能であり，インデックス保険 (index insurance) とも呼ばれています。通常の損害保険では，保険の目的に損害が生じた際，損害額の査定に時間を要しますが，この保険は損害の有無に関係なく，約定した一定指標（パラメーター）を超えた場合に保険金が支払われるため，敏速な対応が可能となるものです。

(2) **マイクロインシュアランス**　マイクロインシュアランス (microinsurance) は，一般的に新興国の低所得者層や零細企業向けに低価格で提供される保険のため，社会保障制度の補完手段としての意義を持ちます。自然災害の被害によって収入に大きな影響が生じる小規模農家などに対する補償はニーズが高く，とくに農業保険の分野で広く活用されています。

▶課題解決に向けた官民連携による取組み／保険制度の提供

官民連携とは，行政（官）と民間企業（民）が強みを活かし連携して公共サービスを提供する社会貢献の取組みです。以下は，自然災害への補償に資する官民連携取組みであり，損害保険会社は再保険会社として参画しています。

(1) **東南アジア災害リスク保険ファシリティ (SEADRIF)**　ASEAN＋3 参加国の枠組みで，自然災害リスク脆弱国に対する保険ソリューションの提供を目的とし，2019 年 4 月に日本政府，シンガポール政府が出資してシンガポールに SEADRIF 保険会社が設立されました。2021 年 2 月，ラオス政府が契約者となり洪水リスクを補償する保険制度をスタートさせました。

(2) **太平洋島嶼国自然災害補償制度 (PCRAFI)**　2013 年に世界銀行主導で設立され，保険市場が未成熟な太平洋島嶼国（サモア，トンガ，クック諸島）において，自然災害（風災，地震，津波）が発生した場合に，被災国へ迅速に復興資金を提供することを目的とした補償制度です。

| column | 損害保険会社のリスクマネジメント・サービス

　損害保険会社は，事故・災害の発生時に保険による補償を提供するだけでなく，事故・災害を未然に防ぐサービスや，事故・災害の発生後の回復を支援するサービスも提供しています。とくに近年は，補償の「前後」において価値提供するサービスを，保険とセットではなく，単独で提供する事例も出てきています。こうしたサービスのラインアップを拡充することで，損害保険会社は顧客や社会に対して新たな価値を提供し，社会課題の解決に取り組んでいます（図表①）。

　具体的な事例として，三井住友海上が提供しているサービスを2つ紹介します。

　1つ目は，自治体等による道路点検をサポートするサービスです。全国の自治体等が行う道路の点検・管理業務は，道路巡回による目視確認で行われており，点検担当者不足等が課題となっています。このサービスでは，同社のドライブレコーダーが撮影した日本全国の道路の映像をAIが分析することで，損傷個所を自動検知し，路面状態をクラウド上で一元管理します。このデータの利用により，効率的な点検・管理業務が可能になり，危険な道路損傷の早期発見および，安全なまちづくりに貢献することが期待されています。

　2つ目は，企業のサイバーセキュリティ対策サービスです。中小企業への攻撃を含め，サイバー攻撃は増加・巧妙化しており，対策を講じてもサイバー攻撃をすべて防ぐことは困難です。このサービスでは，ウイルスが機密情報を持ち出そうとする通信を自動検知してブロックすることで，感染しても情報を外に出さない「出口対策」を支援し，有事の被害縮小を目指しています。

図表①　損害保険会社が提供する新たな価値

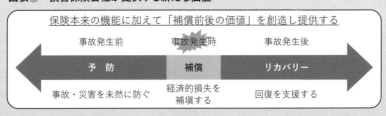

（出所）　三井住友海上資料。

テクノロジーの進展は，損害保険にどのような影響をもたらしますか？

▶多様化する接点と新たなビジネスチャンス

デジタル技術の進展に加え，新型コロナウイルス対策による社会全体の意識の変化によって，コミュニケーションにおけるデジタル活用は飛躍的に進みました。デジタルによる簡易で，迅速なコミュニケーションやサービスの提供はもはや当たり前のこととなっています。こうした流れを受け，損害保険会社各社はデジタルを活用した新たな保険販売や顧客との接点強化を進めています。

保険販売においては，オンライン上で保険加入できるエンベデッド保険（embedded insurance）が普及しつつあります。エンベデッド保険（「組込み型保険」とも呼ばれます）は，さまざまな企業のプラットフォームに保険商品を組み込む販売手法です。企業が取り扱う商品やサービスと親和性の高い保険商品，たとえば，旅行申込みサイトで旅行予約と同時に旅行保険やキャンセル保険を販売するといったものがあります。必要な保険商品が最適なタイミングで提案され，オンライン上で簡易に加入ができることから，企業側の商品やサービスに付加価値を与える販売手法として注目されています。

他方で，エンベデッド保険は保険料単価が低いため，収益化が難しいという課題があります。また，補償対象を特化しているがゆえに，保険事故発生の可能性が高い人が被保険者となりうる場合があり，モラルハザードの点でも課題があります。これらの収益性の課題と開発コストとの関係から，エンベデッド保険の在り様が見直されつつあり，「単にプラットフォーム上での保険提供」から，保険に加え「複数の組手と協業し，データを活用しながら保険以外のソリューションを提供」する形へと変化しつつあります。

今後も，インシュアテック（InsurTech）を用いてエンベデッド保険の形は変化していくと考えられ，保険会社各社は自ら，あるいは少額短期保険といった事業形態を活用しながら，顧客のニーズを捉えた保険商品やサービスの展開を進めていくでしょう。

保険販売以外では，デジタルマーケティングによる顧客接点の創出や価値向上の取組みが活発化しています。保険契約の情報や保険金の請求履歴といった

保険会社固有のデータのほか，サイトの閲覧状況やアプリの利用状況，さらには外部企業との協業などを通じて得た購買情報など，さまざまなデータと掛け合わせることで顧客への理解を深め，最適なタイミング・手法での情報発信が実現します。これらのパーソナライズした情報は代理店の募集活動の支援策として，効率的かつ効果的な顧客接点の創出や価値向上に活用が期待でき，今後ますます拡大していく可能性があるということも注目すべきポイントです。

　保険会社は，伝統的な保険ビジネスに加え，エンベデッド保険やデジタルマーケティングを用いた顧客との接点に拡大・強化とともに，利用者の反応・動向をデータとして収集・分析し，商品やサービスの価値向上に活用していくというエコシステムの形成を進めています。

| column① | メタバースでの保険販売

　近年，インターネット上の仮想空間であるメタバースが注目を集め，実際に多くのユーザーがアバターを利用して他者と交流したり，商品やサービスを購入したりしています。メタバースは，人々を身体・空間・時間の制約から解放してくれるという特徴を持つことから，さまざまな業界でユーザーに対する提供価値を高める手段として広く活用が検討されており，損害保険業界についても例外ではありません。たとえば，東京海上日動は2023年からメタバース上にアバターを利用した保険相談所を常設しているほか，保険の必要性について気軽に体験することができるシミュレーションゲームなども提供しています。

　そもそも損害保険商品は，対象としているリスクが多様であり，ユーザー側の理解が難しいため，損害保険会社にとっては，加入時におけるリスクコンサルティングが重要業務の1つとなっています。しかし，ユーザーの生まれた環境やライフスタイル，ライフステージによっては，気軽に保険相談に行くことができなかったり，相談したい相手が見つからないことで，ユーザーが期待するリスクコンサルティング・サービスを享受できないケースもあります。また，デジタルネイティブ層を中心に，保険相談の早期段階から顔や姿を見せることに対して抵抗感を覚えるユーザーも増えてきています。

　こういった課題に対して，今後損害保険会社がメタバース上で保険を販売することができれば，これまで物理的・心理的な制約によって十分なサービスを受けられなかったユーザーに対しても，単なるオンライン面談では再現することのできない，より直感的でリアルに近い対話体験を通じた，満足度の高いコンサルティングサービスを提供していくことが可能になるかもしれません。

さらに，メタバースでは，事故や災害のシミュレーションをよりリアルな体験として再現することができるため，技術活用が進んでいけば，これまで以上に保険商品の必要性や重要性について効果的に伝えていくことが可能になります。このように，損害保険会社のメタバース活用は，損害保険会社の社会的使命である「リスクに関する啓発活動」を高度化させることで，ユーザーごとの特性に応じた適切な補償選択を可能とするほか，保険商品を社会に普及させることで，社会全体の安定と持続可能性に貢献することも期待されています。

　また，メタバースを単なる保険販売の場としてではなく，「新たなリスク」として捉える動きも広がっています。たとえば，メタバース上の暗号資産やNFT（Non-Fungible Token：非代替性トークン）等の価値データが盗難被害に遭うケースもすでに発生しており，メタバースに関連するリスクに対する新たな保険商品が開発されつつあります。

| column② | 国内・国際的な産学共同研究

　損害保険各社は，地方創生や地域課題の解決を目指して，新たな商品・サービスの開発を強化しています。そのようななか，国内外の大学との連携を強化し，さまざまな社会のニーズに応えようとする動きが活発になっています。

　たとえば，昨今の自動運転技術の進展に伴い，自動運転自動車の実用化に向けた官民の動きが活発化しているなか，産学で新たなリスクに対する共同研究を行っています。また，企業を取り巻く大規模かつ複雑・高度になっている自然災害リスクに対し，保険会社と大学が連携することで新たなソリューションの開発や研究を加速させる動きが見られます。

　このような取組みは，国内にとどまらず，世界的な社会課題解決に向けて，海外でも広がっています。たとえば，あいおいニッセイ同和はイギリスのオックスフォード大学から誕生したAIスタートアップ企業であるMind Foundry（以下MF）社と共同で，オックスフォードにAioi R&D Lab -Oxford（以下Lab）を2022年11月に設立しました。Labでは高度なAI開発を有するMFや，世界トップクラスの知見を有するオックスフォード大学の教授陣とともに研究を行い，AIや量子コンピューターなどの最先端技術を活用した保険商品・サービスの社会実装に加えて，新たなビジネスモデルの構築を目指しています。また，自社の課題解決だけではなく，取引先企業や地方公共団体等が抱える社会・地域課題の解決に向けた取組みを行っています。

引用・参照文献

下和田功編［2024］『はじめて学ぶリスクと保険（第 5 版）』有斐閣

情報通信総合研究所［2023］「2023 年シェアリングエコノミー市場調査」

総務省［2023］「統計トピックス No.137　我が国のこどもの数──「こどもの日」にちなんで（「人口推計」から）」https://www.stat.go.jp/data/jinsui/topics/topi1370.html（2024 年 2 月 16 日最終アクセス）

東京海上火災保険編［1989］『新種保険（上）』（損害保険実務講座第 7 巻）有斐閣

東京海上日動編著［2016］『損害保険の法務と実務（第 2 版）』金融財政事情研究会

中出哲［2019］『海上保険──グローバル・ビジネスの視点を養う』有斐閣

中出哲・嶋寺基編著［2021］『企業損害保険の理論と実務』成文堂

中出哲・中林真理子・平澤敦監修，損害保険事業総合研究所編［2018］『基礎からわかる損害保険』有斐閣

西島梅治［1998］『保険法（第 3 版）』悠々社

日本損害保険協会［各年度版］『ファクトブック　日本の損害保険』

ペットフード協会［2022］「令和 4 年　全国犬猫飼育実態調査」https://petfood.or.jp/data/chart2022/index.html（2024 年 2 月 16 日最終アクセス）

堀田一吉・山野嘉朗・加瀬幸喜編著［2022］『デジタル化時代の自動車保険』慶應義塾大学出版会

森宮康［1994］『変化の時代のリスクマネジメント』日本損害保険協会

森宮康［2003］『ビジュアル 保険の基本（新版）』（日経文庫）日本経済新聞社

矢野経済研究所［2022］「2022 年版ペットビジネスマーケティング総覧」

吉澤卓哉監著，編集委員会著［2020］『新・賠償責任保険の解説（第 2 版）』保険毎日新聞社

IPA（情報処理推進機構）［2023］「情報セキュリティ 10 大脅威　2023」https://www.ipa.go.jp/security/10threats/ps6vr70000009r2f-att/kaisetsu_2023.pdf（2024 年 2 月 16 日最終アクセス）

MS&AD インシュアランスグループホールディングス［2021］「2021 年度第 2 回インフォメーションミーティング質疑応答要旨」

索　引

（下線の数字は本文中で重要語句として下線で表記されている用語の掲載頁を示す）

新しい時代を拓く損害保険

Introduction to General Insurance: New Frontiers in the Coming Era

2024 年 6 月 10 日 初版第 1 刷発行

監修者　中出　哲，中林真理子，平澤　敦

編　者　公益財団法人 損害保険事業総合研究所

発行者　江草貞治

発行所　株式会社有斐閣

　　　　〒101-0051 東京都千代田区神田神保町 2-17

　　　　https://www.yuhikaku.co.jp/

装　丁　吉野　愛

印　刷　大日本法令印刷株式会社

製　本　牧製本印刷株式会社

装丁印刷　株式会社亨有堂印刷所

落丁・乱丁本はお取替えいたします。定価はカバーに表示してあります。
©2024, S. Nakaide, M. Nakabayashi, A. Hirasawa, The General Insurance Institute of Japan.
Printed in Japan ISBN 978-4-641-16630-1